重庆市高等教育教学改革研究重点项目"科技伦理治理教育教学改革研究"
重庆市南川区社会科学规划项目之特别委托重大项目"新时代科技伦理治理
本书系 2023 年西南大学研究生科研创新项目"人工智能伦理治理立法研究
阶段性成果

科技伦理治理研究丛书　　　　　　　　　　　任丑　总主编

科技伦理治理立法研究

李育侠　李明辉　著

西南大学出版社
国家一级出版社 全国百佳图书出版单位

图书在版编目(CIP)数据

科技伦理治理立法研究 / 李育侠, 李明辉著. -- 重庆 : 西南大学出版社, 2025.7. -- ISBN 978-7-5697-2698-5

Ⅰ. D912.104

中国国家版本馆CIP数据核字第20243D446J号

科技伦理治理立法研究
KEJI LUNLI ZHILI LIFA YANJIU

李育侠　李明辉　著

出　品　人：张发钧
项目负责人：张昊越
责 任 编 辑：畅　洁
责 任 校 对：李晓瑞
装 帧 设 计：殳十堂_未　氓
排　　　版：王　兴
出 版 发 行：西南大学出版社（原西南师范大学出版社）
　　　　　　地　　址：重庆市北碚区天生路2号
　　　　　　邮　　编：400715
　　　　　　电　　话：023-68868624
印　　　刷：重庆金博印务有限公司
幅 面 尺 寸：710 mm × 1000 mm　1/16
印　　　张：16.75
字　　　数：300千字
版　　　次：2025年7月 第1版
印　　　次：2025年7月 第1次印刷
书　　　号：ISBN 978-7-5697-2698-5

定　　　价：88.00元

编委会

总 主 编: 任　丑

执行主编: 王俊杰　黎　松

副 主 编: 谭志敏　申丽娟　李育侠　肖　刚　金　钊

编委名单: 王俊杰　黎　松　谭志敏　申丽娟　李育侠
　　　　　　肖　刚　金　钊　苏旺旺　刘宇竹　钟博文
　　　　　　江文思　林翠霞　张倩倩　李明辉　陈　旭
　　　　　　茶志强　邢静雯　任　丑

总序

荀子有言:"吾尝终日而思矣,不如须臾之所学也;吾尝跂而望矣,不如登高之博见也。登高而招,臂非加长也,而见者远;顺风而呼,声非加疾也,而闻者彰。假舆马者,非利足也,而致千里;假舟楫者,非能水也,而绝江河。君子生非异也,善假于物也。"(《荀子·劝学》)从一定意义上讲,人的本质力量就体现为"善假于物"。当代"善假于物"的最为前沿的实践形式无疑是科技伦理治理。

科技伦理治理是遵循确认的价值理念和行为规范而开展的科学研究、技术开发等科技活动的实践,是促进科技事业健康发展,推动人类历史绵延前行的重要保障。进入新时代以来,习近平总书记和党中央高度重视科技伦理治理工作并作出战略部署。2019年10月,中国国家科技伦理委员会成立。2022年3月,中共中央办公厅、国务院办公厅印发《关于加强科技伦理治理的意见》(以下简称《意见》),并发出通知,要求各地区各部门结合实际认真贯彻落实。《意见》要求:"将科技伦理教育作为相关专业学科本专科生、研究生教育的重要内容,鼓励高等学校开设科技伦理教育相关课程,教育青年学生树立正确的科技伦理意识,遵守科技伦理要求。完善科技伦理人才培养机制,加快培养高素质、专业化的科技伦理人才队伍。"《意见》的指导思想是:"以习近平新时代中国特色社会主义思想为指导,深入贯彻党的十九大和十九届历次全会精神,坚持和加强党中央对科技工作的集中统一领导,加快构建中国特色科技伦理体系,健全多方参与、协同共治的科技伦理治理体制机制,坚持促进创新与防范风险相统一、制度规范与自我约束相结合,强化底线思维和风险意识,建立完善符合我国国情、与国际接轨的科技伦理制度,塑造科技向善的文化理念和保障机制,努力实现科技创新高质量发展与高水平安全良性互动,促进我国科技事业健康发展,为增进人类福祉、推动构建人类命运共同体提供有力科技支撑。"此外,《意见》还要求:明确科技伦理原则、健全科技伦理治理体制、加强科技伦理治理制度保障、强化科技伦理审查和监管、深入开展科技伦理教育和宣传。

2022年3月22日,教育部在清华大学召开会议,正式启动高校科技伦理教育专项工作,时任教育部高等教育司司长吴岩在《在高校科技伦理教育专项工作启动会上的讲话》中指出,启动高校科技伦理教育专项工作,"这是一件大事,从某种意义上来说对高等教育发展还是一件天大的事"。科技伦理治理是推动学科交叉、重视服务社会的新文科建设的大事。科技伦理教育专项工作的正式启动,迫切需要深入全面地研究科技伦理治理的重大理论和现实问题。

2022年3月26日始,西南大学国家治理学院伦理学博士点师生积极响应党和国家的号召,迅速组织重庆市应用伦理科研团队认真学习《意见》精神。在时任国家治理学院吴江书记指导下,哲学学科负责人、应用伦理教育管理中心主任任丑教授带领科技伦理治理领域的专家学者撰写"科技伦理治理研究丛书"。根据《意见》精神,丛书分为《科技伦理治理基础》《生命伦理治理研究》《人工智能伦理治理研究》《科技伦理治理体制机制研究》《科技伦理治理立法研究》《科技伦理教育研究》《中国古代科技伦理治理思想史》《中国近世科技伦理治理思想史》《西方古代科技伦理治理思想史》《西方近现代科技伦理治理思想史》等10个分册。"道虽迩,不行不至;事虽小,不为不成。其为人也多暇日者,其出人不远矣。"(《荀子·修身》)在西南大学出版社的指导下,任丑教授担任总主编,应用伦理学团队齐心协力,共同撰写丛书,申报出版项目。"科技伦理治理研究丛书"成功被列为重庆市"十四五"重点出版物出版规划项目、重庆市出版专项资金资助项目。同时,丛书也是重庆市高等教育教学改革研究重点项目"科技伦理治理教育教学改革研究"(项目编号:222028)成果,重庆市南川区社会科学规划项目之特别委托重大项目"新时代科技伦理治理自主知识体系"(项目编号:2025TBWT-ZD01)的最终研究成果。

"科技伦理治理研究丛书"希望达成如下目标：第一，为进一步完善科技伦理体系，提升科技伦理治理能力，有效防控科技伦理风险提供理论基础、决策参考和思想资源；第二，为不断推动科技向善、造福人类，实现高水平科技自立自强提供理论基础、决策参考和思想资源；第三，为国家实施科技伦理审查办法、强化对科技活动的伦理监控、科研骨干的科技伦理培训等提供理论基础、决策参考和思想资源；第四，深入开展科技伦理治理教育和宣传，推进科技伦理治理教育教学活动，培养具有科技伦理治理素养和解决实际问题能力的中国科技伦理治理人才；第五，解决当前和近期高等教育中科技伦理治理教学重点问题，推进高等教育科技伦理治理教学改革取得重大成果，形成具有较高推广、应用价值的科技伦理治理教育教学研究。

荀子说："百发失一，不足谓善射。千里跬步不至，不足谓善御。伦类不通，仁义不一，不足谓善学。学也者，固学一之也……生乎由是，死乎由是，夫是之谓德操。德操然后能定，能定然后能应。能定能应，夫是之谓成人。天见其明，地见其光，君子贵其全也。"(《荀子·劝学》)虽不能至，心向往之。本丛书虽力求完善，但由于学力所限，不免挂一漏万。姑且抛砖引玉，以求教方家。

"科技伦理治理研究丛书"项目组

2025年3月22日

目录

总序 ··· 1

第一章　科技伦理治理立法概论 ·· 001
　第一节　科技伦理治理立法背景 ·· 001
　第二节　科技伦理立法的必要性 ·· 020
　第三节　科技伦理治理法的指导思想 ··· 024
　第四节　科技伦理治理立法的基本原则 ······································ 030
　第五节　重点科技领域治理的伦理要求 ······································ 036

第二章　科技伦理治理标准立法 ·· 043
　第一节　科技伦理标准立法现状 ·· 044
　第二节　我国科技伦理标准立法存在的问题 ································ 056
　第三节　国外科技伦理标准立法 ·· 068
　第四节　我国科技伦理标准立法的完善 ······································ 076

第三章　科技伦理审查立法研究 ·· 087
　第一节　医学伦理审查立法 ·· 088
　第二节　生命科学伦理审查立法 ·· 102
　第三节　人工智能伦理审查立法 ·· 115
　第四节　环境工程伦理审查立法 ·· 125

第四章　科技伦理治理监管立法研究 …………………………135
　　第一节　生命科学伦理监管立法 …………………………………135
　　第二节　医学伦理监管立法 ………………………………………147
　　第三节　人工智能伦理监管立法 …………………………………159
　　第四节　环境工程伦理监管立法 …………………………………170

第五章　科技伦理风险监测预警立法 ……………………181
　　第一节　科技伦理风险监测预警立法现状 ………………………181
　　第二节　科技伦理风险监测预警立法存在的问题 ………………187
　　第三节　科技伦理风险监测预警国外立法 ………………………196
　　第四节　我国科技伦理治理风险监测预警立法完善 ……………209

第六章　科技伦理治理违规处理立法 ……………………219
　　第一节　科技伦理治理违规处理立法概况 ………………………219
　　第二节　医学伦理治理违规处理立法 ……………………………231
　　第三节　人工智能伦理治理违规处理立法 ………………………240
　　第四节　环境工程伦理治理违规处理立法 ………………………247

第一章

科技伦理治理立法概论

第一节 科技伦理治理立法背景

一、总体背景

当前,科技发展进入一个崭新阶段,技术从广度和深度上均持续、深入地融进社会,行为选择受技术影响的表现范围不断扩大,因此源于技术产生的科技伦理问题也越来越多。虽然对于具体应当如何应对实现有效指引还未可知,但有一点已达成共识——现有的法律在某些领域已经不能很好地对新兴事物进行有效规制,亟需专门立法对科技伦理治理进行规定。

(一)科技迅猛发展

新中国成立以来,科学技术的进步被置于国家发展非常重要的环节之中,由科教兴国战略发展到创新驱动发展战略,由创新型国家变身为世界科技强国,由科学技术是第一生产力转变为科技创新为核心的全面创新并且继续发展创新发展新理念,中国科技事业迅猛发展,迅速实现从无到有、从科技大国到科技强国、从紧追其他国家发展脚步到开始进行自我突破与创新。最为显著的是自党的十八大以来,科学技术不仅受到了全球各界人士的广泛关注,而且被国家拔高到从未有过的高度——作为发展社会生产力和综合国力的重要战略支撑——放置在国家发展全局的中心地位,形成从新概念、新战略、新要领、新规划到进行新行动的一整套全新理论体系和行动纲领。

党的十八大提出了"实施创新驱动发展战略"。党的十八届五中全会提出创新、协调、绿色、开放、共享的发展理念,并且将创新作为发展基点,使其变成引领发展的第一动力。2016年,中共中央、国务院发布《国家创新驱动发展战略纲要》,提出我国关于科技创新的"三步走"战略目标,第一步,到2020年进入创新型国家行列;第二步,到2030年跻身创新型国家前列;第三步,到2050年建成世界科技创新强国。这一目标是党中央面向世界发展、面向未来进步、面向我国现代化作出的重大战略部署。

在这种战略规划下,"中国创新环境"不断发展完善,有些曾影响创新的问题正在被解决,如何进行资源配置、如何进行项目管理、如何进行科技成果转化、如何进行人才评价等沉疴旧疾逐渐被解决。从改革科技计划管理的角度,我国不断优化整合各类计划,形成五类科技计划,包括自然科学基金、重大专项、重点研发计划、基地和人才专项、技术创新引导专项(基金)等。从创新项目形成机制改革的角度,成功实现从基础研究转化到示范应用的"全链条一体化"。从优化人才发展环境的角度,我国院士相关制度逐步有序改革;在各种人才计划中成功引进、培养了大批人才,我国近五年回国人才数量超过110万。大众创业、万众创新蓬勃发展,其中建成国家科技企业孵化器、加速器2500多家,各类众创空间2000多家,2015年在孵企业超过10万家,更有培训上市和挂牌企业600多家。

这些年来,"中国创新力量"持续崛起,我国科技创新正在创造世界新的领域。经过不断发展,我国科技从跟跑走向并行,进而转变为在一些领域领跑,不仅逐渐形成完备的创新价值链和科技体系,而且取得了大量具有重大国际影响力的重大成就。其中载人航天技术、深海探测技术、超级计算机、煤化工、人工智能等领域的不断创新突破,带动了科学、技术和工程等相关领域的蓬勃发展。高速铁路、特高压输变电、高难度油气田、核电、超级水稻等相关领域的技术成熟发展,开始走向国外出口方向。铁基超导、中微子、量子信息、外尔费米子、纳米科技、空间科学、干细胞和再生医学、生命起源和进化等诸多先进和新兴领域的研究也取得了跑在世界前面的重大成果。

十一大学科领域中,中国在化学与材料科学领域排名第一的前沿数为10个,远远超过美国(1个),占据绝对优势。中国在农业科学、植物学和动物学、生态与环境科学、临床医学、数学、信息科学和经济学、心理学及其他社会科学7个领域排名第一的数目同美国相同,有些甚至已超过美国,特别是临床医学领域,相关研究处于前沿,我国科学家作出了卓越贡献。据《2021研究前沿热度指数》,从不同领域的比较来看,美国在4个领域的研究前沿热度指数位于第一的学科为地球科学、生物科学、物理学、天文学与天体物理,在其他7个领域则排名第二。相比之下,中国在8个领域位列第一,分别为农业科学、植物学和动物学、生态与环境科学、临床医学、化学与材料科学、数学、信息科学和经济学、心理学及其他社会科学;在3个领域位列第二,分别是地球科学、生物科学、物理学;在天文学与天体物理领域位列第八。

2016—2020年,中国在科研领域不断加大力度与强度,政策扶持、经济支持等一系列举措切实扩大了我国科技产出规模及提高了科技水平:发表论文达195万篇;科技成果登记数量持续增加;专利申请量、授权量不断提高;高技术产品出口额超7700亿美元,从"中国制造"到"中国智造",这些无疑都表明了科技兴国、创新兴邦是不变真理。《中华人民共和国国民经济和社会发展第十四个五年规划和2035年远景目标纲要》(简称《纲要》)明确指出,坚持创新在我国现代化建设全局中的核心地位,把科技自立自强作为国家发展的战略支撑,面向世界科技前沿、面向经济主战场、面向国家重大需求、面向人民生命健康,深入实施科教兴国战略、人才强国战略、创新驱动发展战略,完善国家创新体系,加快建设科技强国。期待2035年我国基本实现社会主义现代化的时候,我国科技实力将再进入一个新的阶段,其中核心技术能够实现重大突破,帮助我国进入创新型国家前列。

(二)科技伦理治理立法现状

我国的科技伦理治理立法目前正处于起步阶段。现行与科技伦理治理直接相关的法律文件仅有一个,为2022年3月中共中央办公厅、国务院办公厅印发的《关于加强科技伦理治理的意见》(简称《意见》)。这是我国首个从国家层面出台的科技伦理治理指导性文件,重点解决我国科技伦理治理存在的体制不健全、制度不完善、发展不平衡等尤为突出的问题,对科技伦理治理进行了设计规划以及较为系统的部署。《意见》的出台对改进科技伦理治理工作具有重大作用,将在很大程度上帮助我国科技伦理治理能力得到整体提升,对实现高水平科技下的自立自强,包括推动构建人类命运共同体都能奠定坚实基础。

进一步放宽检索条件,以文本中出现"科技伦理"进行检索,检索结果虽有增加但总体数量仍然较少:2个法律法规,1个行政法规,13个部门规章。

1. 涉及"科技伦理"的2个法律法规

一个为2021年修订的《中华人民共和国科学技术进步法》(以下简称《科学技术进步法》),对科技伦理治理相关内容进行了粗略的规定,强调科学技术研究开发机构的职责包括建立完善科技伦理管理制度。同时国家对科技伦理治理有相当的责任,一方面,国家应当着力于科技法治化建设和科研学风建设,"建立和完善科研诚信制度和科技监督体系,健全科技伦理治理体制,营造良好科技创新环境";另一方面,国家应该建立专门对科技伦理负有管理义务的委员会,不断地"完善科技伦理制度规范,加强科技伦理教育和研究,健全审查、评估、监管体系"。除此之外,该法还规定了高等学校、企业事业单位等主体也应负责科技伦理治理,应当"按照国家有关规定建立健全科技伦理审查机制,对科学技术活动开展科技伦理审查"。对科技伦理治理具体规定较少,只规定"禁止危害国家安全、损害社会公共利益、危害人体健康、违背科研诚信和科技伦理的科学技术研究开发和应用活动"。由于此规定过于笼统,且并无配套措施,所以此规定相比于具体的法律规定更像是指导性原则。另一个为2021年发布的《中华人民共和国国民经济和社会发展第十四个五年规划和2035年远景目标纲要》,从宏观层面指出,要"大力弘扬新时代科学家精神,强化科研诚信建设,健全科技伦理体系",为科技伦理治理指明整体发展方向。

仅有的两部法律法规都是从科技伦理治理整体设计出发,着眼于宏观制度的构建,有较强的指导性,但由于并未形成具体的科技伦理治理立法,实际操作性有待加强。

2. 涉及"科技伦理"的1个行政法规

2021年发布的《全民科学素质行动规划纲要(2021—2035年)》,立足于提高科研工作者自身道德与素质这一基本点,指出要"加强科研诚信和科技伦理建设",通过"开展科学道德和学风建设宣讲活动",引导广大科技工作者始终将社会责任与道德底线置于心中,坚守社会责任,保证科学技术研究的出发点始终是为了实现全人类的福祉。

3. 涉及"科技伦理"的部门规章

2022年发布的《关于开展科技系统法治宣传教育的第八个五年规划(2021—2025年)》规定,"加强对科研人员的培训,切实增强科研人员的法治意识,促进科研人员严守科研诚信和科技伦理,提升科技创新效率"。

2022年发布的《〈关于扩大高校和科研院所科研相关自主权的若干意见〉问答手册》规定,"要加强对本单位科研人员的日常教育引导,发现风险,纠正本单位人员科研作风学风、科研诚信、科技伦理等方面问题,及时对违背有关科技活动要求的行为开展调查,对违规失信相关责任人作出严肃处理"。

2022年发布的《国家药品监督管理局重点实验室考核评估规则(试行)》规定,违反政治意识形态要求、科技伦理、医学伦理等情况的取消重点实验室资格。

2021年发布的《互联网信息服务算法推荐管理规定》第七条规定:"算法推荐服务提供者应当落实算法安全主体责任,建立健全算法机制机理审核、科技伦理审查、用户注册、信息发布审核、数据安全和个人信息保护、反电信网络诈骗、安全评估监测、安全事件应急处置等管理制度和技术措施,制定并公开算法推荐服务相关规则,配备与算法推荐服务规模相适应的专业人员和技术支撑。"

2021年发布的《关于加强互联网信息服务算法综合治理的指导意见》规定,"企业应建立算法安全责任制度和科技伦理审查制度"。

2021年发布的《金融标准化"十四五"发展规划》提出,要"推动金融领域科技伦理治理标准体系建设"。

2021年发布的《农业科研诚信建设规范十条》规定,"高度重视农业科研诚信、科技伦理等问题的举报线索,对违法违规行为'零容忍'"。

2020年发布的《科学技术活动违规行为处理暂行规定》第七条规定了科学技术活动实施单位的违规行为,其中一项是"未按规定进行科技伦理审查并监督执行";第八条规定了科学技术人员的违规行为,其中一项是"违反科技伦理规范"。

2020年发布的《赋予科研人员职务科技成果所有权或长期使用权试点实施方案》规定,"加强赋权科技成果转化的科技安全和科技伦理管理""确保科技成果的转化应用安全可控"。

现今,我国根据法律确定的可用的科技伦理治理工具主要限定在临床研究领域的机构伦理审查范围中。不过,考虑到整个科技治理体系中科技伦理治理机制应当具有显著作用,我们有必要通过法律规范的形式来明确科技伦理委员会、科技伦理审查、科技伦理评估等基本治理工具,进而提升科技伦理治理正式化的水平。通过法律形式确定基本伦理治理工具,亦是科技伦理治理较为成熟国家或区域的做法。[①]如美国于1974年颁发的《国家研究法案》(National Research Act),就确立了生物医学技术伦理评估制度与伦理审查制度;美国于2003年颁发的《第二十一世纪纳米技术研究与发展法案》(The Twenty-First Century Nanotechnology Research and Develop-Act),确定了纳米技术在创新、发展阶段的伦理评估制度;丹麦于1988年颁发的《伦理委员会组建法案》(Act on the Establishment of an Ethical Council),建立了丹麦伦理委员会;德国于2007年颁发的The Ethics Council Act,确立了德国伦理委员会的基本建制。

二、各领域起源

(一)生命伦理学的诞生

生命伦理学诞生于20世纪60—70年代,这并非偶然。第二次世界大战末期及其以后出现的三大事件,促使所有科学家以及公众对科学研究的社会后果抱有严肃态度,包括应用科学成果对社会、人类和生态的影响,以及科学研究的正当性与否。

第一件事是1945年广岛的原子弹爆炸。制造原子弹原本是许多科学家包括爱因斯坦、奥本海默等人向美国政府提议的。他们原本是希望早日结束世界大战,避免耗时长久的战争给全世界人民带来无尽的灾难。但是他们没有预测到原子弹的爆炸会造成巨大的杀伤力,其中由于辐射引发的基因突变会在人类的千秋万代中永远遗传下去。原子弹带来了数十万人的死亡,许多受害人的家族

---

① 谢尧雯、赵鹏:《科技伦理治理机制及适度法制化发展》,载于《科技进步与对策》2021年第16期。

不得不携带被辐射影响的基因费力地活下去,这些结果使当年众多建议制造原子弹的科学家改变了态度,进而加入反战和平运动。

第二件事是1945年对纳粹战犯的审判。接受审判的战犯中其中有一部分是科学家和医生,他们对集中营的受害者进行利用,在完全没有取得受害者本人同意的情况下对他们进行惨绝人寰的人体试验。比如在冬天剥光受害者衣服,进而观察研究人体因冷冻而发生的变化。[①]这一审判使国际科学界大为震惊。他们没有预料到以发现宇宙真理为原旨的科学竟然存在如此不人道的行为,这些所谓的科学家和医生居然会如此丧尽天良,置无辜的受害者于死地。比纳粹科学家和医生更为残酷的是日军731部队,他们对中国和其他国家的受害者和无辜者进行了更加残忍的人体试验,但这一切由于美国政府需要731部队的细菌战人体试验资料而被隐藏包庇起来,因此日本军国主义罪犯并没有被送上国际法庭,全部犯罪事实也被掩盖。

第三件事是人们发现寂静的春天突然出现了,人们看不见群鸟在山峦飞翔,看不见鱼儿在山河间曳尾。1962年,蕾切尔·卡逊的《寂静的春天》一书向人类揭示了环境恶化,世界范围的环境污染威胁人类在地球上的生存以及地球本身的存在。[②]当时书中所表现的主要是大量使用有机氯农药所产生的严重后果,人们原本是想利用有机氯农药急性毒性较低的特点,但却忽视了它们存在长期蓄积效应,最后导致一些物种濒危,食物链被中断,生态遭受破坏,人类也受到严重的疾病威胁。与之类似,重金属的蓄积作用对人类的危害更为严重,不但会造成人类生命的损失,也会导致社会的动荡不安。

这三大事件迫使人们思考,应用科学技术成果以及科学研究本身需要被规范,这一发展推动了科学技术伦理学的诞生与发展。生命伦理学就是在这个大前提下诞生、发展的。

推动生命伦理学发展的具体原因有以下若干方面:

第一,生物医学技术的进步不仅使人类能够更加有效地诊断、治疗和预防疾病,同时也使操纵基因、精子或卵子、受精卵、胚胎,甚至人脑、人的行为和人体存在可能性。这种巨大力量存在被正确使用和滥用两种可能性,我们对此应该如

---

① 邱仁宗:《生命伦理学:一门新学科》,载于《求是》2004年第3期。
② 邱仁宗:《生命伦理学:一门新学科》,载于《求是》2004年第3期。

何进行有效控制？况且这种力量的影响不仅涉及这一代，也可能涉及世世代代。如果目前这一代的利益与子孙后代的利益发生冲突，应如何抉择？现今人们最担心的是两个问题：对基因的操纵以及对脑的操纵。[1]因为这两方面的操纵都会导致对人的控制、对人的尊严和价值的侵犯。比如，是否允许人们改变基因来自由选择自己喜欢的性状，包括选择自己喜欢的性状组成自己的后代？为了增强记忆力和快速处理信息的能力，是否允许人们在人脑中插入芯片？

第二，因为技术的快速发展和先进应用，人类不但干预了人的自然生老病死，而且还有进行人工安排的可能性。这引起了正面和反面的双重效应，导致价值冲突的出现以及对人类命运的担心。现代的生殖技术不仅可以将性同生殖分开，比如避孕技术的产生和应用；而且可以将生殖同性分开，比如辅助生殖技术的产生和应用。辅助生殖原本是为解决不孕不育问题，比如已经离异（单亲家庭）、不想结婚（同居者）以及过了生育期的男女等。但是思考一下，如果一个社会的大多数成员都是用辅助生殖技术产生的，那会怎么样？衰老是不可避免的，衰老自然会引起一些功能退化或障碍。例如性功能障碍，现在的药物能够帮助老年人克服这些障碍，但会引发什么后果？人类许多疾病是"文明病""环境病"，于是人们反思应该采取什么样的生活方式和对环境应该采取什么样的态度。过去在许多情况下，人死是自然的，所以当被认为"病入膏肓"时，医生是不予治疗的，因为这种治疗是无用的；但是现代技术使一些原本即将面对死亡的处于脑死亡或持续性、永久性植物状态的人能够依赖呼吸器和人工喂饲（对于前者）或单靠人工喂饲（对于后者）维持生命，使一些临终病人长期缠绵病榻，死亡仍然不可逆，但生命却可以延长下去。我国晚清学者顾炎武曾指出："古之医者，能杀人，今之医者不能生人，亦不能杀人，惟置人于不生不死之间，而卒至于死。"（《日知录·医师》）对于人的生老病死的人工干预和安排的思考（包括对这种人工干预后果的评估和伦理辩护，这种人工干预和安排是否可以接受，在多大范围内或多大程度上可以接受等）构成生命伦理学探究的一个主要议题。

第三，笼罩全世界的艾滋病给一些传统观念和现存的医疗卫生制度带来了挑战。艾滋病在不少国家已经成为泛滥于整个民族的灾难，许多原本发病率较低的国家也现今在快速地增长。现在全世界感染艾滋病的多达4000万人，妇女、

---

[1] 邱仁宗：《生命伦理学：一门新学科》，载于《求是》2004年第3期。

儿童在艾滋病中处于更加弱势地位。伦理问题存在于艾滋病的预防和治疗中，有关防治艾滋病在政策层面也存在着诸多问题。国家是否应该向艾滋病患者提供治疗服务？个人是否有义务禁止实施对自己的不安全行为？非感染者以及社会大众是否有义务援助并且保障不歧视艾滋病患者和感染者？对于许多存在妨碍艾滋病防治的行动和做法是否应该从立法角度加以制止？在艾滋病疫苗研制过程中，又提出了进一步的伦理问题。例如，对疫苗进行临床试验是否应该设立使用安慰剂的对照组？在试验过程中受试者出现阳性应该怎么办？如果在发展中国家试验疫苗，是否应该按照发达国家的标准去做？艾滋病的蔓延和防治是推动生命伦理学研究的另一来源。

第四，医疗费用的大幅提升导致卫生制度发生改革。[①]医疗技术含量的提升以及市场化产生了消极影响，促使医疗费用在全世界大幅度提升，这对许多国家的医疗保障制度产生巨大冲击。各国都在尝试改革卫生医疗制度来使公民能够承担得起相对有效的医疗。但这些改革也提出了许多伦理问题，例如在改革过程中政府的卫生政策如何做到公正、公平？如何保护传统的医患关系，保持相互信任？医疗机构、医务人员与公司怎样保持合适的关系，保证不引起严重的利益冲突？如果发生医疗纠纷，怎样才能不导致两败俱伤？这也是推动生命伦理学发展的重要因素。

第五，丑闻揭露以及民权运动的迅速发展。违反伦理的事件总是存在于各国的医疗和研究工作中，对这些病态事件的揭露，也对生命伦理学的发展产生了推动作用。例如在美国，由于揭露了Tusgegee医院的梅毒研究、纽约柳溪医院的肝炎研究等事件，推动政府成立Belmont工作组进行调查研究，最后在报告中提出了自主性、有利、公正三原则。20世纪60年代，由于民权运动高涨，美国医院院长集会提出了病人权利问题，制定了相应的要求。对病人和受试者权利问题的探讨，也是推动生命伦理学发展的一个重要因素。

（二）医学伦理学

医德随着人类医学活动的产生而产生，随着医学活动的发展而发展。经过漫长的医疗实践，世界各国都拥有了优良的医德传统，并在发展中不断发扬光大。

---

① 邱仁宗：《生命伦理学：一门新学科》，载于《求是》2004年第3期。

1. 中国医学伦理学的形成与发展

原始社会初期,人们还没有完全摆脱从动物向人类的过渡状态,还不能把自己从血缘集团中分离出来,不能意识到个体的存在,因而也不可能产生调整人与人之间利益关系的道德观念。随着社会生产力的发展,出现了原始群体内的、建立在两性基础上的分工。人们在生产实践中逐渐意识到,只有维护整体利益,个体才能得以生存。因此,维护以原始生产资料公有制为基础的集体利益,成为人们共同遵守的行为规范。此时的医德还处于萌芽状态。据《通鉴外记》和《淮南子·修物训》记载,神话人物炎帝和神农氏为解除民疾而尝百草,这与维护集体利益的原始道德是一致的。这说明医疗活动中的献身精神在原始社会中就已形成,但这并不是医疗活动中的医德行为规范。这种处于萌芽状态的医德观念,是我国传统医德形成的源头和基础。

进入奴隶社会以后,社会分工越来越细,医务职业被分化出来。到商代后期,已经有了专门从事医疗活动的人。但没有严格分类,医学还没有完全成为一种固定职业。奴隶社会末期,医学成为一种专门职业。据《周礼·天官》记载,西周时已出现了专门的医疗职业,并分为食医、疾医、疡医、兽医四类。这是我国最早的医生考核制度,不仅包含了对医生医术的要求,也包含了衡量医生思想品德、医疗作风、工作态度优劣的内容,具有医德规范的性质。中国传统医德初步形成。

春秋战国时期是我国历史上空前大变动时期,社会各个阶级都提出了自己的要求和愿望,出现了"诸子蜂起,百家争鸣"的情形。这为医学经验的沟通和积攒提供了条件,使古代朴素的医德观念得到了进一步发展。第一部医学理论专著《黄帝内经》在《内经·素问》中,对医德作了专门论述。如《征四失论》和《疏五过论》等篇,详细论述了医生在诊治过程中出现的五种过错和四种失误,并分析了过失的原因,从"精神""意志"方面寻找诊治过失的原因,非常可贵。《黄帝内经》还提出了"济群生"的朴素的人道主义观点,认为"天覆地载,万物悉备,莫贵于人"。这些思想为后世医家所承袭。这一时期的著名医家扁鹊医德高尚,医术高明,成为历代医家效法的典范。

秦汉时期是中国大一统时期。随着经济文化的繁荣,医学和医德都得到了相应的发展,初步建立了医事组织。如秦有太医令,汉有医官、医丞、方丞、女侍医等。汉代名医张仲景不仅仔细研究医术,博采众方,所著《伤寒杂病论》对医学的性质、宗旨作了精辟论述,并特别强调医生要有严肃认真、一丝不苟的医疗作风和廉洁纯正的道德品质。《伤寒杂病论》正是医学人道主义精神的结晶。张仲景的医德思想和高尚的医德行为,为我国医德增添了内容,奠定了基础。

随着我国医学的不断发展,有关医德的论述屡见医典,伦理内涵也越来越深刻。特别是唐代大医家孙思邈,对医德的发展起到巨大的推动作用。其《千金要方》中的《大医习业》和《大医精诚》篇不仅对传统的医学人道主义思想进行继承发展,而且全面论述了以"仁爱救人"为核心的医德要求,成为我国医德规范的开拓者。之后,历史上许多医家继承并发展了他的医德思想。明朝时期,工商业的发展带来了商品经济的繁荣,在中国出现了资本主义的萌芽,基于此,资本主义生产关系同时产生。随之,商品经济情形下的医患关系也开始出现,商品观念逐渐向医德意识渗透。医德理论中就又增添了部分反商品意识的内容。此间最著名的医学文献是李时珍的《本草纲目》,里面蕴藏了许多医德要义,是中国古代的医学百科全书。另一个具有重要意义的医德文献是陈实功的《医家五戒十要》,这本书曾被美国1978年版的《生命伦理学百科全书》列为世界古典医德文献之一。此时龚廷贤在《万病回春》中总结出的"医家十要",也是当时重要的医德文献。清代对医德发展具有突出贡献的是喻昌,他改变从前医家箴言式的空洞说教,在医德的论述中结合临床诊治,写出了《医门法律》一书。他把临床诊治中所有的法则称为"法",把临床诊治中针对常见错误提出的禁例称为"律",是第一个对医生的临床医德进行评价的。同时,他还是第一个提出"笃于情"的医德核心思想的人,这一思想揭示出医德情感在医德品质形成过程中的地位和作用,而且是对医德理论研究的又一次重要突破。

我国近代医学伦理学的思想特征为爱国主义和革命人道主义。在鸦片战争后,由于战乱频繁,社会动荡,加上西方医学产生的冲击,我国医学遭受了前所未有的重大打击。1926年,《中国医学》刊载了中华医学会制定的《医学伦理学法典》,表明中国近代医学伦理学已开始与国际接轨。在当时,许多医学界人士都在医德方面提出了自我见解,其中影响较大的是宋国宾的《医业伦理学》。这本书是我国第一部西医学界现代医学伦理学著作,表明中国已由传统医德学进入现代医学伦理学发展阶段。

新民主主义革命时期,为了适应革命战争的需要,中国共产党在艰苦的环境中创立了人民医疗卫生事业。1922年,党的二大纲领就明确规定了保护劳动者的健康和福利、建立工人医院、保护妇女和童工等内容。1931年,又确立了"培养政治坚定、技术优良的红色医生"的教育方针。1933年,中华苏维埃共和国临时中央政府颁布了《卫生运动纲要》,明确指出医务人员的根本任务是要解决群众的污秽和疾病。①《暂时防疫条例》中确立了"预防为主"的卫生工作方针,号召人民群众起来向污秽、疾病和封建迷信的风俗习惯作坚决的斗争。1941年,毛泽东同志在延安为中国医科大学题词:"救死扶伤,实行革命的人道主义。"1944年7月,毛泽东同志又为延安市卫生展览会题词:"为全体军民服务。"这两个题词,正是对我国社会主义医德基本原则的最早论述。

社会主义公有制确立以后,又确立了"面向工农兵、预防为主、团结中西医和卫生工作与群众运动相结合"的四大卫生工作方针。党的十一届三中全会以后,随着医德理论与实践的不断深化,原卫生部又先后颁布了《医院工作人员守则》和《全国医院工作条例》。把社会主义医德基本原则的内容简单概括为:防病治病、救死扶伤、实行社会主义人道主义、全心全意为人民健康服务。但"文化大革命"时期,社会主义人道主义精神受到了严重破坏。

党的十一届三中全会后,党对指导思想进行拨乱反正,恢复了实事求是的思想路线,使医学伦理学得以复兴。1981年,原卫生部颁布了《医院工作人员守则》。同年,全国首次医学伦理学学术会议在上海召开,拉开了医学伦理学理论研究的新序幕。同时,由上海第二医科大学编写的第一部医学伦理学教材《医德学概论》由人民卫生出版社出版发行。随后,各医学院校开设了医学伦理学课程。1988年,原卫生部颁发了《医务人员医德规范及实施办法》。1998年6月,中华人民共和国第九届全国人民代表大会常务委员会通过了《中华人民共和国执业医师法》(以下简称《执业医师法》)(已废止),对医师的职业法规和法律责任作出了规定,社会主义医德的发展进入了一个新阶段。目前,我国对生命伦理问题的探讨方兴未艾,其中具有代表性的著作是邱仁宗的《生命伦理学》。

---

① 张婷婷:《中国共产党人民健康观的发展——以话语分析为视角》,载于《上海师范大学学报(哲学社会科学版)》2022年第2期。

2.国外医学道德的形成与发展

从古至今,医学的发展经历了三个阶段,即经验医学阶段、实验医学阶段、现代医学阶段。与此相适应,医德的发展也经历了三个发展阶段:

(1)经验医学阶段的医德

国外经验阶段的医德,又称为古代社会的医德,具有代表性的主要有西方医德、东方阿拉伯医德和印度医德。

西方医德最早是由古希腊的希波克拉底论述的。希波克拉底除了是西医的奠基人,还是西方医德的奠基人。他的《希波克拉底全集》是西方医学的重要典籍,其中《希波克拉底誓言》是西方最早的医德经典文献。《希波克拉底誓言》把为"病家谋利益"作为医生的最高行为准则,并制定了一系列医德行为规范。希波克拉底的医德思想流芳千古,为后世所尊崇。古罗马在当时也是政治、经济和文化较为发达的地区,很早就有了医德的相关记载。这一时期最具代表性的人物是古罗马的医生盖仑。他不仅在解剖学方面有不朽的贡献,而且对西方医德思想的发展也作出了一定贡献,提出医学研究不求身外之物,作为医生不能够希望一方面赚钱,一方面从事伟大的医学艺术。这种精诚医德的思想对西方医学的发展起到了一定作用。

东方阿拉伯医德,是在6—13世纪开始形成并建立的。据文字记载,最早是由阿拉伯的犹太医生迈蒙尼提斯论述的。他撰写的《迈蒙尼提斯祷文》在医德史上具有重大价值。祷文的中心思想是:为了人类生命与健康要时刻保持医德之心。其医德思想可以和西方医德中的《希波克拉底誓言》相媲美,对后世医德的发展产生了深远的影响。

印度医德在国外传统医德中也具有重要地位。印度医德主要体现在1世纪名医阇罗迦和5世纪名医妙闻的医德言论当中。阇罗迦提出:医生治病应该不为己,同时也不为任何利欲,只是单纯为病人谋求幸福,所以在此基础上医业高于一切。妙闻提出了医者四德:正确的知识、广博的经验、聪敏的知觉和对患者的同情。这些论述体现了医学人道主义的精神。

(2)实验医学阶段的医德

欧洲文艺复兴运动挣脱了中世纪封建宗教统治所带来的枷锁,许多思想家高举人道主义的旗帜,反对传统观念以神道为中心。人道主义使医学科学和医学道德挣脱中世纪宗教统治、经院哲学的枷锁,促进了以实验为基础的医学科学的发展。[①]西班牙著名医学家塞尔维特与近代解剖学的奠基人维萨里,用实验的方式一起对僧侣医学进行研究和批判,从而宣告了近代医学的兴起,因而实验医学又称为近代医学。

近代医学阶段,医疗服务方式从个体行医转变为集体行医的方式,医德也从仅仅约束个体医疗行为转变为规范整个群体,医德的范围、内涵和社会责任持续延伸,医学人道主义成为医德的核心。许多国家性甚至国际性的成文的医德准则陆续出现,其中值得提出的是18世纪德国柏林大学教授胡佛兰德的《医德十二箴》。《医德十二箴》一书中表现了该时期的医德思想。胡佛兰德明确提出:为人道而行医;医生的义务和病人的权利;医生的职责是"救死扶伤,治病救人";医院查房、会诊和处理医患关系的道德要求。《医德十二箴》被称为《希波克拉底誓言》的发展。同一时期,英国帕茨瓦尔在1791年特地为曼彻斯特医院起草了《医院及医务人员行动守则》,并于1803年出版了《医学伦理学》,这使得医学伦理学作为一门独立的学科第一次在英国产生。1847年,美国医学会成立,制定和颁布了《医德守则》,规定了医患、医医、医社之间的责任和义务。1864年,瑞士在日内瓦发起了会议,签订了《日内瓦国际红十字会公约》,并在其中拟定了如何以人道主义精神救护战地伤员。

(3)现代医学阶段的医德

第二次世界大战以后,医学与社会的关系日趋深广,医学科学技术飞速发展,于是旧的医德观念被挑战,新的医德观念层出不穷,医德问题不仅变成社会普遍关注的问题,同时医德问题也带有更多国际化色彩,国际医德以及相关法律文献不断出现。1946年,在德国纽伦堡审判战犯法庭制定了著名的《纽伦堡法典》,源于德国法西斯借医学之名的暴行的前车之鉴。1948年,世界医学会全体大会制定发表第一个《日内瓦宣言》,内容以《希波克拉底誓言》为基础,该宣言将作为全世界医务人士的共同守则。1949年发布了《国际医德守则》。1964年第一届世界医学大会于芬兰赫尔辛基召开,会上通过了《赫尔辛基宣言》,提出以人为实验对象的道德原则,该宣言于1975年修改。1965年,国际护士协会通过了《国际护士守则》,该

[①] 张晨:《国内外医德规范的发展和社会现实意义》,载于《医学与社会》2012年第8期。

守则在1973年时进行了修改。1968年,世界医学大会在澳大利亚悉尼召开,会上通过的《悉尼宣言》规定了由于器官移植引起的死亡标准。1975年10月29日世界医学大会在东京召开,该会议通过了《东京宣言》,制定了《关于对拘留犯和给予折磨、虐待、非人道对待时医师的行为准则》。1977年,第6届世界精神病大会通过的《夏威夷宣言》为精神病医生制定了道德标准,因为现实社会中医生与病人关系的复杂性,导致精神病知识和技术可能会被利用,进而做出非人道的事。

随着医学模式的转变和人们健康观念的变更,不仅医学拥有了新的社会意义,同时医学道德也具有了更加深厚的社会价值,医学伦理学的研究也受到了更加广泛的重视。医学伦理学带来的道德评价需要应对医学发展和新技术所带来的新问题,并对它们作出合理解释。比如:医学需要对死亡标准重新认定以迎合复苏技术的发展要求;如何解决因为产前诊断和性别选择技术的滥用造成的性别比例失衡问题;遭受人工授精、无性生殖、DNA重组等生殖技术的发展持续冲击的传统血缘和人伦关系;[①]器官移植技术先进发展的同时又面对供体不足和受体选择的困难;等等。这些新情况中的善恶利弊问题,亟需医学伦理学作出明确的回答。

总而言之,从对生命的态度出发,现代医学道德早已不局限于生命神圣不可侵犯的理念,更是在给予生命充分尊重的基础上,去考察生命的质量和价值,并尊重病人的权利,综合决定如何处置生命;从内容出发,现代医学道德正在从义务论转变为公益论和价值论相结合的形式,此间以公益论为核心。所以,现代医学道德不仅要求医务人员、医疗卫生部门对个体病人负责,还要求对病人家属负责、对社会负责;[②]强调医务人员的职业道德以外,还强调医学科学的科学道德。在以公益论为核心的引领下,医务人员的医疗行为的实施和医疗卫生部门的方针政策的制定应该符合社会利益、人类整体利益,确保社会大多数人受益。

(三)人工智能伦理问题的产生

随着人工智能的发展,人们越来越感受到一种紧迫感。比如人们无法很好地解决自动驾驶技术的道德判断以及事故发生后的归责问题。再如,受科幻电影的影响,人们开始恐惧人工智能会取代自身……凡此种种都引起了我们的深

---

① 陈秀丽:《新时期医学生职业道德教育新探讨》,载于《今日科苑》2008年第11期。
② 徐玉梅、郭健美:《论新型医德观的特征及其价值取向》,载于《医学与社会》2006年第5期。

思：人工智能与人类之间是什么关系？人工智能应用中遇到哪些难题？是否应该为人工智能的发展设定限度和禁区？这都是当下人工智能伦理领域亟待讨论的问题。

人是地球上迄今为止已知的最高级的智能生物，人性中包含着求生欲与自我保护。当人们意识到危险时，便会采取许多途径与方法来规避或解决危机。在人工智能研究迅猛发展的时代背景下，以人类智能为模板而进行研发的人工智能技术，已经深深影响着人们的生活，改变了人们的生活方式，人类面对的是一场不可逆的智能革命。

早在1936年，图灵就在他的文章《论可计算的数》中开始了对计算机科学的思考。在1950年发表的文章《计算机与智能》中，图灵提出了如何制造出能思考的机器的想法。著名的"图灵测试"成为人们判定一台计算机是否能进行思维的手段，但随着人工智能技术的发展，"图灵测试"已经不足以对机器的智能程度做出判定了。1956年夏天，在美国达特茅斯学院，以马文·明斯基、约翰·麦卡锡为首的众多学者出席了一次夏日研讨会，这就是著名的达特茅斯会议。在达特茅斯会议上，学者们正式提出了"人工智能"的概念，也正式开启了对于人工智能的研究。当时人们雄心勃勃，认为创造出能思考的机器是一件轻而易举的事情，并没有预料到之后会遇到如此多的阻碍。其中也包括人文学科学者对人工智能的怀疑，例如休伯特·德雷福斯的名著《计算机不能做什么：人工智能的极限》以及来自约翰·塞尔的"中文屋"思想实验，都对当时的人工智能发展造成了不小的冲击。

"让机器像人类一样思考"是人工智能研究最初的目标，人们想把一切知识数字化，将知识进行编码并录入计算机，使计算机像人脑一样工作。然而以人类智能为蓝本的人工智能研究，开始时投入的一腔热情，却没有迎来第一代人工智能研究学者们所期待的胜利。"通用问题求解器""第五代机"等雄心勃勃的大项目均以失败告终。人们逐渐认识到开发出"像人类一样思考"的人工智能系统所面临的严峻问题，转而向某个特定领域和特定问题寻求解决方案。这一次转向也促使了"弱人工智能"或者说单一型人工智能系统的出现。此后，人工智能被分割成了很多关联松散的子领域，并发展到了现阶段——弱人工智能阶段。相对于通用人工智能，甚至是强人工智能来说，此程度的人工智能（比如军事领域的人工智能和医学领域的人工智能）研究之间并没有太多的共同基础或框架。

然而,在人们开发出与人类智能相媲美的人工智能之前,许多人就已经开始恐惧人工智能时代的到来。现阶段人工智能的计算能力惊人,能够出色完成某种单一任务,就好像人类的"超级秘书"。这种类型的人工智能,用哲学家约翰·塞尔的观点来看的话,无法拥有意向性,无法拥有心灵,这意味着人工智能永远都无法与人类智能相提并论。这虽然与人们最初设想中的与人类智能相差无二的人工智能距离甚远,却已经引起了人们的恐慌。

(四)历史上的几次环保浪潮

从人类诞生起,就存在着人与自然环境对立统一的关系。随着生产力的不断进步,人类改造自然的能力不断增强。几次工业革命的演进,使得人类生产力大幅提升,对自然资源的开发能力空前巨大,给环境带来了前所未有的破坏,并严重威胁着人类和其他生物的生存和发展。人类进入了一个环境问题的高发期,人类处在一次次发现环境问题—找到创新方法—解决环境问题的过程中。

1. 第一次环保浪潮

20世纪50年代后,震惊世界的公害事件接连不断,环境问题越来越突出,人们不得不开始重视环境问题。这一时期,蕾切尔·卡逊创作的《寂静的春天》一书的问世,立刻引起了人们对环境问题的重视,人类开始把环境污染与生态破坏结合在一起思考,这是人类认识环境问题的角度突破和思想飞跃。

这一时期,世界人口迅速增加、都市化进程不断加快、工业不断聚集扩大、能源大量消耗,环境污染已直接威胁到人类的生命和安全,成为社会的重大问题。1972年,《人类环境宣言》在第一次世界人类环境会议上发表,首次提出"资源危机"问题,宣布保护和改善现在和未来的环境是人类与生俱来的责任,这要求人们在使用所有不可再生资源时,必须对把它们耗尽的危险纳入防范范围,并且必须保证整个人类种族能够获得好处。这是世界环境保护事业的开端。

2. 第二次环保浪潮

20世纪80年代初全球性环境问题出现,这是环境问题的第二次蜂拥浪潮,此时的环境污染已经成为大范围的生态破坏问题。比如温室效应、空气中二氧化碳浓度的增加、臭氧层空洞的出现、能源的紧缺、南北极冰山的融化、热带雨林的急剧减少、生物多样性的消失、物种锐减、土地的沙漠化、突发性严重污染事件迭起等,都使人们迫切开始思考资源问题的严重性,解决这个问题的重要性和紧迫性。于是各国在科学技术、资金、人力等各方面都投入很大。这些全球性的环境问题给人类的生存和发展带来严重威胁,国际社会对此都普遍表示不安。在这种社会背景下,1992年,第二次世界人类环境会议发布了《里约环境与发展宣言》,针对资源危机等问题提出世界经济—社会可持续发展战略,这次会议是环境保护事业发展新的里程碑。

3. 第三次环保浪潮

在与企业对抗的过程中,人们发现只是简单控告污染企业是治标不治本的,污染问题还是会持续反复。如果想解决环境污染问题,就需要一个可持续的解决方案。与企业合作而非对抗企业,正是可持续的解决方案之一。于是,第三次环保浪潮掀起:基于市场手段的环保组织+企业合作模式。也就是用以市场为导向的激励措施,以更低的社会和经济成本,实现更大的环境和经济效益。

2009年12月8日,"愿景与行动——中国商界气候变化国际论坛"在丹麦首都哥本哈根举行,首个赴气候变化峰会的中国企业家代表团在论坛上发表了《我们的希望与承诺——中国企业界哥本哈根宣言》。据了解,这也是中国企业家第一次组团参与一年一度的联合国气候变化大会。在宣言中,中国企业家认为人类社会到了历史转型的关键时期,我们必须创造出一种新的可持续的增长方式,一种环境友好的方式。中国企业家呼吁,国际社会有一个共同的全球环境治理目标,同时建立起政府、企业界及社会各界参与的全球环境治理协调机制;希冀能够构建全面、长期、有效的法律和财政政策框架,来鼓励企业的低碳努力,进而创造出一个激励企业低碳化的社会环境;号召世界各国企业家团结合作,在各国的法律支持内,在企业内部进行低碳革命,并积极参与环境保护行动。中国企业家将积极响应并配合中国政府对于环境保护作出的国际承诺,努力探究人和自然和谐发展下的低碳经济增长途径,让企业能够作为认真承担经济增长、生态保护和社会发展的责任的企业公民。企业家们将会进一步制定具体行动方案,包括制定企业气候变化战略,长期指导企业发展方向;在减少生产和商务活动中的碳足迹方面进行努力;积极参与国内外各种与企业和产品减排相关的活动;积极推动企业建立具体的企业绝对或相对减排目标;全力支持气候变化减缓和适应活动,积极履行企业的社会责任。①

4.第四次环保浪潮

2018年3月27日,在清华大学"第四次环保浪潮助力生态文明"座谈会上,美国环保协会主席柯瑞华(Fred Krupp)提出,环境保护正在迎来第四次浪潮——以创新为驱动力的全新环境治理模式。科技改变生活,也将助力人类应对环境问题。以科技创新为核心的第四次环保浪潮正在提升人类解决环境问题的能力:新技术使得以前隐藏的环境问题不仅变得可见,而且可以被解决;科学家们正在利用卫星数据,从太空探查污染源;企业家们可以感受到,污染减排技术其实可以带来利润。大数据的全方位席卷,使得每一个普通人都有机会变身成环境治理的参与者和监督者。

柯瑞华提出的第四次环保浪潮可以看作前三次浪潮的综合强化版,关键词是"创新、人人参与,以及行动",即科技的进步赋予人们创新的能力并采取行动应对环境问题。第四次环保浪潮整合了科技、金融、市场等资源,释放人类的创造力,用先进的技术帮助各行各业绿色发展,以确保人类及其赖以生存的环境能够繁荣兴旺。

在第四次环保浪潮兴起的同时,中国也提出了生态文明建设的治国理念,并已经融入了现阶段中国环境治理的各个方面。第四次环保浪潮和生态文明建设之间有着异曲同工之处。第四次环保浪潮中的"创新"不单单指科技的创新,更是全民参与的环境治理模式的创新:移动传感器的应用,不仅能提升政府监管大气污染的效率,而且能够使人民群众更好地参与进环保事业,力图让每一台车都可以变成城市的监测站,能够实时监测空气质量,进而帮助人们更好地计划出行,从而缓解环境的压力;同时互联网公司可以利用人工智能手段,解决大城市的停车难题,这样不仅缩短了司机的出行时间,还减少了汽车在怠速行驶过程中所产生的低效燃油消耗和高能耗的温室气体排放问题。任何时代,生态环境问题的解决都得益于人类运用其智慧,在生态文明的新时代,以科技创新为基础,以创新、协调、绿色、开放、发展的新发展理念为指导思想的生态环境解决方案,其效果或许将远远好于人们的预期甚至突破人类的想象。

---

① 参见《中国企业界哥本哈根宣言》。

第二节　科技伦理立法的必要性

以现代生物技术和纳米技术为代表的新兴技术发展带来一系列问题,从单纯的伦理问题扩展到科学技术发展的伦理与社会问题,包括对人类生命和健康的安全性问题;有关侵犯人的权利和尊严的问题;辅助生殖技术引发的家庭伦理问题;由基因歧视、商业机密泄露和利益冲突等带来的社会问题;对环境和生态系统的影响问题;有关"扮演上帝"等议题的宗教问题;涉及基因决定论、医学目的等的哲学问题;涉及R&D资源分配、伦理审查制度的政策管理问题;涉及生命科技立法和执法的法律问题;国与国之间的资源争夺与合作问题;生命科学研究和评价中的伦理学问题等。[1]这些问题是相互交织的,伦理问题居于核心地位。[2]

一、加强科技伦理治理,事关全世界人民的共同福祉

20世纪以来,人类社会进入名副其实的科技时代,科技的影响深入自然界和人类社会的各个领域、各个层面,21世纪以来更是开始深度作用于人的生命、认知和智能等领域。由于当代科技的惊人威力,高新科技失控可能导致全球性的灾难。随着公众越来越关注科学技术带来的社会风险,科学技术创新的推进有了新的需求,需要让公众真正明白一项科学技术创新的目的与可能带来的影响,进而公众才能在一定程度上对潜在风险和意外后果保持宽容态度。一方面,随着科学日益技术化,科学与技术之间的界限逐渐脱离传统意义。科学家在进行科学研究的过程,其实是不断干预并改造物质世界的过程,因为技术过程影响着自然、社会和人类自身。另一方面,随着大科学时代的来临,科学技术与社会之间曾经的界限正在模糊。现代科学技术研究展开的前提是大量资源的获得,科技创新往往出现在交叉地带,其研究结果有更多的复杂性和普遍的不确定性。与传统的科学实验相比,一旦出现了偏差,实验通常很难完全终止,并且由于规

---

[1] 韩跃红:《护卫生命的尊严:现代生物技术中的伦理问题研究》,人民出版社2005年版,第79页。
[2] 樊春良:《科技伦理治理的理论与实践》,载于《科学与社会》2021年第4期。

模宏大，会带来许多难以估量的灾难性社会后果。所以科学和技术的发展早已非纯粹的事实问题，而更多的科学技术知识应是"社会稳健的"，即不仅在实验室内有效，在实验室外也应仍然有效。其有效性由更广泛的社会共同体来决定，而非单纯地或主要地由严肃的科学共同体来决定。因此，对社会和伦理问题的关注与回应已经成为科技创新应该实施的行为。因为科学技术的发展不仅要求真，而且要求善。在过去半个多世纪里，科学、技术及其与社会的关系发生了巨大变化。

二、加强科技伦理治理，事关中华民族伟大复兴中国梦的实现

第二次世界大战之后，科技成为第一生产力，各个国家改变原来放任学术自由发展的惯例，转而对科学研究和技术创新活动进行引导、支持和规范，将科技发展与经济、政治、军事、文化等领域的发展主动结合起来，帮助当代科技成为推动社会进步的主要动力。经过改革开放40多年的发展，与发达国家相比，我国某些科技领域正在从"跟跑"转变为"并跑""领跑"。但我国将面对大量全新的科技伦理问题，并且这些问题没有经验可循，如果处理不慎就有可能对我国现代化发展进程产生巨大阻碍。

步入21世纪，科学、技术、生产和市场的一体化发展，使得一批高技术作为新生儿出现，这就表现出了创造一个新行业或改变一个现存行业，对社会经济结构所能产生的重大影响力，它们被称作"新兴技术"（Emerging Technologies）。这些技术在被称为"新兴技术"之前，已经以各种形式存在了许多年。近年来这些技术发展到了一个新阶段，并且现代社会的各类消费品被广泛运用或者整合了这些技术。比如人工智能技术，已经深度运用到各类行业中，展现了使人类社会乃至人类自身产生变革的巨大潜能。各种新兴技术的迅速发展，使得资金大量聚集，相关产业迅速兴起。[1]但是，知识的增长并不能消除新兴技术固有的不确定

---

[1] 20世纪中叶以来，诸如原子弹、工业化学品、计算机和基因工程所产生的后果无一不表明，科学技术是把双刃剑。科学技术具有双重的社会和生态效应。从近年来的科技伦理事件演变情况看，对与多数人切身利益相关的新科技应用导致的各种问题，如许多平台对算法的不合理应用带来的"算法歧视"、老年群体运用信息技术存在障碍等，社会各界都非常关注。某些科技伦理问题如生物识别信息、数据隐私等，更是与国家安全紧密相关，必须审慎地加以处理和应对。

性,科技仍然是一把双刃剑。按照既有的科学研究方式,大部分现代科学技术在其研究过程中,都不会考虑其成果最终将应用于何处。所以,一项新的科学技术到底会产生什么样的影响,只有将产品真正运用于社会之中,才会慢慢显示出来。现代科学技术因为与经济政治深度融合,所以其不确定性的显现需要更长的过程,同时影响更加深远,全球化时代每个人都成为检验科学技术的社会实验品。在这样的情景下,高度复杂且具有不确定性的科学技术产生的伦理风险更加不容易观测,对社会既有的伦理与道德观念的冲击更大,在某些涉及公众切身利益的领域,往往会引发巨大社会和伦理争议。

面对争议,我们从转基因技术在欧洲以及我国近年来所遭遇的事件中看到,科学技术在现代社会不能成为唯一的知识权威,否则将导致公众对科学以及科学家的不信任,科学知识的增长不能解决相关的社会和伦理问题。我们需要寻找各种应对新兴技术带来的伦理风险的方法,其间需要科学家与伦理学者等社会各界人士的广泛参与。

三、加强科技伦理治理,事关更快更好推进科学技术创新发展

20世纪下半叶许多高新科技迅速发展,比如直到现在仍然发展迅猛的信息通信技术,这些技术有两个十分明显的特征:首先,几乎每个人都处于高新科技的影响下,与众人的生活息息相关;其次,高新科技因其快速发展使得风险难以预测。基于以上特征,高新科技产生的伦理问题需要特别注意,应使用恰当方式控制科技伦理问题的出现与扩大,以免陷入科技负面效应带来的被动局面。

曾经在科技发展的很长一段时间内,技术伦理问题得不到伦理学者等人文学者的重视,因为科技的价值被评价为中立,而伦理学主要是研究人类行为,科技对社会发展的影响力相当有限,因此伦理学者认为科技与道德无关。

之后,随着科学技术的发展,其对社会的影响日渐被大众关注,伦理学家也逐渐将研究转向技术产生的伦理风险问题。但是一开始,伦理学家主要将技术理解为科学家与技术人员的工作成果,技术是在独立于社会的情境下发展的,当技术完成时,它被输送给社会。然后,社会可以选择是否采纳某项被输送过来的

技术。科学家和工程师相对独立地工作,做着自然命令他们做的事情,由此产生的技术是中性的。只有当人类决定是否以及如何采纳科学家和工程师所输送的产品时,价值才起作用。在这一框架中,伦理学或价值几乎没有什么起作用的空间。伦理学家不去追问,也不去检验决定一项新技术设计特征的因素,更不要说去检验那些把关注和资源导向某个特定技术的社会力量、体制和行动。伦理学家的唯一角色就是决定是否以及如何应用科学家和工程师所输送的技术。可以说,此刻,在科学技术的发展过程中,伦理学是以被动反应的方式出场的。①

伦理学的被动反应地位,使得伦理学家对科学技术的伦理反思所产生的实际效应不大,往往是"事后诸葛亮",在科学技术研究的过程中发挥的作用较小。实际上,在最初的科技伦理研究中,伦理学者并不能实现对科学技术研究的动态伦理监测。②

在传统的伦理学研究和社会学研究中,科学技术被认为是"黑箱",即伦理和社会研究总是局限于科学技术的后果上,而不能真正涉及科学技术内部研究,人文研究处于科技创新的下游。但是在现代社会,学界已经基本达成共识:科技、社会、政治、经济、文化,甚至自然都处于普遍联系之中,各种要素之间互相制约影响。科学技术不能被当作黑箱而处于社会研究之外。③科学家和技术研究人员不可能不考虑外界因素、孤立地进行研究,恰恰相反,他们的研究是在多种因

---

① 此时,伦理学家可以批评被输送过来的技术。例如,他们可以判断监控技术如何侵犯了隐私。他们分析各种分配稀有医疗资源的程序之公正性。在这种运作模式里,伦理学家作出了重要贡献。比如,生命医学伦理学、计算机伦理学和环境伦理学都是在这种技术发展模式下繁荣起来的。但处在被动回应角色中的伦理学家更有可能注意到扰乱或威胁了道德实践或价值的技术,而非那些契合或改善了主流道德实践与价值的技术。所以,伦理学家早期在参与科技发展时,会给人产生一种反技术主义者的印象:或者不懂技术却对技术的发展指手画脚,或者企图螳臂当车、拒斥科技发展的大潮。这样的伦理学家形象往往不受科学家和技术专家们待见,更遑论真正影响和参与科技发展的进程了。
② 即便是科学界主动发起的20世纪最大规模的科学技术伦理研究——人类基因组的ELSI研究,也明显受制于这种社会影响框架。从实际效果上看,人类基因组项目的ELSI研究虽然产生了大量的成果,形成了一个重要的交叉研究领域,提供了一种在科学成果尚未付诸社会应用之前就尝试有组织地研究、预先发现并解决可能问题的科学研究运作模式。但是,由于其研究经费受制于科学家管理者,所以,其发表的研究成果在范围上总是由相应的科学家划定,只关注技术发展的内部和下游问题,而无法反映公众的利益,结果总是与政策制定过程无关,被人批评为"一个用来搪塞别人对基因工程批评的摆设"。
③ 科学技术不能被黑箱化,不能看成隔离于社会关系之外。任何一项技术,不仅仅是物质客体,更是社会技术聚合物——人工物、社会实践、机制安排、知识体系和自然的混合物。

素的影响下进行的。①科学技术对社会的影响有好有坏,不能简单地将好事归结于科技,而将科技在社会运用过程中产生的坏事归结于社会本身,也不能将科技排除在伦理与道德评价之外。科技发展的方向是各种社会力量博弈、协商的结果,并不是遵循既定的轨迹。总而言之,科技和社会是协同发展的。

如果说,前述"社会影响"框架正是由于让伦理考量只关注科学技术研发的下游影响或后果,没有关注到正在研究或者生产过程中的科学技术,使得伦理学对科技发展的正面作用受到很大限制。那么如今我们可以将伦理考量作为科技的塑造者之一,而不是将其排除在科技发展之外,成为对科技成果的被动响应者。我们可以在科技研究的最初,参与其他科学技术者或者人文研究者对科技未来的建构,在科技研究过程中加入伦理考量的因素。尤其是新兴技术,鉴于其极强的可塑性和不确定性,在发展和运用于社会的过程中有着极大的操作空间,伦理学研究应当尽早干预,以使新兴技术的发展朝着有益于人类社会的理想方向前进。

目前许多发达国家正在尝试对新兴技术进行加入伦理考量的设计②,虽然这些尝试开启时间较短,实际效果还有待评估,但无疑体现了人类在面对科技高速发展时的伦理勇气和审慎态度。

第三节 科技伦理治理法的指导思想

构建适合我国国情的科技伦理治理法,要以习近平新时代中国特色社会主义思想为指导,深入贯彻党的二十大和二十届二中、三中全会精神,坚持和加强党中央对科技工作的集中统一领导,加快构建中国特色科技伦理体系,健全多方

---

① 现代科学技术问题往往与有关的政治、经济和文化等议题紧密缠绕在一起。
② 欧盟在这方面率先作出了大胆尝试。2011年前后,"负责任研究与创新"理念被欧盟委员会采纳并成为其最大的科技资助计划——"地平线2020"计划的重要目标和贯穿性议题。此时,我们不再将新技术的伦理方面视作限制或约束。代替之,我们视之为技术发展的目标。这一尝试将以往被排除在科技创新决策过程之外的人文社会学者、普通公众纳入政策制定过程,通过参与和调解的方式,将各个利益相关方的想法和诉求被吸纳到决策准备过程中,在避免争议观点极化的前提下,经由充分磋商之后,携手打造一个各方可以接受的解决方案。

参与、协同共治的科技伦理治理体制机制,坚持促进创新与防范风险相统一、制度规范与自我约束相结合,强化底线思维和风险意识,建立完善符合我国国情、与国际接轨的科技伦理制度,塑造科技向善的文化理念和保障机制,努力实现科技创新高质量发展与高水平安全良性互动,促进我国科技事业健康发展,为增进人类福祉、推动构建人类命运共同体提供有力科技支撑。

一、以习近平新时代中国特色社会主义思想为指导

习近平总书记在主持中央全面深化改革委员会第二十三次会议时强调了科技伦理需要坚守的原则[①],会议审议通过了《关于加强科技伦理治理的指导意见(征求意见稿)》,其中提出了我国科技伦理治理的各项指导性要求。[②]

进入21世纪以来,第三次工业革命的成果空前密集,全球科技创新使得产业发生变革,创新版图、经济结构也在不断重塑。科学技术对人类生活的影响越来越大,深刻影响着一个国家的前途命运,一个国家如果能够掌握核心科学技术,其综合竞争力将大大提高,人民的生活福祉也受到了科学技术的深刻影响。人工智能技术、量子通信技术等新一代信息技术突破性发展,基因编辑、再生医学等生命医学技术持续变革,不断突破人类基因的限制。科学技术正在不断拓展人类生存疆域、改变人类生存生活方式。当科学技术的势能越来越大,因其难以把控而带来的科技风险也在日益加剧。如果不对科学技术加以规制,放任其发展,科技潜在成果在造福人类的同时,可能会对人类生存的自然界和社会秩序产生破坏,甚至会危害人类自身基因,比如基因编辑技术,不符合伦理的操作会对人类造成不可逆的基因损害。同时,其他前沿科技,如人工智能技术、辅助生殖技术,给人类的生活带来了极大的便利,增进了人类福祉,但是也在不断突破人类的伦理底线,引起大众对科技伦理的质疑,全球性的重大科技伦理事件不断挑

---

① "科技伦理是科技活动必须遵守的价值准则,要坚持增进人类福祉、尊重生命权利、公平公正、合理控制风险、保持公开透明的原则,健全多方参与、协同共治的治理体制机制,塑造科技向善的文化理念和保障机制。"
② 明确提出要强化底线思维和风险意识,把科技伦理要求贯穿到科学研究、技术开发等科技活动全过程,覆盖到科技创新各领域,确保科技活动风险可控。这表明党中央已将科技伦理建设纳入国家治理的重要议程,不断采取重大举措加强科技活动风险防控,努力实现科技创新高质量发展与高水平安全的良性互动。

战人类的伦理认知。如今,新兴科技存在着复杂的价值选择与伦理挑战,科学技术研究人员无法依靠自身价值判断以及科研机构的伦理考量作出正确的伦理选择,需要整个行业甚至整个国家的统一认识、动态权衡和制度规制,整个社会也需要培养正确的科技伦理价值观,引导科技向善。

科技伦理是现代社会进行科技研究活动必须遵守的价值准则。为了防止科技成果被滥用,同时吸取二战纳粹进行人体试验的惨痛教训,1949年国际科学协会联合理事会通过的《科学家宪章》中,对科学界的义务和责任作了明确规定。[①]为防范科学技术滥用及其可能引发的风险挑战[②],世界多数科技强国都建立了较为完善的科技伦理监管和自律机制。

我国自党的十八大以来,一直坚守科技发展的伦理底线这一战略选择。[③]科技伦理必须遵守边界,我国构建科技伦理治理体系,必须为科技创新制定伦理边界和价值底线,同时还要强调科技伦理要求发动的条件性,避免因过度重视伦理问题而阻碍科技创新。[④]

当前,加强科技伦理道德治理已经成为世界趋势。党和国家高度重视科技伦理治理,党的十九届四中全会明确提出了科技伦理治理的体制要求[⑤],因此,要研究新技术、新模式、新业态的伦理、法律和社会影响,探索制定相应政策、规制和法律,促进新兴技术产业健康可持续发展。《意见》给出了科技伦理治理的基本原则、制度框架和主要措施。

---

① 要求"最大限度地发挥作为科学家的影响力,用最有益于人类的方法促进科学的发展,防止对科学的错误利用"。
② 吴翠丽:《科技伦理与社会风险治理》,载于《广西社会科学》2009年第1期。
③ 党的十八大以来,党中央高度重视科技伦理治理,组建国家科技伦理委员会,完善治理体制机制,推动科技伦理治理取得积极进展。2019年政府工作报告中提出,要"加强科研伦理和学风建设"。中央全面深化改革委员会第九次会议审议通过《国家科技伦理委员会组建方案》,加强统筹规范和指导协调,推动构建覆盖全面、导向明确、规范有序、协调一致的科技伦理治理体系。党的十九届四中全会又提出了"健全科技伦理治理体制"的要求。这次又通过了《关于加强科技伦理治理的指导意见》。科技伦理建设已成为新时代我国科技创新体系中的重要一环,对于防范科技领域存在的伦理风险、促进我国科技事业健康发展具有重要现实意义。
④ 要恰当处理好科技创新与伦理道德的冲突,平衡好技术进步与价值向善的关系,既不束缚创新又能有效规避风险。要进一步完善制度规范,健全治理机制,强化伦理监管,规范各类科学研究活动,激发科技向善的力量,保障科技创新活动行稳致远。
⑤ "健全符合科研规律的科技管理体制和政策体系,改进科技评价体系,健全科技伦理治理体制。"

科技伦理治理为现代科技发展保驾护航,引领新兴科技向善发展,同时也是进行社会治理的重要内容。深入理解、研究、探索科技伦理治理有利于我国在建设世界科技强国进程中抢占科技伦理制高点,为全世界提供科技伦理治理范本。科技伦理问题一直存在,不少人认为科学技术是双刃剑和"潘多拉魔盒",就是说技术的进步被不正确地使用,就会出现负面影响。近年来,随着各种新兴技术的发展,比如基因编辑技术、人工智能技术、辅助生殖技术等,不少惊人的违背科技伦理的事件的发生,使得大众对有关科技伦理的讨论也越来越热烈。科技伦理治理势在必行,加强科技伦理制度化建设、推动科技伦理规范治理,已成为全社会共同的呼声。尤其是前沿科技创新的不断革新,愈发凸显出新一代科技伦理治理的必要性。

近年来,新兴科学技术飞速发展,其所引发的伦理、法律、环境污染、生态破坏等问题日益凸显,人类社会面临着前所未有的科技伦理挑战,针对这些问题的治理已被世界各国提上日程。中国政府和科技界一直重视科技伦理问题。随着中国科学技术不断发展,部分科技领域已经成为行业领军,比如信息通信技术,中国作为负责任的大国和不断进步的科技强国,有必要率先作出科技伦理治理的表率,科技界和科技主管部门都有责任、有担当、有义务去应对科技发展所带来的伦理问题。可以说,进一步加强中国的科技伦理治理体系建设已经成为学界共识,与此同时,国家层面的科技伦理治理愈发受到重视。[1]

在组建委员会的同时,就中国科技伦理治理应遵循的基本原则也进行了讨论,中国科协创新战略研究院在此期间深入参与,并撰写了《中国科技伦理基本原则》。历经两年不断论证、修改、扩充和完善,科技部逐渐形成了《关于加强科技伦理治理的意见(征求意见稿)》,并在之后广泛征求意见的基础上形成了目前的《意见》文本。这标志着我国科技伦理治理有了根本性的纲领文件,科技伦理治理体系建设迈上了新台阶。在此基础上,进一步加强科技伦理治理,构建我国科技伦理治理体系正当其时。

---

[1] 2019年7月,中央全面深化改革委员会第九次会议审议通过的《国家科技伦理委员会组建方案》提出,在未来发展过程中我国应当进一步加强并特别关注科技的健康发展和合理使用,让科技趋利避害、健康发展、做负责任的科技大国。

二、坚持和加强党中央对科技工作的集中统一领导

一是把政治建设摆在首位,进一步提高党员干部的政治站位。牢固树立"四个意识",坚定"四个自信",坚决践行"两个维护",始终在思想上政治上行动上同以习近平同志为核心的党中央保持高度一致,确保科技改革发展始终沿着正确政治方向发展。坚决听从以习近平同志为核心的党中央的命令和指挥,越是面临风险挑战,越是要提高政治站位。强化理论武装,深入学习领会习近平新时代中国特色社会主义思想的科学内涵、精神实质、现实意义和历史地位,把习近平总书记关于科技创新的重要论述作为科技改革发展的行动指南。建立专门工作督查清单台账,把贯彻落实习近平总书记重要指示批示精神作为检验科技工作成效的首要标准。

二是构建党建工作大格局,着力发挥党建工作的政治优势、思想优势和组织优势。党建工作是科技伦理治理的重要工作,发挥党领导全局的优势,能够促进科技伦理治理更好更快实施。[1]党建工作统筹科技伦理治理工作,整合各部门、各单位,形成科技伦理治理一盘棋,推动各项制度体系化、有序化。

三是加强机关政治文化建设,营造风清气正的良好政治生态。良好的政治生态能够促进科技伦理治理工作顺利展开。科技伦理治理的相关工作人员必须善于分析问题、解决问题,具有良好的观察能力和应变能力,领导干部

---

[1] 部党组秉持"党建抓不好、业务上不去"理念,把党建工作摆在全局工作的关键位置。每年党组会有超过1/3的议题研究党建工作。成立科技部党建工作领导小组,自2014年起坚持每年召开全国科技管理系统党建工作座谈会,科技部党组与地方科技厅党组举行主题联学,强化工作统筹,整合党建资源,增强基层党组织的组织力和战斗力,形成科技管理系统党建工作一盘棋。科技部党组每年制定党组一号文件,对党的建设和科技重大工作进行统筹部署,确保党建工作和业务工作同部署、同考核,坚持和加强党对科技工作的领导制度化、体系化、常态化。

与干事都要遵循各自的纪律要求和政治要求。[①]

三、健全多方参与、协同共治的科技伦理治理体制机制

社会治理单纯依靠政府的管控机制和权力机制是行不通的,只能导致社会治理的不断僵化,现代社会治理需要各方力量的共同参与,公权力与私权力的协调管理,社会各界参与经济与社会的调节,实现社会共治。[②]现代社会许多国家都意识到,新的有效的治理机制形成,需要协调各方利益,科技伦理治理体制机制的建成更需要考虑到科学界、企业、政府等利害关系者,确保科学技术为人民的安康和福祉服务。

构建一个"多方参与、协同共治"的科技伦理体制是当下的目标,这需要政府部门、高等学校、科研机构、医疗卫生机构、企业、科技类社会团体、科技工作者及每个人共同努力,携手维护生命的尊严。

坚持伦理先行。科研人员需要不断学习科技伦理规范,坚守科技伦理底线,成为科技伦理治理的先行者。作为一线研究人员,科研工作者更加能够了解到违背科研伦理的危害,在开展科研活动前,进行科研伦理的前瞻研究和风险评估,认真进行伦理审查,遇到伦理问题积极上报与干预,将科研伦理要求贯穿科研活动全过程。同时,加强对相关专业学生的教育,在教学中设置伦理课程;对公众开展科技伦理宣传,鼓励公众主动关注自身的权益。

---

① 坚持把政治标准作为选人用人的首要标准,严格落实习近平总书记对领导干部提出的"忠诚、干净、担当"和"五个过硬"要求,教育引导党员干部善于从政治上观察、分析和解决问题,不断提高政治敏锐性和政治鉴别力。坚持"四讲四倡导",讲政治、守纪律,讲大局、肯奉献,讲学习、懂业务,讲团结、善沟通;倡导君子之交、反对市井庸俗,倡导五湖四海、反对团团伙伙,倡导干事谋发展、反对"官油子",倡导"在状态"、反对"庸懒散"。按照党和国家关于深化机构改革的部署,新组建的科学技术部成立之后,部党组进一步提出打造"忠诚、担当、专业、务实、守正"的科技管理干部队伍,强调忠诚是本色,必须对党忠诚,对事业忠诚;担当是境界,必须有攻坚克难的意志品质,勇于创新,善作善为;专业是基底,必须练就扎实过硬的业务能力,努力克服"本领恐慌";务实是状态,必须脚踏实地,真抓实干,树立良好的工作作风;守正是底线,必须正心做人,持中秉正。强化党风廉政建设,把廉政的意识和要求转化为各项纪律约束,把纪律和规矩立起来、严起来。
② 由此,具有新意义的"治理"概念开始出现,正如罗伯特·罗茨在《新的治理》一文中所指出的:"治理标志着政府管理含义的变化,指的是一种新的管理过程,或者一种改变了的有序统治状态,或者是一种新的管理社会的方式。"

随着交叉学科增多,生命科学与医学深度融合,许多高校甚至医疗卫生机构、企业单位已经跨出医学领域,在生命科学领域进行科研活动探索,而这些新技术的先进性和未知性,也存在着更高的伦理风险。这需要伦理学、法律、科技政策等领域专家与研究人员共同评估,并及时出台行业公约、科技道德伦理规范、法律法规等,将风险所带来的负面影响降到最低。

在人工智能等新兴领域,全球大部分国家都面临着伦理治理的空白,相关制度与法律尚在萌芽阶段。因此,我国既要建立科技伦理治理体系,也要从多维度、多方面积极参与全球科技伦理治理研究与规则的系统化制定,为全人类的发展作出中国贡献。[①]

第四节　科技伦理治理立法的基本原则

一、增进人类福祉

习近平总书记指出,科学技术具有世界性、时代性,是人类共同的财富。要深度参与全球科技治理,贡献中国智慧,塑造科技向善的文化理念,让科技更好增进人类福祉。[②]

---

① "加强科技伦理治理,制度是基础。"科技部科技监督与诚信建设司司长戴国庆介绍,意见从制定完善科技伦理规范和标准、建立科技伦理审查和监管制度、提高科技伦理治理法治化水平、加强科技伦理理论研究等方面对制度建设作出具体部署。戴国庆说:"审查和监管是保障科技活动符合伦理要求的重要方式和手段。意见明确了科技伦理审查范围和要求,提出了科技伦理监管机制和措施,并对违法违规行为处理作出明确要求。"下一步,科技部将在国家科技伦理委员会的指导下,会同各有关部门和地方,切实抓好意见的贯彻落实。确立伦理先行的理念,强调源头治理、注重预防,建立科技伦理监管体制机制,对科技伦理高风险科技活动实行更严格的监管措施,对科技伦理(审查)委员会和科技伦理高风险科技活动依规进行登记,加强科技计划项目的科技伦理监管,加强对国际合作研究活动的科技伦理监管。
② "人的福祉"具有丰富的含义:"体现了'以人为本'的理念。'人的福祉'这一基本原则既包含医学理论性中'受益'原则,也包含其中的'不伤害'原则。……这一基本原则中的人既包含现在世代的人,也包含未来世代的人,因而包含代际公正问题,而福祉要求人在社会和环境上都处于良好状态之中,因此也包含保护环境,促进社会发展等内容。"《新兴科技伦理治理问题研讨会第一次会议纪要》,载于《中国卫生事业管理》2020年第2期。

习近平总书记以政治家的远见卓识,强调要实施更加开放包容、互惠共享的国际科技合作战略,同各国携手打造开放、公平、公正、非歧视的科技发展环境。同时也深刻提醒,科技是发展的利器,也可能成为风险的源头。要前瞻研判科技发展带来的规则冲突、社会风险、伦理挑战,完善相关法律法规、伦理审查规则及监管框架。

我们要以全球视野谋划和推动创新,积极融入全球创新网络,努力构建服务可持续创新的全球伙伴关系,为世界可持续发展提供更多的中国方案和中国经验。发挥民间科技人文交流的独特优势,更紧密连接世界各国科技人才与科技组织,拓展我国科技工作者、科技组织参与国际科技治理渠道,服务我国科学家在国际交流中当好"科技使者",积极吸纳外籍科学家在我国科技学术组织任职,在国际科技合作中展现中华民族以和邦国、兼济天下的胸怀和格局。

面向前沿科技领域抢抓发展先机,大力支持全国学会和顶尖科学家发起国际科技组织,推动国际科技组织落户中国,使我国成为全球科技开放合作的广阔舞台,以更宏大的格局联结世界,为人类文明进步和全面发展贡献强大的中国力量。

二、尊重生命权利

人的生命权是最基本的生存权利,发展科技、使用科技的最终目的是使人类享受更好的生活,科技发展需要以生命至上为指导。科学技术的发展和运用应当促进人类社会前进以及自然界的繁荣。同时,加强对科技伦理的培养教育有利于培养下一代科技工作者的科研基本素养,并对新一代科技发展持续向善起到支撑作用。

例如,基因工程的发展给人类带来了掌控自身基因、突破基因限制的希望,但是同时人类只关注改造世界的能力而忽视了是否能够适应改造后的新世界,同时也忽视了是否能够控制这种能力所带来的负面影响。[1]

---

[1] 基因工程的问题也是如此,我们忙于创造一个新的生物世界,却没有为新世界的到来做好准备。科技在一开始都是服务于善的目的,但不良的后果总是潜在地伴随而来,如环境污染、生态破坏。这一点是耐人寻味的。现在人们普遍接受了"科技是双刃剑"这一观点,认为它可能有益于人类,也可能有害于人类。既然承认科技是双刃剑,你就不可能只要科技的好处而不要它的坏处。历史已经表明,只要你想要好处,坏处就会不请自来。

今天,我们必须承认,科技发展存在禁区,某些违背伦理的科学技术需要被禁止,违背伦理的科学技术研究方法也同样需要被禁止。根据当时的文化、社会道德体系,本着公平和人道的原则,在所能允许的限度内发展科技。在这一限度之外,不管好坏,我们都不用它。禁区到底定在哪里,并没有先验的办法,只能通过科学家群体和公众群体相互沟通、相互探讨来划定科学发展的界限。

对科学家而言,避免科技发展带来恶果的唯一办法就是谨慎,要抵御市场的诱惑,推迟科技使用的时间,让它在漫长的时间里停留在实验室的阶段,不要轻易运用它。我们今天的技术,遵循的是技术的逻辑,即"技术上可行的,就一定要将它实现",其目的只是显示自己技术的高精尖。就像克隆人这一技术,绝大多数人根本不会使用它,但它确实是克隆技术的最高成就,一定程度上是可以值得骄傲的。

三、坚持公平公正

在法律层面为科技领域中的公平做出确认是很有必要的,而科技进步引起社会关系发生的深刻变革,也需要法律去调整。如何在法律条文和法律精神中体现科技领域中的公平,并且保护这种公平,成了全世界关注的焦点。自20世纪六七十年代以来,许多国家将法治的重点由政治转向经济和科技,充分运用法律手段来促进科学技术的进步。

改革开放以来,我国开始重视科技立法,并制定了许多保护科技领域成果的法律法规,取得了一定的成绩,但也有不足之处。2006年中国科协全国科技工作者状况调查表明,科技成果的转化率低、科技政策没有充分发挥作用等问题仍然大量存在于科技领域中,反映出我国的科技立法应该给予科技界及其中的公平以足够的保护。首先,随着科技的飞速发展,日新月异的高新尖端技术不断涌现,许多与科技活动有关的社会关系没有相应的法律予以调整。[1]因此,建立一个既能引导我国科技事业尽快向前发展,又适合我国国情的科技法规体系,是我国科技法治建设中应着重解决的一个重要问题。同时,加强立法、执法的管理建设,并且在不断完善科技立法的同时还要做到科学立法。给予科技调整和保护

---

[1] 参见《全国科技工作者状况调查报告(2003年)》。

的科技法律关系以足够的重视,进而在管理上客观地起到科技法律关系的公平作用。其次,在科技立法上,确立公平原则的至高地位,以公平原则来处理科技领域和科技活动中的各种关系。用法律的形式来确认科技活动中的这一原则,有利于消除科学领域中的马太效应并保证机会平等,信息分配的公平也将会极大地实现,也有利于解决科技管理主体权责的明晰、科技投入的规划、科技成果的保护、科技奖励的公正等问题。最后,在法律中体现注重全社会科学素养的建设和对人才的尊重。从领导到群众都具有良好的科学素养,对制定和执行科技政策、树立正确的科学意识都是有益的。不仅要尊重知名的科技活动主体,还要认可和承认被埋没、被压制的学者,避免"波敦克效应"[1]在科技界重复出现。这样将有助于良好科研环境的形成。[2]

四、合理控制风险

当今社会,科学技术对于促进经济社会发展的作用越来越突出,同时科学技术对于防范国家安全风险也具有重要意义。[3]对于科学技术领域尤其是新兴技术的伦理风险,应当认真分析识别,注重问题导向,将那些会对当前以及未来产生重大影响的风险紧紧抓牢,积极采取有效措施化解,从而充分发挥科技创新的作用,促进国家发展。

---

[1] 由于人们所处机构的层次不同,会严重影响社会对自身的评估。处于声望较低机构中工作的人,尽管其才能或成果是一流的,却往往不能得到施展和承认;相反,在声望较高机构中工作的人,可能其才能或成果是二流的,甚至是三四流的,但却容易人尽其才,被承认的机会相对要多得多。美国科学家杰里·加斯顿把这一现象称为"波敦克效应"。波敦克效应具有积极的一面,它使得某些已经得到承认的科学家由于优势积累而获得更多的承认,形成科学权威;但波敦克效应消极和不利的一面似乎更多一些,它易使年轻人失去心理平衡,丧失奋斗动力,陷于迷茫和沉沦。
[2]《中共中央关于加强党的执政能力建设的决定》指出:全面贯彻尊重劳动、尊重知识、尊重人才、尊重创造的方针,不断增强全社会的创造活力。这对引领社会风尚的主流价值导向,进一步领导和团结全国各族人民,调动一切积极因素,全面建设小康社会,构建社会主义和谐社会,具有极为重大的意义。
[3] 全球新一轮科技革命和产业变革加速推进,科技突破引领着经济社会发展的变革,使经济社会发展模式由线性向非线性转变,也使经济社会发展的不确定性更加明显;全球进入新一代信息技术对经济社会发展的全面改造时期,科技领域风险成为国家风险的重要来源;科技成为经济社会发展的核心要素,经济社会发展受到科技领域风险的影响日益深入,科技领域的风险影响越来越广泛;科技创新全球化深入发展,各国围绕科技的竞争日益激烈,来自外部环境的科技竞争和威胁更加明显,控制科技领域的风险在全球的重要性显著提升。

一是以体系建设和能力建设为根本,增强防范和化解系统性科技风险的能力。防范和化解科技风险,关键和根本在于科技创新能力,体系建设为能力提升提供制度保障,有序性、系统性的科技发展和伦理治理体系是促进科技创新的有力保障。我国应进一步完善国家创新体系,提高创新能力,解决科技发展中存在的资源配置重复、科研力量分散、创新主体功能定位不清晰等突出问题,提高创新体系整体效能。

二是建立自主创新的制度机制优势,加大力度突破制约产业发展的核心关键技术。核心关键技术受制于人,是我国产业和经济自主发展的重大短板,也是我国科技领域风险的重要方面。必须从体制机制创新入手,充分发挥市场和政府两个方面的作用,形成重大科技进步与产业技术创新协同推进的有效机制,加快补足产业发展的技术短板。

三是强化国家科技发展战略部署。在加强重大创新领域战略研判和前瞻部署的基础上,抓紧布局国家实验室,重组国家重点实验室体系,建设重大创新基地和创新平台,健全国家科技创新的基础设施,形成国家战略科技力量,完善产学研协同创新机制,系统提升我国科技创新能力,为应对科技领域风险、保障国家安全提供战略支撑。

四是加快科技安全预警监测体系建设。加强对重点领域的持续关注与预警,高效快捷的风险预警机制是预防和化解科技伦理风险的有效手段。我国需要建立重大科技安全事件应急处理机制,加强各个科技领域预警体制机制建设,围绕人工智能、基因编辑、医疗诊断、自动驾驶、无人机、服务机器人等领域,加快推进相关立法工作,围绕突出问题进行重点领域立法,对新技术、新产业发展及时形成广泛参与的动态治理结构。社会公众受限于知识水平,对于高精尖科技领域的风险认识能力不足,因此需要加强社会公众科技意识的培养,提高科学知识宣传的普及度,扩大科技惠民的覆盖面,使公众加大对科学技术知识的认识,缩小数字鸿沟,有效防范和化解公众因不了解新兴科技而可能产生的社会矛盾。

五是加强对国民经济和社会发展需求的研判。组织相关领域的专家学者对科技创新进行可行性和伦理评估,加强科技研发项目立项和组织方式的改革,根据经济社会发展计划,加强研判重点科技领域,使科技研发更加贴近经济和社会发展需求,强化事关国家安全和经济社会发展全局的重大科技任务的统筹组织。

六是加强协同应对。一方面统筹国内国际两个大局,深入参与全球科技创新治理,在国际规则重构中形成科技发展的良好环境;另一方面,要加强部门之间的协同,有效防范科技风险与其他各类风险联动。

五、保持公开透明

科学技术活动全过程应当公开项目立项、审批、运行、评估考核情况。公开透明的科学技术研究情况使各个环节置于外界监督之下,能够有效预防风险发生。公开项目立项情况的主要责任在于项目的主管单位,包括所有参与项目的申请者及项目基本情况、项目设计情况,公布项目审批情况和最终立项,及时公布项目运行情况,并及时给予客观评价。同时,评估评审考核坚持同行专家考核的原则,实行同行评议,还需要推动民间机构、学术咨询、学会等组织参与项目评估考核,建立专家数据库,实行评估评审专家轮换、调整机制和回避制度,对于项目考核评价后的考核过程及考核依据必须予以必要的公开。

公开项目立项、审批、考核评价标准。在项目立项前,必须充分论证项目科研的意义。对于拟设立科研的项目建立科学的立项、审批和考核评价标准,并在项目准备立项前予以公布。科研项目从申请、立项、审批、运行和考核评价等各个阶段均必须在标准的框架内运行。

公开项目资金使用情况。建立严格、专业的项目预算制度,从项目的编制到执行再到考核期间的资金使用预算情况,项目运行过程中实际发生的费用情况,以及科研经费的分配情况,项目使用者必须予以必要的说明。

此外,部分科研项目也可以考虑利用市场调节机制,公开国家科研需求,用国家购买服务的形式予以公开招投标,公开投标条件与程序,让更多的人参与到招投标活动中来,或许效果会更好。

"阳光是最好的防腐剂",科研经费只有在阳光下运作,才能消除腐败阴影,还原科研项目本来面目,也才能让科研经费正本清源,回归到其本来的轨道上来。

第五节　重点科技领域治理的伦理要求

一、生命伦理治理要求

(一)有利原则

有利原则主张行为者有义务维护或增进他人的利益。这种义务可以分为积极和消极两个方面。作为一项积极义务,有利原则主张行为者应最大化他人的现有利益。作为一项消极义务,有利原则主张行为者应确保他人的现有利益不受到损害或削弱。然而,在生命伦理学领域,有利原则的消极方面部分被非恶意原则所承担。因此,作为生命伦理学的一项原则,有利原则仅指其积极义务,即以增进他人利益的方式行使的义务。

在现代社会文化背景下,利益的多元化使事情变得更加复杂。当一项行为促进受益人的一种利益时,它可能同时损害同一受益人的另一种利益。同样,当一项行动减少受益人的一种利益时,它实际上可能会增强该受益人的另一种利益。道德行为对利益的错综复杂的影响使得决策变得异常具有挑战性。对善的原则以及什么是"善"的准确理解,往往取决于行为者的文化背景和价值观。[①]

(二)无伤原则

无伤原则断言了行动者维护他人利益,保护此种利益不被减损的义务。一般来说,无伤原则主要指行动者不可减损他人利益,是行动者遵循的消极义务,内涵主要为行动者在进行涉及他人利益的行动中不得造成他人利益受损。[②]

在生命科学伦理中,无伤原则不是一个绝对的原则,这一点生命科学家和伦理家都不可否认。但是从本质上来讲,生命科学研究人员在进行人体试验时必须遵守避免病人受到伤害的伦理底线,这是保持同医生一样的职业道德、维持医

[①] 对医生来说,有利原则还只是方向性的价值指导,尚不能提供具体的行为指南。有利原则在临床医学行为中所指示的准确、有效、择优要求,亦需要在具体情境中,医生结合病人的价值观念进行具体的权衡后进行行为抉择。在此过程中,医患之间的充分沟通与协商对于最佳诊疗方案的选择十分重要。
[②] 有学者认为无伤原则是应用伦理学的核心原则,它提供了一种使自由平等的交往和合作能够进行的最为基本的伦理底线。这种认识是恰当的。

学荣誉的最低要求。因此,在进行生命科学实验活动时,生命科学研究人员必须遵守"首先不伤害"这一医学伦理原则。①

(三)尊重原则

尊重原则主要是指在医学临床应用中,要尊重病人的自主决定,但是如何解决病人自主决定与医生特殊干预权之间的冲突?②病人与医生价值观之间存在差异,某些情况下,医生所作出的决定可能不被病人接受。③因此,在诊疗活动中,医生需要适当考察病人的价值观念以协调双方在不同情况下的选择,避免医患冲突。但是当两者之间的冲突无法协调时,医生应选择尊重病人的自主决定,医生特殊干预权的效力只在某些具体情境中产生,比如病人缺乏正常人的行动能力。④

(四)公正原则

生命科学伦理中的公正原则主要是指根据一个人的义务或应得而给予公平、平等和恰当的对待。公正原则要求每个人平等地享受权利和承担义务。⑤对于基本权利来说应当完全平等,而对于非基本权利来说可以比例不等。

基于每个国家有限的医疗资源,分配到每个具体公民的医疗资源不可能完全平等,因此伦理学家尤其重视如何恰当分配卫生资源以实现社会个体生存权和健康权。⑥

---

① 无伤原则有着丰富的内涵,其对临床医学行为的指导是可以被细化的。在很多情况下,具体医学行为的选择不仅依赖于伦理原则,而且依赖于对行为情境的理解。因此,医患间的沟通与交流是很重要的。
② 医生特殊干涉权的提出显然是基于医生对病人利益的考虑和保护,而且也与医生的职业情感相适应。
③ 这种冲突既可能发生在文化背景不同的环境中,也可能发生在文化背景相同的环境中。
④ 尊重病人自主决定与医生主动性的发挥并无矛盾。对于医生来说,他的主动性体现在积极主动地提供各种有利于病人作出自主、理智选择的信息,如明确的诊断、清晰的治疗预案、以通俗语言作出的简单明了的病情解释和治疗方案解释等等。医生所提供这些信息通常是非常专业的,是病人作出自主决定的依据,对病人的自主决定是不可或缺的。以病人能够理解的方式提供详细、充分的病情信息,正是医生尊重病人自主决定的表现。
⑤ 一个人所享有的权利与他所履行的义务相等,是社会公正的根本原则;一个人所行使的权利与他所履行的义务相等,是个人公正的根本原则;权利与义务相等是公正的根本原则。
⑥ 在关于公正的理论探讨中,伦理学家们事实上从未达成一致意见。基于此种事实,在医疗卫生保健领域,有的伦理学家,如比彻姆和丘卓斯只好采取一种妥协的态度,在提出不同的保健政策时强调不同的理论,他们称之为"零碎的探究方式"。这也反映了现代社会的一个重要问题,即一个国家无法完全满足成千上万人对医疗保健的需求。

二、医学伦理要求

(一)自主原则

自主原则,是指医患双方应尊重对方的人格尊严,强调医务人员在诊疗、护理实践中,尊重患者的人格尊严及其自主性的尊重。[①]自主原则主要是指在医学临床应用中,要尊重病人的自主决定。但是病人的自主决定有时会与医生特殊干预权之间产生冲突,病人与医生价值观之间也会存在差异,甚至在某些情况下,医生所作出的决定不被病人接受。因此,医生应适当考察病人的价值观念以协调双方在不同情况下的选择,避免医患冲突。但是在两者之间的冲突无法协调时,医生应尊重病人的自主决定。

(二)不伤害原则

在医学伦理中,无伤原则不是一个绝对的原则,这一点医学和伦理家都不可否认,但是从本质上来讲,医生必须遵守避免病人受到伤害的伦理底线,这是保持医生职业道德、维持医学荣誉的最低要求。因此,在进行诊疗活动中,医生必须遵守"首先不伤害"这一医学伦理原则。[②]

(三)有利原则

有利原则又叫行善原则,是指把有利于患者健康放在第一位并切实为病人谋利益的伦理原则。行善原则主张行为者有义务维护或增进他人的利益。这种义务可以分为积极和消极两个方面。作为一项积极义务,仁慈原则主张行为者应最大化他人的现有利益。作为一项消极义务,仁慈原则主张行为者应确保他人的现有利益不受到损害或削弱。

[①] 主要表现为医师尊重患者的自主性,保证患者自主、理性地选择诊疗方案。那么尊重原则要求我们平等尊重患者及其家属的人格与尊严,尊重患者知情同意和选择的权利,履行帮助劝导,甚至限制患者作出不当选择的责任。但是必须建立在患者具有自主性的基础上,他们能够在经过深思熟虑的基础上作出正确的决定,但是医务人员尊重患者的自主性并不是放弃自己的责任,有时候需要我们为了保护他们生命行使干涉权。

[②] 不伤害原则是指医务人员在诊治、护理过程中避免患者受到不应有的伤害的伦理原则,是医学原则的基本原则。由于医疗伤害是职业性伤害,带有一定的必然性,所以不伤害原则并不是绝对的,而是在于权衡利害之后的"利大于弊"。不伤害原则要求我们:以患者为中心的动机和意识,坚决杜绝有意和责任伤害;提供最佳的诊治、护理手段,防范无意但可知的伤害;把可控伤害降到最低程度。

医疗实践中,通常所说的有利原则是指医务人员的诊疗、护理行为对患者有利,既能减轻痛苦,又能促进健康,是狭义的有利原则。广义的有利原则是指医务人员的诊疗、护理行为不仅对患者有利,而且有利于医学事业和医学科学的发展,有利于促进人群、人类的健康和福利。当与其他原则冲突时,应选择对患者有利的去做,以保命为主。

(四)公正原则

医学伦理中的公正原则要求医生在医学服务中应当公平、正直地对待每一位病人。在诊疗活动中,医生需要根据公平原则平等地运用自己的权利,尽力实现每一位患者平等享受基本医疗和护理;同时,应当在态度上平等地对待一切患者,不区分其是不是老人、儿童、精神病人等;出现医患纠纷,以及在医护差错事故处理中,坚持实事求是,站在公正立场上。

三、人工智能伦理要求

(一)公平性

人工智能伦理领域的公平性原则要求每一个人在人工智能面前具有同等地位,不应当受到歧视。人工智能所拥有的数据来源于无数次的数据训练,在这一环节尤其可能产生不公平。训练数据应当足够多样化,以保证每个人面对人工智能都能被平等对待。以面部识别、情绪检测的人工智能系统为例,如果只对成年人脸部图像进行训练,这个系统可能就无法准确识别儿童的特征或表情。[①]总而言之,我们在使用人工智能之前,对人的培训也是必要的,以使其正确理解人工智能结果的含义,尽可能避免人工智能决策的不足。

(二)可靠性和安全性

可靠性和安全性是指人工智能在使用过程中应当是安全可靠的,且不作

---

① 人工智能系统输出的结果是一个概率预测,比如"申请人贷款违约概率约为70%",这个结果可能非常准确,但如果贷款管理人员将"70%的违约风险"简单解释为"不良信用风险",拒绝向所有人提供贷款,那么就有三成的人虽然信用状况良好,贷款申请也会被拒绝,导致不公。

恶。①在交互式人工智能中(比如 ChatGPT),应当保证其回答是真实且可靠的,避免出现恶性回答而影响提问人的思考。在自动驾驶领域,需要保证自动驾驶系统的安全性,否则将会危害驾驶人和乘坐人的生命安全。②

可靠性、安全性是人工智能非常需要关注的一个领域。自动驾驶车只是其中一个例子,它涉及的领域也绝不仅限于自动驾驶。

(三)隐私保障

隐私是自然人的人格权利之一,人工智能的高度发展使得公民隐私泄露问题愈发严重,其复杂的算法、秘密的隐私获取机制使得人们对隐私泄露问题防不胜防。这种情况下必须更加严格要求人工智能技术遵循隐私保护的伦理要求,避免公民隐私泄露,引发社会矛盾。③

(四)包容性的道德原则

包容性的道德原则要求我们考虑到世界上各种功能障碍的人群。④从性别上来看,男性与女性之间存在性格差异,与人工智能之间的交流反馈也不一样,

---

① 想象一下,如果你要发布一种新药,它的监管、测试和临床试验会受到非常严格的监管流程。但是,为什么自动驾驶车辆的系统安全性完全是松监管,甚至是无监管的? 这就是一种对自动化的偏见,指的是我们过度相信自动化。这是一个很奇怪的矛盾:一方面人类过度地信赖机器,但是另一方面其实这与人类的利益是有冲突的。
② 目前全美热议的一个话题是自动驾驶车辆的问题。之前有新闻报道,一辆行驶中的特斯拉出现了问题,车辆仍然以每小时 70 英里的速度在高速行驶,但是自动驾驶系统已经死机,司机无法重启自动驾驶系统。
③ 美国有一款非常流行的健身 App 叫 Strava。如果你骑自行车,骑行的数据就会上传到平台上,在社交媒体平台上有很多人就可以看到你的健身数据。问题随之而来,有很多美国军事基地的在役军人也在锻炼时用这个应用,他们锻炼的轨迹数据被全部上传了,整个军事基地的地图数据在平台上就都有了。美国军事基地的位置是高度保密的信息,但是军方从来没想到一款健身 App 就轻松地把数据泄露出去了。
④ 举个领英的例子,其有一项服务叫"领英经济图谱搜索"。领英、谷歌和美国一些大学联合作过一个研究,研究通过领英实现职业提升的用户中是否存在性别差异。这个研究主要聚焦了全美 MBA 排名前 20 的一些毕业生,他们在毕业之后会在领英描述自己的职业生涯,主要是对比这些数据。研究的结论是,至少全美 MBA 排名前 20 的毕业生中,存在自我推荐上的性别差异。如果你是一个男性的 MBA 毕业生,通常你在毛遂自荐的力度上要超过女性。如果你是一个公司负责招聘的人,登录领英的系统,就会有一些关键字域要选,其中一页是自我总结。在这一页上,男性对自己的总结和评估通常都会高过女性,女性在这方面对于自我的评价是偏低的。所以,作为一个招聘者,在招聘人员的时候其实要获得不同的数据信号,要将这种数据信号的权重降下来,才不会干扰到应聘者的正常评估。Tim O'Brien:"人工智能的六大伦理原则!"参见 2019 年 5 月 27 日《财经》。

自我评估的差异性需要在人工智能的考虑之中。另外,人类基于其基因和后天学习环境的差异性,对于不同事物的理解力是不一样的,因此,人工智能伦理要求包容不同群体的差异,避免歧视。

四、环境工程伦理要求

(一)环境正义原则

从古希腊开始,人类对于正义已经进行了深入而广泛的研究,现代社会的正义指的是权利与义务之间的平衡。[1]环境正义就是在环境事务中体现出来的正义。[2]环境正义原则表明,我们每个人都平等享有可持续性环境的自由以及免受环境受到危害的权利。同时,对于破坏环境的行为应当由破坏者承担责任。环境正义的实质是对环境责任以及生态利益进行合理分担和分配。

(二)代际平等原则

代际平等原则意味着本代人与后代人应当享受同样的基本权利[3],同时不得减损后代人追求和实现基本权利的机会。人类社会是由一代又一代人不断发展延续的[4],我们每一代人都继承了上一代人许多物质文化遗产,同时我们享受了

---

[1] 它要求那些享受了一定权利的人要履行相应的义务。如果一种社会制度的安排使得那些履行了相应义务的人获得了他们应该得到的东西(利益、地位、荣誉等),那么,这种社会制度就是正义的。
[2] 从形式上看,环境正义有两种形式,即分配的环境正义和参与的环境正义。前者关注的是与环境有关的收益与成本的分配。从这个角度看,我们应当公平地分配那些由公共环境提供的好处,共同承担发展经济所带来的环境风险;同时,那些污染了环境的人或团体应当为污染的治理提供必要的资金,而那些因他人的污染行为而受到伤害的人,应当从污染者那里获得必要的补偿。参与的环境正义指的是每个人都有权利直接或间接地参与那些与环境有关的法律和政策的制定。我们应当制定一套有效的听证制度,使得有关各方都有机会表达其观点,使各方的利益诉求都能得到合理的关照。参与正义是环境正义的一个重要方面,也是确保分配正义的重要程序保证。
[3] 从代际伦理的角度讲,代际平等原则是人人平等这一伦理原则的延伸。权利平等是平等原则的核心要求,当代人享有生存、自由、平等、追求幸福等基本权利;同样,后代人也享有这些基本权利。
[4] 从社群伦理的角度看,人类社会是一个由世代相传的不同代人组成的道德共同体。

上一代父母的无私照顾和关爱而得以成长。[①]因此,作为人类道德共同体成员,我们需要关心后代,留给后代一个绿色、健康的生态环境。

(三)尊重自然的原则

尊重自然是科学理性的升华。环境工程研究无不基于自然进行,但是过度改造自然也是对自然的一种破坏。已有的环境科学研究已经证实,人类依赖自然,人类不能离开自然而存在,自然系统的各个部分是互相联系的整体,人类的命运也与自然紧密相连。因此,人类在进行环境工程研究时必须尊重自然,保护自然,在顺从自然规律的前提下开展研究,否则将会破坏人类赖以生存的自然环境,最终后果仍然需要人类自己承担。

---

① 正是通过履行对子孙后代的关心义务,我们部分地报答了先辈和父母的恩惠,使人类作为道德存在物的基本属性得到了实现,也使代际义务的链条得以延续。

第二章

科技伦理治理标准立法

如今,人们既从技术进步中获得了非凡的好处,又从技术的伦理影响中感受到了前所未有的风险。目前,我国已步入高质量发展阶段,亟需更优质量、更高水平的科技供给。只有明确人民、团体和国家对公共卫生应承担的道德义务,以及人民、团体和国家在卫生管理中应遵守的行为准则和规范,才能在新科技革命和产业变革背景下,实现高水平科技伦理治理,推动科技向善。

在实践中,科技的发展也存在诸多问题,例如,侵犯公民隐私、形成不合理的歧视等。长期的实践经验告诫我们,科技要实现可持续发展以及和国际接轨促进全球化发展,离不开法律法规对其进行规制。特别是要建立健全适应科技快速发展的治理模式,完善现有的相关治理体系,推动相关法律法规的出台,落实相关标准规范的施行。

以更高的科技伦理治理要求规范行业发展具有更为重要的现实价值。首先,更高科技伦理治理要求是应对科技自身引起的伦理争议和安全风险的基础。其次,高标准的科技治理伦理也是应对以技术快速更新换代为特征的新发展格局的重要保障。最后,在全球化的视野下,各国科技竞争的焦点是科技伦理问题,同时科技伦理问题也是增强创新力、开放合作打造世界级科技强国的关键领域。建设高要求的科技伦理治理格局,是突破西方在这方面对我国制约的重要途径。

第一节　科技伦理标准立法现状

单纯的人和物理的二元空间正在解构重组为人和物理世界为一个单位,而智能机器和数字信息为一个单位的二次空间,这背后的推手实际上是以智能化为显著特征的第二次机器革命和第四次工业革命的深度渗透和结合。在技术层面有着革新性的进步的同时,相关科技伦理问题也在不断产生。目前我国科技伦理的研究相对滞后,主要表现为学界对相关理论研究没有深入;相关法律法规缺位以及过于滞后;尚未普及覆盖所有科技从业人员的科技伦理自律意识和正确科技观的伦理建设。

一、生命科学伦理标准立法现状

(一)出台多项伦理监管举措

从2003年到2019年,我国相继出台了多项伦理监督举措。例如,2003年出台的《人胚胎干细胞研究伦理指导原则》、2016年出台的《涉及人的生物医学研究伦理审查办法》、2018年出台的《医疗技术临床应用管理办法》《医疗纠纷预防和处理条例》、2019年出台的《生物医学新技术临床应用管理条例(征求意见稿)》等。这些政策聚焦相关的研究和临床活动,引入道德准则对相关领域进行规制,坚决反对不道德的研究和临床行为。

(二)相关立法位阶提高

随着科技伦理问题逐渐受到社会的广泛关注和重视,《中华人民共和国刑法》(以下简称《刑法》)、《中华人民共和国民法典》(以下简称《民法典》)、《中华人民共和国生物安全法》(以下简称《生物安全法》)、《中华人民共和国基本医疗卫生与健康促进法》(以下简称《基本医疗卫生与健康促进法》)等基本法律都逐步完善和填补了与生命科学相关的伦理规范立法空白。特别是2022年修订的《中华人民共和国刑法修正案(十一)》明确了对非法人类基因编辑和克隆的监管立场,由新的非法人类克隆和基因编辑罪明确规定。[1]这些法律条款是国家安全、生命科学伦理治理、宏观指导、生物技术研究、开发和应用活动以及生物医学临床研究的整体法律框架的一部分,它们规定了明确的伦理要求:不得危害人类健康,不得违反伦理道德,不得损害公众利益。

(三)相关伦理审查制度逐渐更新

2016年出台的《涉及人的生物医学研究伦理审查办法》,确立了各级伦理委员会的设立流程和职责范围、伦理审查的流程和技术以及审查的监督和管理,都是比较系统的伦理审查体系的组成部分。国家卫健委考虑到新的形势和要求,将适用范围从生物医学研究扩大到生命科学和医学研究,于2021年发布了《涉及人的生命科学和医学研究伦理审查办法(征求意见稿)》,更新了法律框架,大力强调保障知情同意、保护隐私和维护人类尊严。

(四)逐步加强多层次道德审查机构建设

随着相关法规和管理机制的实施,中国的生命科学伦理审查委员会和相关组织的建立也在稳步完善。对于涉及人类的生物医学研究,已经建立了三个层次的医学伦理审查程序:国家医学伦理专家委员会、省医学伦理专家委员会和机构伦理委员会。在省级卫生行政部门的行政区域内设立伦理审查指导和咨询机构,出现了人体器官移植技术的临床应用和伦理委员会;各地区也相继成立了众多的区域伦理委员会,充分重视相关机构的要求,使得中国的伦理委员会现在的运作效率更高。

---

[1] 范月蕾、王慧媛、姚远等:《趋势观察:生命科学领域伦理治理现状与趋势》,载于《中国科学院院刊》2021年第11期。

二、医学伦理标准立法现状

(一)对知情同意的要求更具体、更灵活

1.《基本医疗卫生与健康促进法》对医疗机构的管理提出新的要求和规范

《民法典》第1219条明确规定了医护人员的风险告知、解释、提供替代方案等义务。[1]如果病人不能或不应该被告知这些风险,应告知病人的近亲,并给予他们同意的机会。法律在符合其规定的情况下,另有规定。

2.特别明确了"医疗费用"告知

在以前的法律中,无论是《中华人民共和国侵权责任法》(以下简称《侵权责任法》)(已废止)还是《中华人民共和国民法(草案)》(以下简称《民法(草案)》),都没有特别提到医疗费用是告知的内容。需要注意的是,"医疗费用的报告"是很重要和必要的,《中华人民共和国医疗保障法(草案)》(以下简称《医疗保障法》)(截至笔者完稿时,该草案仍在审议中)明确提到了这一点。

3.增加"及时告知"的要求

相比之前的法律,需要注意的是,《民法典》的条款特别扩展了"及时"一词。有鉴于此,可以说,最佳的告知时机是既不早也不晚的时候。如果不"及时"提供信息,未来可能会成为被举报的证据。《侵权责任法》(已废止)第五十五条明确规定了患者同意有效的标准,即以书面的形式。[2]但《基本医疗卫生与健康促进法》第三十二条却将医疗告知以书面形式这一流程删除。这其实扩大了医生通知的选择范围,使其比单纯的"写"更具有多样性,也反映了社会发展的要求。值得我们关注的是,《民法典》第一千两百一十九条同样删除了《侵权责任法》(已废止)第五十五条中的"书面"一词,将其修改为"明确同意"。

---

[1]《中华人民共和国民法典》第一千二百一十九条规定:医务人员在诊疗活动中应当向患者说明病情和医疗措施。需要实施手术、特殊检查、特殊治疗的,医务人员应当及时向患者具体说明医疗风险、替代医疗方案等情况,并取得其明确同意;不能或不宜向患者说明的,应当向患者的近亲属说明,并取得其明确同意。

[2]《中华人民共和国侵权责任法》(2009年)(已废止)第五十五条规定:医务人员在诊疗活动中应当向患者说明病情和医疗措施。需要实施手术、特殊检查、特殊治疗的,医务人员应当及时向患者说明医疗风险、替代医疗方案等情况,并取得其书面同意;不宜向患者说明的,应当向患者的近亲属说明,并取得其书面同意;医务人员未尽到前款义务,造成患者损害的,医疗机构应当承担赔偿责任。

4. 以"法治之力"保护医护人员

《基本医疗卫生与健康促进法》第四十六条规定：医疗卫生机构执业场所是提供医疗卫生服务的公共场所，任何组织或者个人不得扰乱其秩序。第五十七条规定了对医疗人员的爱护保护原则。[1]国家对医务人员的保护在《医疗保障法》中经常被提及。例如，禁止任何团体或个人将医护人员的人身安全置于危险之中；社会上每个人都应尊重和关心这些工作人员。此外，医院被正式归类为公共场所，使医院安全受制于"公共安全"，并赋予司法部门在医疗纠纷中介入的权力。这样做是为了强调现有的执法不严和立法行动的必要性，以及加强对医疗违规行为的斗争。这是进一步强调"医疗"事件的严重性，从行政法到刑法的最高级别。

(二)将"不做不必要的检查"扩大到"不做不必要的医疗"

全国人民代表大会常务委员会于2019年12月28日通过了《基本医疗卫生与健康促进法》，2020年6月1日起施行。《基本医疗卫生与健康促进法》涵盖了基本医疗卫生服务、机构、人员，以及健康促进、财政保障、管理、监督、法律责任等内容。《基本医疗卫生与健康促进法》第五十四条规定了医疗人员诊疗行为规范[2]，该内容在《侵权责任法》(已废止)第六十三条中也有体现[3]。这涉及评估、治疗、护理等整个诊疗过程。此次，"不得对患者实施过度医疗"在《基本医疗卫生与健康促进法》中被明确指出，扩大了普遍适用范围。

---

[1]《中华人民共和国基本医疗卫生与健康促进法》(2019年)第五十七条规定：全社会应当关心、尊重医疗卫生人员，维护良好安全的医疗卫生服务秩序，共同构建和谐医患关系。医疗卫生人员的人身安全、人格尊严不受侵犯，其合法权益受法律保护。禁止任何组织或者个人威胁、危害医疗卫生人员人身安全，侵犯医疗卫生人员人格尊严。国家采取措施，保障医疗卫生人员执业环境。
[2]《中华人民共和国基本医疗卫生与健康促进法》(2019年)第五十四条规定：医疗卫生人员应当遵循医学科学规律，遵守有关临床诊疗技术规范和各项操作规范以及医学伦理规范，使用适宜技术和药物，合理诊疗，因病施治，不得对患者实施过度医疗。医疗卫生人员不得利用职务之便索要、非法收受财物或者牟取其他不正当利益。
[3]《中华人民共和国侵权责任法》(2009年)(已废止)第六十三条规定：医疗机构及其医务人员不得违反诊疗规范实施不必要的检查。

(三)将对隐私权的保护上升到公民个人健康信息安全

《基本医疗卫生与健康促进法》包含了对个人健康信息的保护,这不仅符合中国个人信息保护的法律标准,而且也迎合了当下"互联网+医疗"模式的创新发展,是法律对新型社会现象的积极回应。医疗大数据的收集统计和分析、商业医疗保险的规划定制以及后续保障、智能医疗诊断服务的顺利运行,都离不开个人健康信息的收集和整理。这也正是个人健康信息是经济价值的体现。《基本医疗卫生与健康促进法》第九十二条保护公民个人信息不被滥用的原则和使用公民信息的具体行为规范,主要体现在禁止性条款上。[①]第一百零二条规定了医疗卫生从业人员违反规定,滥用个人信息的具体惩罚措施。[②]

(四)对伦理规范的要求更具体,对违反医学伦理行为的处罚更明确

1.明确医疗卫生事业的"公益性"

第二十七条规定了建设急救体系的基本内容。在建设主体方面,明确了国家是服务于急危重症患者的院前急救体系的建设主体,卫生健康主管部门、红十字会等有关部门要协作共建,是具体的实施人员。在建设内容方面,实现急救服务的主体,例如,卫生医疗人员参与急救工作的能力提升和急救知识的更新丰富。实现急救基础设施的完善规范,例如,在公共场所配备相关急救设备,在规范的完善上,要注重急救程序的合法合规。[③]第四十条规定了政府举办的医疗卫

[①]《中华人民共和国基本医疗卫生与健康促进法》(2019年)第九十二条规定:国家保护公民个人健康信息,确保公民个人健康信息安全。任何组织或者个人不得非法收集、使用、加工、传输公民个人健康信息,不得非法买卖、提供或者公开公民个人健康信息。

[②]《中华人民共和国基本医疗卫生与健康促进法》(2019年)第一百零二条规定:违反本法规定,医疗卫生人员有下列行为之一的,由县级以上人民政府卫生健康主管部门依照有关执业医师、护士管理和医疗纠纷预防处理等法律、行政法规的规定给予行政处罚:(一)利用职务之便索要、非法收受财物或者牟取其他不正当利益;(二)泄露公民个人健康信息;(三)在开展医学研究或提供医疗卫生服务过程中未按照规定履行告知义务或者违反医学伦理规范。前款规定的人员属于政府举办的医疗卫生机构中的人员的,依法给予处分。

[③]《中华人民共和国基本医疗卫生与健康促进法》(2019年)第二十七条规定:国家建立健全院前急救体系,为急危重症患者提供及时、规范、有效的急救服务。卫生健康主管部门、红十字会等有关部门、组织应当积极开展急救培训,普及急救知识,鼓励医疗卫生人员、经过急救培训的人员积极参与公共场所急救服务。公共场所应当按照规定配备必要的急救设备、设施。急救中心(站)不得以未付费为由拒绝或者拖延为急危重症患者提供急救服务。

生机构原则上是公益性质的。在这个原则之下,规定了用于该项公益建设的收支处理方式、设置医疗服务体系的规模。同时为了防止变相将医疗机构变为营利的机构,规定了医疗机构活动的禁止性事项。①明确医疗卫生事业的"公益性"是《基本医疗卫生与健康促进法》中价值巨大、最为深刻的改革。法律中最重要的一个方面是公共利益原则,它具有巨大的现实意义。最近的一系列医疗卫生系统改革都是基于这一理念的。《基本医疗卫生与健康促进法》的影响最大,因为它在法律上明确了提供医疗卫生服务必须以促进人民健康为目标。

2. 能否拒绝或者拖延未付费的急救服务

在这方面,本书坚定地认为,医疗机构,特别是公共机构,不允许以不付费为由拒绝或推迟向急性严重疾病患者提供紧急治疗。除了上面提到的"医疗机构的公益性"之外,《基本医疗卫生与健康促进法》第三条还规定了医疗卫生与健康事业的中心是人民,一切以人民为重是开展相关工作的重心,将人民利益摆在首位,坚持公益性是医疗卫生事业的应有之义。②此外,还有众多法律对此问题有所提及。《中华人民共和国医疗机构管理条例》(以下简称《医疗机构管理条例》)第三十条规定了医疗机构救助危重病人应当及时衡量自身能力和病人的病情,对于在自身救助能力之外的病人应当及时转移给有救助能力的机构,避免耽误病人的治疗。③《执业医师法》(已废止)第二十四条规定了医师应当自觉履行自己的职责,不能拒绝对病情急危患者的紧急救助。④《医疗机构从业人员行为规范》第三十条规定了医疗机构从业人员从业规范以及具体工作要求,包括将患者的病情及时通报给医师的勤勉义务,在紧急情况下实施挽救患者生命的必要措

---

① 《中华人民共和国基本医疗卫生与健康促进法》(2019年)第四十条规定:政府举办的医疗卫生机构应当坚持公益性质,所有收支均纳入预算管理,按照医疗卫生服务体系规划合理设置并控制规模。国家鼓励政府举办的医疗卫生机构与社会力量合作举办非营利性医疗卫生机构。政府举办的医疗卫生机构不得与其他组织投资设立非独立法人资格的医疗卫生机构,不得与社会资本合作举办营利性医疗卫生机构。
② 《中华人民共和国基本医疗卫生与健康促进法》(2019年)第三条规定:医疗卫生与健康事业应当坚持以人民为中心,为人民健康服务。医疗卫生事业应当坚持公益性原则。
③ 《医疗机构管理条例》(2022年修订)第三十条规定:医疗机构对危重病人应当立即抢救。对限于设备或者技术条件不能诊治的病人,应当及时转诊。
④ 《中华人民共和国执业医师法》(2009年修正)(已废止)第二十四条规定:对急危患者,医师应当采取紧急措施进行诊治;不得拒绝急救处置。

施的义务。①《中华人民共和国医疗质量管理办法》(以下简称《医疗质量管理办法》)第四十五条明确规定:医疗机构执业的医师、护士在执业活动中,有下列行为之一的,由县级以上地方卫生计生行政部门依据《执业医师法》(已废止)、《护士条例》等有关法律法规的规定进行处理;同时规定了应当纳入刑事法律管辖的行为,包括一是违反卫生相关的规定,此处规定范围涵盖法律法规、规章制度以及行业技术规范;二是因为过失,没有尽到相应的义务和责任导致急危患者的抢救和诊治延误的;三是泄露患者的隐私,以上三点均需要行为人造成严重的后果;四是行为人未亲自诊查就出具医学文书;五是行为人在医疗活动中违反知情同意原则;六是未遵守相关规定开展禁止或者限制临床应用的医疗技术、不合格或者未经批准的药品、医疗器械、耗材等开展诊疗活动的;七是其他违反本办法规定的行为。其他卫生技术人员违反本办法规定的,根据有关法律法规的规定予以处理。②

三、人工智能伦理标准立法现状

(一)核心技术领域的研究突破

国家发展改革委、中央网信办等11个部门于2020年2月发布的《智能汽车创新发展战略》中明确部署:到2025年,中国标准智能汽车的技术创新、产业生态、基础设施、法规标准、产品监管和网络安全体系基本形成。实现有条件自动驾驶的智能汽车达到规模化生产,实现高度自动驾驶的智能汽车在特定环境下市场化应用。智能交通系统和智慧城市相关设施建设取得积极进展,车用无线通信网络(LTE-V2X等)实现区域覆盖,新一代车用无线通信网络(5G-V2X)在

---

① 《医疗机构从业人员行为规范》第三十条规定:工作严谨、慎独,对执业行为负责。发现患者病情危急,应立即通知医师;在紧急情况下为抢救垂危者生命,应及时实施必要的紧急救护。
② 《医疗质量管理办法》(2016年)第四十五条规定:医疗机构执业的医师、护士在执业活动中,有下列行为之一的,由县级以上地方卫生计生行政部门依据《执业医师法》、《护士条例》等有关法律法规的规定进行处理;构成犯罪的,依法追究刑事责任:(一)违反卫生法律、法规、规章制度或者技术操作规范,造成严重后果的;(二)由于不负责任延误急危患者抢救和诊治,造成严重后果的;(三)未经亲自诊查,出具检查结果和相关医学文书的;(四)泄露患者隐私,造成严重后果的;(五)开展医疗活动未遵守知情同意原则的;(六)违规开展禁止或者限制临床应用的医疗技术、不合格或者未经批准的药品、医疗器械、耗材等开展诊疗活动的;(七)其他违反本办法规定的行为。其他卫生技术人员违反本办法规定的,根据有关法律、法规的规定予以处理。

部分城市、高速公路逐步开展应用,高精度时空基准服务网络实现全覆盖。展望2035到2050年,中国标准智能汽车体系全面建成、更加完善。安全、高效、绿色、文明的智能汽车强国愿景逐步实现,智能汽车充分满足人民日益增长的美好生活需要。

2020年3月,科学技术部、发展改革委、教育部、中国科学院、自然科学基金委等五部门印发的《加强"从0到1"基础研究工作方案》指出:"国家科技计划突出支持关键核心技术中的重大科学问题。面向国家重大需求,对关键核心技术中的重大科学问题给予长期支持。重点支持人工智能、网络协同制造、3D打印和激光制造、重点基础材料、先进电子材料、结构与功能材料、制造技术与关键部件、云计算和大数据、高性能计算、宽带通信和新型网络、地球观测与导航、光电子器件及集成、生物育种、高端医疗器械、集成电路和微波器件、重大科学仪器设备等重大领域,推动关键核心技术突破。"

(二)人工智能社会化应用

四部门联合发文发挥人工智能等技术优势开发社区防控应用。2020年3月,民政部办公厅、中央网信办秘书局等部门联合印发《新冠肺炎疫情社区防控工作信息化建设和应用指引》,强调:按照疫情防控总体部署和社区防控工作要求,坚持适用性、便捷性、安全性和前瞻性相统一,发挥互联网、大数据、人工智能等信息技术优势,依托各类现有信息平台特别是社区信息平台,开发适用于社区防控工作全流程和各环节的功能应用。社区是与人民群众关系最为密切的生活场所,也是疫情防控工作部署的最小单位,要将社区打造成疫情联防联控、群防群控的关键防线,因为疫情防控的总体胜利只有依靠各单位的共同努力才能实现。具体要实现的目标是通过和互联网大数据深度融合,实现疫情防控在社区中的效力最大化,形成制度合力的技术支撑和基础。

为了贯彻落实习近平总书记关于统筹推进疫情防控和经济社会发展工作的重要讲话精神和党中央、国务院决策部署,切实发挥信息化助力社区防控工作的积极作用,坚决守住社区防控这道疫情防控的有效防线,编制了《社区防控工作信息化建设和应用指引》(第一版)(以下简称《指引》)。根据《指引》的指导精神和具体要求,适用对象为相关的行业协会等社会组织,规制的行为包括上述组织推出的部分可应用于优化社区疫情防控的信息化的产品和服务。《指引》提出,以上产品各地区可结合自身的疫情防控实际情况选择最符合本地区实际疫情防控情况的产品使用。由此可见,《指引》内容总体上是非强制性的。

(三)人工智能标准化体系建设

人工智能建设是未来国家建设和发展的重要部署,世界各发达国家均出台了相关法律和政策以期适应和促进人工智能的发展,推动本国科技领域的革新性发展。例如,欧盟围绕安全、透明等问题建议制定适应人工智能发展的道德标准;美国提出了可具体化操作的测量评价和事后可检验的人工智能技术标准;法国将建设重心放在了人工智能领域的工业标准体系上。我国为了提升人工智能核心竞争力,对人工智能的标准化工作制定了新的标准。国务院于2017年印发《新一代人工智能发展规划》,明确提出加强人工智能标准框架体系研究;工信部于2017年印发《促进新一代人工智能产业发展三年行动计划(2018—2020年)》,强调要完善和补强人工智能领域可有效指导和实施的标准化制度设计,制定完备合理的人工智能产业标准规范体系。实现人工智能相关应用的价值最大化,实现对人工智能产业革新的有效指导。2020年7月,国家标准委、中央网信办、国家发展改革委、科技部、工信部联合印发《国家新一代人工智能标准体系建设指南》(以下简称《指南》)。《指南》推进了人工智能相关产业技术研究和标准的完善进程,是人工智能产业实现可持续发展的支持保障和内生动力。《指南》以国家人工智能标准化总体组为基础,由中国电子技术标准化研究院牵头,聚集国内主流的人工智能领域产学研用单位,成立了体系建设指南专题组组织编制。《指南》的编制首先是依照指导性原则,为未来两年国家标准立项和综合标准化专项的制定和完善提供基础的依据,为人工智能标准的具体落实提供指导,同时在制定的过程中听取行业的实际建议,即引导企业参与重点标准的制定,引导企业提出能解决实际问题的意见。其次是落实可用性原则。在指导标准制定的同时,既要兼顾实践中的情况变化,制定的标准要做到能解决新问题、适应满足人工智能产业发展的新情况、可先进应用于人工智能具体的实践；又要注意关注所制定的标准可反复检验,建设满足人工智能产业发展需要的标准化体系。最后依照阶段性原则,不能急于求成,按照我国人工智能发展的具体情况,制定符合当下发展实际情况的标准。具体而言,要以未来两年人工智能技术的具体发展和实践应用水平为目标小阶段,制定可实施、可检验、可满足需要的人工智能标准。

(四)地方人工智能行动方案

西安、成都等地方发布人工智能行动方案。2020年11月,《西安市建设国家新一代人工智能创新发展试验区行动方案(2020—2022年)》提出了五项关键举措:构建人工智能技术创新体系,促进人工智能产业集聚发展,拓展人工智能融合发展应用示范,创新人工智能人才引培机制,营造人工智能创新发展生态。每项任务都有带头单位和配合单位。成都印发了《成都建设国家新一代人工智能创新发展试验区实施方案》,在国家重大战略的指导下,依据成都实际经济发展情况和切实需求,成都试验区的建设将探究适应新时代发展状况的人工智能新方式和建设新一代人工智能新机制,作为新型试验区,创造可复制和向其他地区推广的经验模式。成都试验区要实现通过人工智能技术的规范化发展实现产业模式革新发展,实现老百姓增收创收促进民生发展,实现成渝经济圈的协调发展和创新发展。

四、环境工程伦理标准立法现状

十三届全国人大及其常委会履职以来,党中央关于生态保护的重大决策部署得到全面落实,坚持在法治的轨道上推进生态文明建设。

(一)宪法占据主导地位

以宪法修正案的方式,推动"生态文明"的创新发展理念入宪。实现生态环境保护法律法规的全方位覆盖,为打好污染防治攻坚战提供法治支持,在以宪法为基准的法治框架下,加大生态文明的保护力度。具体而言,制定土壤污染防治法、长江保护法、资源税法,三年时间里,完成对12部生态和环境领域的专门法律的制定和修改完善,这些法律包括《中华人民共和国固体废物污染环境防治法》(以下简称《固体废物污染环境防治法》)、《中华人民共和国森林法》(以下简称《森林法》)和《中华人民共和国土地管理法》(以下简称《土地管理法》)等,为加强生态环境保护、打好污染防治攻坚战提供了有力保障。通过各生态领域内法律法规的体系建设,推动生态环境保护各法律体系内部的通力合作共同治理,提供保护生态和防治污染二位一体的法治保障。立法强调严格的法治和制度创新。

一方面,我们将构建和加强最严格的生态环境保护法律体系,在制定和修订生态环境保护专项法律的同时,不断完善污染防治法律体系。另一方面,我们将加强民事法律制度和刑事法律制度的建设,并通过多种方式将它们结合起来,为加强生态环境保护和污染防治提供强有力的法律手段。关于下一阶段在加强生态环境保护立法方面,全国人大常委会将紧紧围绕党中央确定的目标任务,坚持提质增效,按照立法规划和年度立法工作计划,更好地发挥人大作用,把生态环境保护作为立法规划的重点领域,强力推进环境保护立法。

(二)《中华人民共和国环境保护法》是环境保护基本法

1989年颁布的《中华人民共和国环境保护法》(以下简称《环境保护法》)是管理中国环境保护的基本法规。它对环境法的任务目标、基本制度和原则以及环境保护的基本要求作了详细规定。《环境保护法》共七十条,分为七章。分别是总则、监督管理、保护和改善环境、防治污染和其他公害、信息公开和公众参与、法律责任、附则。《环境保护法》语言简洁明了,为环境保护提供了一个总体框架。

第一章总则对一些原则性的问题作出了规定;第二章监督管理主要概述和界定了相关行政部门对环境保护工作的职责,有利于按照法律规定开展环境保护工作;第三章保护和改善环境,对海洋、农业、工业、风景名胜区的环境保护作出了一些原则性的规定。如对"环境"这一概念的阐释、本法的适用范围,规定:一切单位和个人都有保护环境的义务。[①]第四章防治污染和其他公害主要通过

[①]《中华人民共和国环境保护法》(2014年修订)第六条规定:一切单位和个人都有保护环境的义务。

限制主体的排污行为达到防治污染和其他公害的规制目的,从源头上实现对生态环境的保护。此外,为规范排污行为,突出行政管理在生态保护中的主要地位和作用,第四章明确规定了如排污单位申报登记、限期治理等制度,强化对排污主体的管理和督促。第五章体现了人民当家作主的宪法原则在《环境保护法》中的具体体现,包括公众参与的权利和公众参与的前提和保障,即信息公开。具体而言,公众的范围包括任何依法可以行使参与权的公民、法人和其他组织。参与权包括要求相关责任组织提供信息、获取信息的权利和监督相关组织机构开展工作的权利。第六章是对所有权利义务的保障,即从民事、行政、刑事等多个维度对法律责任进行规定。不仅违反环境保护法的相关行政机关工作人员可能受到处罚,而且违反环境保护法的企业和组织也可能受到处罚。

(三)其他法律单行法规

在环境保护的基本法之外,我国还先后出台了七部有关环境保护的单行法规:《固体废物污染环境防治法》、《中华人民共和国水污染防治法》(以下简称《水污染防治法》)、《中华人民共和国噪声污染防治法》(以下简称《噪声污染防治法》)、《中华人民共和国海洋环境保护法》(以下简称《海洋环境保护法》)、《中华人民共和国大气污染防治法》(以下简称《大气污染防治法》)、《中华人民共和国环境影响评价法》(以下简称《环境影响评价法》)、《中华人民共和国放射性污染防治法》(以下简称《放射性污染防治法》)。上述单行法规在宪法和基本法的基础上,对海洋、大气等与公民生产生活相关权益密切关联的环境作了补充规定,完善了环境保护法律法规体系。此外,我国的环境法体系中还有国务院条例和部门规章,如1982年颁布的《中华人民共和国水土保持工作条例》(以下简称《水土保持工作条例》)。

除了体系化地对环境保护作出相关规制外,我国对环境治理和保护的法律法规也散布在各部门法中,对相关问题的治理具有各部门法的特色。例如,《中华人民共和国民事诉讼法》(以下简称《民事诉讼法》)就民事程序法的角度对相关环境诉讼的诉讼时效和举证责任作出特殊规定。《刑法》从实体法的角度规定了破坏环境行为入罪的条件。相关内容,本书会在下文详解。为了与国际环境保护领域接轨,我国也主动响应国际号召,参与和加入多项国际环境保护公约,为国际环境保护事业提供中国力量。积极缔结参加有关国际环境保护公约,对司法实践影响较大的有《保护臭氧层维也纳公约》《蒙特利尔议定书》《联合国气候变化框架公约》《生物多样性公约》《湿地公约》等,根据我国条约的适用规则,以上条约除我国明确声明保留的外,均可内化于我国国内环境保护法律体系中。

总体来说,我国的环境法体系初步完善,比较符合社会主义市场经济发展的实际情况,推进了和谐社会的总体建设,助力了可持续发展战略目标的达成,符合时代的发展,跟上了国际的潮流。

第二节　我国科技伦理标准立法存在的问题

一、生命科学伦理标准立法问题

(一)立法相对滞后,不能及时发挥作用

科技伦理相关法律法规是国家治理相关领域的重要工具之一,具有强制性、刚性约束、违反必须承担不利后果的特点。在我国科技相关领域近30年的发展中,虽然陆续出台并实施过《人胚胎干细胞研究伦理指导原则》《涉及人的生物医学研究伦理审查办法》《涉及人的生命科学和医学研究伦理审查办法(征求意见稿)》等规制生命科学领域的伦理治理部门规章,相关伦理规范也随着科技伦理实践的发展需要逐步被纳入《中华人民共和国基本医疗卫生与健康促进法》《中华人民共和国生物安全法》《中华人民共和国刑法》等上位法,但生命科学属于前沿学科,其理论研究和实践应用还在不断快速更新发展中,且生命科学也属于和其他科学交集甚广的交叉学科,以上特质决定了在生命科学的研究过程中随时可能面临新情况和新问题。[1]例如,合成生物学、人工智能等新兴领域就不可避

---

[1] 范月蕾、王慧媛、姚远等:《趋势观察:生命科学领域伦理治理现状与趋势》,载于《中国科学院院刊》2021年第11期。

免地牵连到疑难、未在现有法律法规体系下解决的伦理问题。但另一方面,实践中又呈现出现有科技伦理法律法规体系相对滞后的尴尬局面。现有的法律体系对实践的规制有诸多不合理之处,对实践中新出现的、疑难的情况无法作出及时、有效的回应,但科技的发展涉及的伦理问题影响重大,现行法律体系无法应对和及时消除已有的危险漏洞、防范可能出现的新风险,只能对事后的情况进行整改和补救,存在不适用于实际情况、执行力弱等痛点。

(二)由于缺乏人力和财政资源,机构伦理委员会没有发挥作用

我国一些重点大学有本校自建自属的科技伦理委员会,响应设立"国家科技伦理委员会"的号召,以人类科技伦理和实验动物伦理领域为重要监督对象,取得了较大的成果。但与欧美国家相比,中国还没有充分认识到伦理审查在生命科学领域科技项目立项和发展中的重要作用,在实践中存在着诸多问题:一是缺乏相关人才支持和活动经费支持,表现为人员多是兼职而非全职,对相关工作只有形式审查而无实质审查;二是伦理委员会工作的开展以及相关活动缺乏独立性和相关制度的保障;三是伦理审查的形式和内容没有明确的规范流程和要求,缺乏后续的复查过程,甚至实施伦理审查的流程也不能保证是公开透明的;四是机构监督的作用无法保证,亟需补强其功能,规范其审查的流程和内容。

(三)从业人员自律性不高,要完善伦理培训

科学研究的整个过程,包括设计实验、开展研究、分析研究结果,以及最后发表和转化研究结果,都渗透出研究人员的伦理意识。然而,一些研究人员由于受名利和声望的影响,缺乏或偏离了伦理价值判断,出现了严重违反研究伦理的现象,给伦理治理增加了危机和风险。值得注意的是,我国高校和相关研究机构所设立的对科研人员的伦理和安全培训、考核机制存在问题。具体而言,对科研人员的伦理和安全培训、考核机制多数是短期的、非常态化的,且对人员的参与度没有实行强制性的、可量化的评估机制,对人员的参与时间也没有限制,对相关规定和意见也没有落实。中国高校和科研机构没有建立定期的伦理与安全培训和考核机制,尽管现已开展了有针对性的科技伦理培训,但未能有效落实培训的参与度和时效性。

(四)公众对伦理治理的参与度低,要做更多的科学普及工作

对科研人员和医务人员的有效指导和监督只是生命科技伦理治理的一个方面,另一个重要的方面是将普通公众纳入对科技伦理的治理中。生物技术在实践中的应用和发展不可避免地牵涉某些较为敏感的议题,生物技术在适用于临床之前既要突破其在理论上的难题,也要在涉及公众切身利益的敏感话题上取得社会公众的共识,以积极的态度切实保障公众的权益,深化公众对科学研究和应用的认识,已经变得至关重要,因为伦理治理体系的目的是实现公民利益的更优化,所以公众是重要组成部分之一。当前,按照伦理委员会的结构要求,公众参与其中,但由于缺乏科学培训,公众没有能力,也没有动力参与某些问题。由于保密的需要和对正在进行的研究的干扰,科学家对参与科普工作犹豫不决。但是,科学家可以比媒体更客观公正地表达技术最"真实"的一面,让公众对新兴技术有一个全面了解。

二、医学伦理标准立法问题

(一)中国医学立法缺乏有效的实践依托

这里的"实践"一词是指利用诉讼来解决医学伦理领域的纠纷。以"安乐死"一词为例,如果你在中国裁判文件网站上输入它,你会看到搜索结果是"零",表明至少在判决书网上公布后,没有对"安乐死"进行起诉的案件。同样,如果你输入"基因治疗"和"器官移植",你会发现,除了刑事案件外,相关的案件也是"零"。[1] 本书认为,造成这一"零"数字的主要原因是,中国的基本医疗法没有切实落实尊重个人自由和寻求更大的合理福利等原则,这实际上反映了基本医疗法没有将宪法中倡导的以人为本的理念实际内化进立法的思想以及具体的相关规定,将本来主动、积极行动的立场变得被动,即只机械规定了宪法中的相关原则性规定,而没有主动根据实际情况细化相关规定,将立法范围自我限制在了可诉性的范围内。上述问题在卫生政策、资源分配、公共事件等领域中均可以找到

---

[1] 蒋涛、李策、贺柯:《医学伦理事实法治化的现状、问题及可能解释》,载于《中国医学伦理学》2020年第8期。

不同程度的表象。如果以上述立法受可诉性限制的思路分析,以上领域内的问题均可以得到一定合理解释。

相反,英美法系国家有大量的立法动议,因违背医疗基本法及相关宪法条款被重视而展开立法,这与法治意识的增强和法治的应用都有关系。中国的立法演变不能脱离《中华人民共和国人口与计划生育法》(以下简称《人口与计划生育法》)的修订。医患关系紧张未能缓和的话往往会形成纠纷,目前这类纠纷频发。但立法却难以对司法实践中出现的问题提供较为合理有效的解决思路和方式,导致恶性循环,不良医患关系成为社会痛点。《民法典·人格权编》的专门规定,让我们看到了一种新的期许。

(二)社会科学研究与国内医学法学研究的价值不平衡

在考察了几部医事法研究的理论著作之后,发现了两个现实,而这两个事实在某种程度上与中国社会科学研究方法的本土和全球趋势相悖。一是正在进行的医事法理论研究中充斥着政治研究,这种研究违反了政治和学术应该分开的理念。同时,这种研究方法在其他领域,如社会学和经济学中也被放弃。然而,政策研究必须以解释力为基础,而解释力问题应该是社会科学研究的方法论目标。[①]放弃并不排除研究人员对政策问题提出自己的观点并加以发展。医学法学的研究没有充分解决重大的医疗变革挑战。因此,解释这个问题应该是首要目标,而不是强调当前框架的缺陷和建议改变政策。其次是理论研究普遍缺乏实证分析。国内的学术研究也在朝这个方向发展,无论是从学科的发展还是从一些学术期刊的出版要求来看。当前国际社会科学研究以实证分析为主,主张用统计分析来解释社会问题。因为根据现代科学,通过定量分析得出的结论往往比通过定性分析得出的结论更准确,对问题的分析和解释更有说服力,作为政策制定的智囊团,意义更大。这一点在《人口与计划生育法》即将修订时表现得尤为明显,专家们用有用的数据解释了中年和年轻劳动力的大量减少以及老年人口的不断增加的原因。如果使用实证数据的学术研究能够研究"安乐死"的必要性和基因治疗合法化的迫切性,也许这一领域的立法会进展得更快。

---

① 蒋焘:《主义与问题的融合——〈正义论〉的社会科学研究模式》,载于《课程教育研究》2017年第27期。

(三)医学法学研究队伍与实践队伍人数及研究贡献不足

在对参与医疗立法研究工作人员的受教育类型进行分析后发现,这部分研究人员从事学术的身份背景多为医疗技术人员或者医学人文学者,缺少法学背景。一方面,对在《中国医学伦理学》《医学与法学》等杂志上发表文章的医学立法作者的统计显示,这些作者大多是医学技术人员或医学人文学者,很少有具有法律研究专长的人对医学立法的研究作出贡献。同样,对医疗相关的学会进行研究方向和实践方向的统计,并将统计数据进行分析,也发现了类似的问题。在中国卫生法学会的网站上,根据其发布的信息统计其关于研究队伍的状况,截至笔者完稿时,大约有300名学者从事医疗或卫生法的研究和实践。这些学者主要由从事卫生法的实践和理论研究的专业人士、医疗机构中从事卫生法的工作人员和学生组成。

在中国,只有不到十个卫生法研究中心,包括清华大学、中南大学、汕头大学和一些医科大学。这凸显了在卫生法领域工作的法律学者的匮乏。相反,其他领域的法律研究机构远远多于医学领域。另一方面,医学法学是一个非常实用的研究领域,这意味着为了医学法学的研究和完善,在实践中需要对实践数据进行收集、统计和分析。但现实的情况是,医疗法学未受学术界主流的认可,研究人员较少,面临的情况复杂困难,亟需保障这些研究人员的"学术自由"。但依据现下科学学术研究的实际情况和文化传统,通过对诉求的回应,总是很有挑战性的。这迫使许多学者转向理论研究,严重限制了医学法学的研究。再加上诉讼范围有限,缺乏必要的经验性案例,使其在有效解决重大医学伦理实践问题方面面临挑战。

三、人工智能伦理标准立法问题

(一)伦理治理积极展开,但存在能力不足的问题

为了符合世界新发展方向,近年来我国在人工智能伦理治理中投入了较大的人力和资源,对其配套的法律、社会问题的研究也逐渐受到关注和积极回应。

目前,主要通过分散式立法的模式积极完善关涉人工智能伦理治理的相关法律关系的规制和完善。同时,为人工治理创设多元主体共同治理平台和机制。例如,设立由高校、科研院所和企业专家组成的"新一代人工智能治理专业委员会",并发布《新一代人工智能治理原则——发展负责任的人工智能》,提出人工智能治理的框架和行动指南。[①]但不可否认的是,我国的人工智能伦理治理体系建设仍处于初级阶段,亟需不断提高治理能力、不断完善治理体系。

(二)算法歧视

人工智能的技术数据整合能力、处理能力、系统协调能力极为突出。作为利用计算机实现对人的智能模拟、延伸获得最佳效果的技术理论,人工智能已经成为一个非常有价值的跨学科研究前沿领域。由于人们对人工智能作为基本的决策辅助工具不再感到满意,因此试图用人工智能来代替人,以作出判断和执行各种任务,其目的是要取代人作出判断和完成各种工作。

今天,日益发达的人工智能技术为人类社会的未来提供了一个充满希望的前景,它正在渗透生活的各个领域,推动产业和行业的智能化和有效的现代化,以更好地服务于人们的需求。可以说,社会的特定操作系统正在受到人工智能技术深刻的影响。然而,在蓬勃发展的场景中,人们不仅应该对技术的进步感到振奋,还应当从人类文明这一宏观场景下,对人工智能的应用进行客观审视。在使用人工智能系统控制武器系统、对个人进行定罪和判刑时,我们是否应该首先确定人工智能系统是否有能力作出决定?毫无疑问,这个问题的答案是否定的。主流人工智能系统的开发和使用,仍处于薄弱阶段,无法完全模拟挑战性工作条件下的智能,也无法更忠实地反映现实。这种先天的不足无疑会导致计算机所形成的"最佳结果"与现实生活的偏差。英国议会2018年的《人工智能报告》特别强调了这一现象:一方面,有偏见或歧视性的数据源的存在可能会导致类似偏见或歧视的决策;另一方面,这一结果也可能是由人类设计意图或训练技术中的算法设计错误带来的。这种歧视性的结果既可能是对现实的不准确反映,也可能是对社会不公正的描述。

---

① 邱惠君、梁冬晗、李凯:《欧盟人工智能立法提案的核心思想及未来影响分析》,载于《信息安全与通信保密》2021年第9期。

本书认为,人工智能带来的歧视有一些特殊的特点,技术所掩盖的"算法歧视"与传统意义上的歧视相似,但又有区别。因此,只用传统概念来控制这种算法歧视是不够的。应试图找出人工智能技术中的"算法歧视",并探讨该技术未来发展的理论基础和法律救济。在保障基本权利的框架下,禁止歧视经常扎根于特定的方面,比如禁止基于种族、性别、宗教等特定标准的不平等待遇。然而,面对复杂的社会变化,特别是面对"算法歧视"这样的新问题,这种概念性规范逐渐"落伍",因为它不同于其他类型的歧视算法。这是因为大量的间接歧视现象已经出现了。歧视的发展有一个独特的技术历史。

因此,对算法歧视的研究应该从它的抽象特性开始,研究它如何为特定的个人群体创造"不合理"的歧视性"区别",就像人类如何做一样。其次,由于人工智能技术是由人类创造的,它将不可避免地带有其创造者和制造商的印记。因此,定型观念和社会偏见也可能被人工智能"感染"。卡内基梅隆大学的研究人员研究得出,如果应用广告钓鱼软件模仿普通用户时,他们可能会访问求职网站,收到来自谷歌的相关招聘广告,宣传"年报酬在20万美元以上的岗位"。当其他指标都一样时,女性使用者接到这个广告的次数是318次,而男性使用者接到这个广告的次数是1852次。另外,人工智能的深度学习能力不是纠正歧视的有效手段,而是被技术放大的"程序漏洞"。[①]早在2016年,微软公司的技术研发部门就通过Twitter平台公开发布了名为Tay的可用于聊天的智能机器人。但是,在第一次公开发布后的短时间内,Tay就在网络用户的"调教"下写出了多篇内容不当的涉及攻击性言论的文章。Tay的开发团队回应称:Tay之前曾发表过支持性别平等的意见。Tay的例子表明,在通过学习来研究自我意识方面,人工智能仍处于起步阶段,在创造筛选信息和消除歧视性观念的技术方面仍有很多工作要作。

(三)电子人格

法律人格是指权利享有者和义务承担者的法律地位和资格,获得法律人格的主体进入法律调整的范围,从而成为法律主体。获得法律人格的主体进入了

[①] 卜素:《人工智能中的"算法歧视"问题及其审查标准》,载于《山西大学学报(哲学社会科学版)》2019年第4期。

法律监管的领域,因此成为法律主体。法律人格被定义为作为权利持有人和责任承担者的法律地位和资格。

因为法律人格主要是一种法律技术,并提供了获得法律技术手段的途径。所以本书认为,人工智能是电子人格的基础。法律人格有许多不同的所有者,因此没有一套法律人格规则可以用来确定其他主体是否拥有法律人格。与"白马非马"的谬论类似,用特定的自然人格来判断人工智能的人格是不符合逻辑的。然而,根据目前已有的文献,学术界在确定人工智能的人格时,只以自然人的人格为标准,或认为人工智能缺乏人格,或认为其人格缺乏纯粹的主体性。这些观点的主要区别在于以下几点:

1. 人工智能无法律人格说[①]

反对人工智能拥有法律人格的论点有两种:第一种是基于目前的法律体系,它以"自然人"的概念为中心,认为人工智能还未达到法律人格的认证标准。如果该观点成立,那可以推导出以下结论:在传统客体和主体二分结构的界限已经模糊的当下,生物人作为众所周知的自然人是法律上的主体,以生物人的自身特点,即意识、理性和伦理等为标准,除了生物人之外为法律上的客体的严格划分仍然被沿用,所以人工智能明显不属于享有自然人身份特征的生物人,具备人类的"思想和精神",不是法律主体,缺乏人格。第二种着眼于未来的法律建设,认为为了摆脱现行法律制度所产生的"对法律主题的类型化理解",必须对现有的法律制度甚至法律理论进行调整。根据这一观点,自然人和人工智能沿着不同的路径进化,因此两者的权利并不等同。相比之下,现有的法律体系是基于真实的人,其中大多数人都具有典型的人类性质。在未来,作为主体的"人"的概念需要被"重构",以确立人工智能的法律人格。换句话说,人类(法律主体)的定义在未来会发生变化,以纳入人工智能。

2. 人工智能有限法律人格说

与没有人格的人工智能相反,具有有限人格的人工智能在不具有完整的法律人格的同时,仍然可以受到法律的约束,这使得人工智能的技术能力得到了提升。特别是有三种不同的意见:第一种认为,人工智能能够独立行动,有权利和

[①] 朱程斌:《论人工智能电子人格》,载于《天津大学学报(社会科学版)》2019年第4期。

义务,但该权利和义务只有在需要其承担法律责任时才被法律拟制存在,其所享有的是有限的法律人格,因为它有别于其他法律问题。在代理人和传统工具的对比下,人工智能在这一理论中具有"高度的智能"和独立的"决策能力"。不过,人工智能仍然只是一种"工具"。人工智能由于其能力有限,无法始终确保其决定是在"合理合法的价值判断"下作出的。这两个事实表明,虽然人工智能不与现实中的个人分享责任,但它部分地满足了法律人格理念的标准。一个具有有限法律人格的人工智能可以以与之相适应的责任机制为嫁接桥梁,间接实现法律人格的赋予。第二种认为,法律主体的资格认定的历史进程已经进化到"非人可人"的新阶段,伦理性并非赋予法律主体资格的不可或缺要件,可以赋予人工智能以工具人格。根据这一思想,应该用以人为本、以人类为中心的价值观来决定是否应该赋予人工智能以人格,用功利主义来决定人工智能的权利和义务。因为人工智能拥有"智慧"和"意志",它的客体属性就会退化,进步到主体的角度,"不是人而是人",因此可以在"以人为本"的价值取向下赋予"工具性人格"。第三种认为,人具有与人工智能相似的人格,但相信自己的存在。术语"人工人格"是指人工智能拥有权利和类似于自然人的法律地位。这是因为,虽然人工智能确实拥有"意识和意志",但法律主体还应该包括人体、大脑等生理成分,以及社会角色成分。

3. 人工智能法律人格说

学术界除了否认人工智能和限制性理论的存在外,还有一个不同的观点,即人工智能具有人格。根据这种观点,法律人格是一种技术构造,与生物人不同。既然历史上可以对生物主体具有法律人格提出争议,那么其他主体,如企业,也可以从人格中受益,尽管生物人因其伦理和生物性质而具有法律主体地位的命题不可避免。

4. 法律人格具有多样性

很明显,上面讨论的三种学说都非常强调将法律人格与自然人联系起来。从这个角度来看,无论是人工智能的否定性理论、限制性理论,还是肯定性理论,比较的对象和标准都是自然人,判断人工智能是否拥有人格的标准都是以自然人的身份作为必要的衡量标准。否定说是三种学说中将上述标准贯彻得最为彻底的,否定说的基本判断公式是:首先人工智能不能等同于生物人,其次生物人等同于自然人,又已知自然人人格属于法律人格,即可得出人工智能不能获得法律人格。这个公式也是有限理论的基础,它得出的结论是:人工智能有一个受限的人格。

有限说在具体的逻辑推导上与否定说相比有些许差异。有限说所应用的推导逻辑可以大致被总结为:首先,前提是人工智能不能等同于生物人。其次,生物人等同于自然人。以上和否定说的推论相同,但不同之处在于人工智能实际具有部分生物人的能力,所以可以得出的结论是人工智能可以拥有法律人格,但其拥有的法律人格相当于生物人的部分而非全部,即人工智能能成为权利的主体或者作为权利的客体。肯定说的意见和上述两种观点截然不同,肯定说肯定了生物人的法律人格,但认为这种人格并非和生物人的法律人格完全等同,即人工智能的法律人格并非直接赋予人工智能,而是由生物人主体或者其他类型的法律主体代为享有,但无论如何应当肯定人工智能具有人格。本书认为,虽然自然人的人格是法律人格的典型例子,而且在人格形成的过程中也经历了最剧烈的变化,但绝对不能说自然人的人格和法律人格这两个概念可以完全等同,两者更不能混用。基于自然人的生理特质和特有的伦理需求,推论人工智能非法律人格的拥有者符合基本的论证逻辑。形成这样的推论的主要原因是:近代以来人们的思想观念不断革新,对民事主体之间人格平等这种理念有较为广泛的认同度和接受面。所以在人人平等的基础上,法律得以实现避开人格理论直接构建法律主体理论。将非现实存在的神、动物、植物和海洋等非生物人的事物纳入法律主体的法律拟制方法,古往今来均在世界各地一直延续,排除了更常见的人类组合或财产组合的人的身份。如果将公法组织和国际非政府组织考虑在内,法律人格的概念将变得更加完整。因此,即使人工智能有一定的参考意义,在根据自然人身份的标准确定其是否具有法律人格时,也会失去片面性。如果我们从自然人身份出发,得出人工智能不可能有自然人的人格是合乎逻辑的。

四、环境工程伦理标准立法问题

(一)城市的园林绿化比较落后

从中国城市的设计来看,城市空间有相当大的比例被园林景观所占据,显示了园林规划在中国城市发展中的重要性。一个被绿化覆盖的城市可以有效控制城市的温度,大面积的园林绿化则可以帮助解决城市噪声污染的问题。加强园林绿化建设,不仅可以有效降低空气污染程度,而且还具有一定的观赏价值。城市中的大多数企业生产的产品都有一定程度的废气。很明显,园林绿化对城市人的生活质量有着积极的影响。然而,如今中国的一些城市无视创建园林的价值,在城市规划中压缩园林面积,省略城市园林的创建,过分看重经济效益,导致高档小区和商品房基金的发展远远超过预期,为了防止花园、公共绿地和其他项目的资金紧张,最终造成拥挤的城市环境,不利于发展城市花园和其他绿化措施。

(二)污染问题严重

城市污染和工业污染是目前我们保护城市环境面临的两个最大问题。城市污染和工业污染都对市民的生活质量和工作能力产生了负面影响,危害了他们的健康,损害了社区的发展。城市和工业污染也会阻碍一个城市的可持续发展能力,并损害整个城市的声誉。根据目前的情况,中国的城市和工厂的污染主要有三类:空气污染、水污染和垃圾污染。

1.空气污染

通过对城市空气的考察,我们可以更清楚地看到,工业废气和粉尘排放是城市空气污染的主要来源。这些空气污染源主要存在于化工、火力发电和其他主要企业,而汽车的日常排放以及生活和工作中产生的空气污染物则排在第二和第三。此外,当意外事件不幸发生时,城市中的空气质量指标一般会下降到一个比较不理想的程度。例如,有害气体的泄漏往往是因为像汽油和煤气这种污染有害物质未妥善保管,加之因为某种原因被蒸发变成的,这时候这些有害气体就会和本来的空气混合,随着空气的流动进一步扩散,导致城市的各个区域都被这些气体覆盖。而且这些工业废弃物质、煤气等危险物质在转化为气体的过程中一般会伴有有害、有毒物质的产生和扩散,往往会带来人员的伤亡,甚至会带来长久的影响。例如,对身体造成不可逆转的损伤。不断加剧的城市雾霾就是空气质量状况不良的最明显的表现之一。

2.水污染

工业废水和城市居民产生的污水是城市水污染的主要来源。重金属、氮、磷、碳都高浓度地存在于家庭和工业废水中,这将对水资源产生危害。为了保证居民的日常用水需求,需要建立统一的管道排放、收集、处理居民用水。为了防止水污染造成的问题恶化,我们必须加强对城市水环境的保护。如果一个城市的地下水被污染,将对人们的日常生活以及健康状况产生不利影响。

3.垃圾污染

垃圾污染是中国城市环境保护建设中最具挑战性的问题,因为城市中的垃圾大部分来自居民的日常生活,而大多数中国公民缺乏垃圾分类的意识、对垃圾分类的理解,以及将垃圾放到合适的地方集体倾倒和处理的能力。

(三)环保意识薄弱,污染防治不够重视

为了顺利实施环境保护建设,必须从根本上提高人们对这一问题的认识,以鼓励人们参与其中,保护环境,提高城市环境建设的效果。由于缺乏足够的环境管理手段和监督,众多不规范的私人工业产生了太多的污染物。当某些新项目的"环评"和"环保""三同时"制度没有及时建立和完善时,就会造成频繁的环境污染。

未按排放流程规定排放污染物。可用于人们日常生活和生产的煤炭、烟尘等未按照相关规定排放的话,会产生大量的有毒有害的大气污染物。例如,可吸入颗粒物、二氧化硫、氮氧化物、光化学物质、一氧化碳等,都会对我们的身体健康产生威胁;生活中排放废水,会对地表以及地下的水体产生巨大的危害,使得我国人均水资源占有比例下降。乱扔生活垃圾。在人类的日常生活中,这类不规范行为带来的危害是普遍的、严重的,未按相关规定投放不可回收的塑料类垃圾、有毒有害的电池类垃圾,既会使环境承载力下降、加剧环境压力,又会

威胁到动植物的生存圈,破坏生态系统的平衡。乱砍滥伐。工业的不断发展所需的要素之一就是木材的大量供给,在法律法规未完善规范的领域内,对利益的追求激起木材大规模砍伐的浪潮。这种不良的做法客观上减少了我国植被覆盖面积,打破了生态系统的平衡,给生态的维护和发展带来了巨大的问题。偷猎盗猎。当前,偷窃盗猎行为的屡禁不止使得许多野生动物惨遭杀害,其生存数量急剧减少,濒临灭绝,其生存空间不断被挤压。食物链的平衡被人为打破,生态环境发展的内生动力遭到间接破坏,同时生态环境被破坏的恶果终将会反噬人类自身。

第三节　国外科技伦理标准立法

一、生命科学伦理标准立法

(一)德国开创了人体试验规范化的先河

1946年,德国纽伦堡军事法庭上制定的《纽伦堡法典》,对医务从业人员实施人体试验制定了10项要求,并为其标准化奠定了基础。人类胚胎干细胞研究和胚胎干细胞的克隆被德国《胚胎保护法》(1991年颁布,2012年修订)明确禁止,德国《生殖医学法(草案)》(2000年颁布)重申了这项禁令。

(二)英国是第一个通过法律来规范人类胚胎的国家

世界上第一部规范人类胚胎的法律是英国的《人类受精与胚胎学法案》,于1990年通过,2008年修订。修订版允许在人类和动物之间进行"细胞融合"实验,以产生"混合胚胎",该项特准有利于干细胞技术的后期发展。

(三)日本的《再生医疗安全确保法》

根据2014年生效的《再生医疗安全保障法》,利用诱导性多功能干细胞和胚胎干细胞的临床研究和治疗被分为风险最高的"第一类"。这一类别需要由一个特别委员会进行评估。

(四)国际组织出台指南或管理框架

1964年国际医学大会《赫尔辛基宣言》明确了,人类医学研究领域中,不能因为对科学研究的主观兴趣就罔顾参加实验的人员的健康状况。这个共识为建设临床研究的伦理体系提供了基础。为了从伦理、医疗产品开发和安全方面指导健康研究,促进公共健康,国际医学科学组织理事(CIOMS)于2016年修订了《涉及人类的健康相关研究的国际伦理准则》,国际干细胞研究学会(ISSCR)于2021年5月发布了更新的《干细胞研究和临床转化指南》。

有机地融合了干细胞的胚胎模型、人类胚胎研究、嵌合体、器官和基因编辑等多个领域的前沿科研成果和临床伦理规范,且在如何建设干细胞临床转化的科学监督管理体系上贡献了能切实应用于实践的建议。2021年7月12日,世界卫生组织(WHO)下属的专家委员会公开了《人类基因组编辑管治框架》和《人类基因组编辑建议》。

人类基因编辑作为公共卫生的工具,其安全性、有效性和伦理问题首次被曝光。国际社会也继续关注生物科学领域不可预见的发展,并采取积极行动来解决潜在的问题。联合国教科文组织国际生物伦理委员会(IBC)和世界科学知识与技术伦理委员会(COMEST)联合公开了《关于新型冠状病毒肺炎的联合声明:全球视角下的伦理考量》,这显示出了迫切需要对新型冠状病毒感染,作出全球生物伦理学反应。

二、医学伦理标准立法

美国的《平价医疗法案》、英国的《国民医疗服务法案》和法国的《公共卫生法》,这些法案以谋求公民福利和公平公正等法律原则为底层逻辑,将以上原则具体体现在财政支出、资源分配和公共卫生政策的实际立法中。为了有效解决医疗纠纷问题,美国通过其《基本法》及其配套法律,并增加了《患者权利宪章》。

这是一份伦理文件,概述了包括知情同意权和隐私权在内的12项权利,以及政府作为担保人的意外保险,共同管理医患纠纷。美国联邦政府在1987年通过了统一的遗体捐献法,为了解决如何界定死亡的问题,将哈佛医学院特别委员会在1968年提出的"脑死亡"标准纳入法律,这不仅成功地加速了现代医学技术的进步,也在一定程度上对安乐死立法进程产生了影响。美国在1997年修改了《公共卫生法》和《联邦食品、药品和化妆品法》后,落实基因治疗加入药品法管理体系的规制已成为其常规立法模式,此后美国颁布了30多个相关技术指导意见或政策要求。这标志着法律已经将以基因治疗为基础的医疗和研究行为纳入规范范围,相关行为将受到法律的约束,也有助于推动当代医学技术的发展。而相关资料表明,中国与基因治疗有关的政策和法规很少且较基础。虽然有助于限制一些不道德的现象,但这些政策和法规在某些方面减缓了临床基因治疗研究的进展。

三、人工智能伦理标准立法

(一)美国

最近几年,与人工智能有关的法律激增。域外立法机构,包括美国和欧盟的立法机构,经常提出有关人工智能和算法决策的立法。他们密切关注算法的透明度,以及人工智能带来的偏见和歧视。美国在基于国家安全战略层面的最高战略中考虑了人工智能治理,强调了人工智能伦理和战略政策对国家竞争力的影响,并从制度、监管和社会角度提出了应对人工智能变化的策略。[1]

1. 加强对人工智能的监管和规范

美国白宫于2020年1月发布了一份《人工智能应用监管指南备忘录(草案)》。它概述了在监管和非监管层面对人工智能应用进行监管的原则和建议。其在很大程度上与G20的人工智能原则相一致,并努力保证公众参与,限制监管过度,支持可信技术的发展,有助于形成有利于人工智能的监管氛围。为了帮助联邦机构对人工智能应用进行监管,它向政府组织提供了关于如何处理"维持美

---

[1] 伦一:《人工智能治理相关问题初探》,载于《信息通信技术与政策》2018年第6期。

国在人工智能方面的领导地位"的建议。美国《人工智能应用指南》概述了人工智能监管的10项原则。这些原则包括避免联邦机构对人工智能应用的过度干预,大力强调监管的灵活性,"鼓励人工智能创新和发展",以及"减少部署和使用人工智能的障碍"。

2.驾驶领域

2020年,美国总统行政办公室和交通部发布《确保美国在自动驾驶汽车技术中的领导地位：自动驾驶汽车4.0》。该政策细致地阐述了美国政府对自动驾驶汽车技术的监管原则,显示了美国有力地鼓励该领域的发展并在国际上占据道德高地的决心。

3.安全领域

美国国家人工智能安全委员会向国会提出了80条关于人工智能的建议,内容涉及引领人工智能研发、利用人工智能保障国家安全、改善人力资源培训、创造和保障美国技术优势、促进国际合作等六个方面。该委员会建议,为了将人工智能驱动的技术应用置于国家政策制定的最前沿,美国在白宫的指导下成立一个技术委员会。然后,技术顾问将领导建立一个结合技术、国家安全和经济政策的新政策,结合国家安全、经济和技术的技术竞争力的新方法。

4.发展和加强了人工智能的道德准则

2020年7月23日,美国发布了概述国家人工智能战略的四份白皮书中的第一份。为了指导情报界(IC)使用和发展人工智能和人工智能工具,美国国家情报总监办公室(ODNI)于7月30日公布了一份人工智能道德和原则清单。8月18日,美国国家标准与技术研究所(NIST)提出了四项准则,以衡量人工智能选择的"可解释性"程度。为了衡量人工智能判断的"可解释性",NIST提出了四项原则。

(二)欧盟

因为欧盟的成员国对伴随着人工智能运用和发展产生的安全、隐私、尊严等伦理风险较为重视,欧盟已经发布了多项计划或方案,相继发布了《2014—2020年欧洲机器人技术战略研究计划》《地平线2020战略-机器人多年度发展战略》《欧盟人工智能法案》《欧盟机器人民法规则》等。在欧盟委员会2020年2月发布的《人工智能白皮书》中,敦促建立一个人工智能监管框架,以增加投资并减少与使用相关技术有关的危险。除了为包容性增长、可持续发展和福祉铺设一条清晰的道路外,白皮书的重点是允许在欧洲发展值得信赖和安全的人工智能,并帮助创建一个强大的人工智能生态系统。白皮书还强调,为了建立一个独特的"信任生态系统",对人工智能的规制应当符合欧洲地区的普遍价值观和基本权利构建,包括人类尊严和隐私保护。系统还必须确保符合欧盟法律,以保障高风险人工智能系统的欧盟消费者的基本权利。欧盟委员会的人工智能立法提案除了85条正文外,还包括9个附件条款。根据该立法提案规定,它适用于两个主要群体:第一类群体是在欧盟地区从事人工智能产品,例如可应用于生产生活的人工智能系统以及人工智能服务的公司,但是这些公司不以在欧盟地区有组织机构为限。第二类群体是在欧盟地区使用租借上述产品的公司。[①]与欧盟的执法和司法合作的一部分是运用人工智能系统的国际组织和第三国公共机构,以及唯一用于军事目的的人工智能系统(或成员国),都不在监管之列。提出的法律涉及高风险人工智能系统监管的很大一部分,其主要思想可以总结如下。

1. 综合风险分析的基础上,提出了人工智能系统的四级分类治理框架

根据对人工智能系统执行的任务以及其独特的应用和模式的彻底审查,该立法提案将人工智能应用的危险分为四类:不可接受的风险、高风险、限制性风险和低风险。人工智能应用的使用范围和预期用途,可能受到影响的人数,对结果的依赖性和伤害的不可逆转性,以及当前欧盟法律提供有效预防措施的程度,是一些综合分析要素。不可接受(或非法)的人工智能系统。该立法提案禁止以下人工智能做法:第一,以个人无法识别的方式使用潜意识技术,以扭曲个人的行为,伤害或可能伤害个人或其他人的身体或心理;第二,利用儿童和残疾人等弱势人群的脆弱性,大幅扭曲与弱势人群有关的行为;第三,公共部门(或其代表机构)根据自然人的社会行为或自定义属性数据,对其可信度进行不准确的打分或分类,从而导致自然人受到负面或不公正的对待;第四,只有在特殊情况下才允许在公共场所为执法目的使用"实

[①] 邱惠君、梁冬晗、李凯:《欧盟人工智能立法提案的核心思想及未来影响分析》,载于《信息安全与通信保密》2021年第9期。

时"远程生物识别系统。这种情况的例子包括寻找特定的犯罪受害者或失踪儿童,识别和追踪犯罪嫌疑人,应对个人安全紧急情况,防止恐怖袭击,等等。构成高度风险的人工智能系统。

2.集中界定有风险的人工智能系统的法律框架,并包括明确的监管措施

这是在所有人工智能系统的普遍透明度要求之外的,该立法提案更详细地关注了对高风险人工智能系统的监管,包括风险管理、质量控制、数据管理、文件记录、日志记录、人工监督、可靠性要求、上市前合规性评估、注册报告、利益相关方义务等诸多方面。风险管理:在高风险人工智能系统的整个生命周期中,建立一个风险管理系统是必要的。这个系统还必须用来检测、评估和评价与人工智能系统相关的风险,并实施必要的风险管理策略。质量控制:在系统设计和开发过程中,建立质量管理系统和有效的质量监控和记录是对高风险人工智能系统供应商的要求。数据管理:要求在开发系统时所使用的训练、验证和测试数据应符合相关的质量标准,如应事先评估数据的可用性、数量和适用性,检查数据可能存在的偏见等。管理数据:创建系统时使用的训练、验证和测试数据必须遵守相关的质量标准,包括事先评估数据的可用性、数量和适当性,以及偏差检测。文件编制:对高风险人工智能系统建立技术文档的要求,包括关于系统的一般描述、系统的具体组成部分和开发过程的信息。技术文件应随着系统的使用而定期更新,以保持其最新的状态。日志记录:当一个系统在运行时,应该自动创建日志,并且在系统的整个生命周期内都可以追踪,涵盖了系统的操作时长、发挥着系统决策指导功能的数据库、输出结果的输入信息、评估特殊系统输出结果的人等。人工监督:为了让人类在使用系统时成功地监督和干预系统的运作,除此之外,在设计、开发和使用高风险的人工智能系统时,必须为自然人提供必要的人机界面工具。可靠性要求:为了获得适当的准确性、稳健性和安全性,以达到预期目的,处理操作错误、防止非法篡改等,必须设计和开发高风险的人工智能系统。事前合规评估:在投入市场使用之前,高风险人工智能系统必须通过合规性审计,以表明其遵守了一系列强制性要求,包括风险管理、数据管理、技术文件、记录保存、用户透明度和信息提供、人工监督、准确性、稳健性和安全性等方面的法律要求。一个高风险的人工智能系统在被大幅改变后,必须经过一个新的合规性评估程序。登记报告:在欧盟层面建立高风险人工智能系统数据库,并要求销售高风险系统的公司提前注册,提供必要的细节,以便进行合规性评估。在发生重大事件时,要求高风险人工智能系统供应商,尽快通知相关国家机构,从市场上召回相应物品,并对事件展开调查。利益相关方义务:上述关于风险管理、质量保证、数据管理、可靠性要求、上市前合规性评估、注册报告等方面的职责,供应商应予以遵守。

3.明确主管机构和评估机构的职责,为监督工作提供制度保障

该立法提案中提出了来自欧盟和成员国层面的监管治理结构。为了有效协调新的人工智能法律的无缝实施,并鼓励成员国之间交流最佳做法,建议创建一个由国家监管机构和欧洲数据保护机构组成的欧盟人工智能委员会。每个成员国都要选择一个或多个类似的组织来监督法规在该成员国层面的应用。指定机构负责建立适当的程序,选择、监督和管理合格评估机构,并处理相关问题。为满足保密义务和其他要求,指定机构应与符合性评估组织之间相互独立,不存在任何利益冲突。第三方合格评定活动,例如由第三方评定机构担任检测、认证等评定活动的负责人。申请加入评定机构的组织应当达到具体的要求,以便于其向公告机构提供的申请能通过,并获得相关资格批准。在与欧盟签订协议的第三国的法律框架下成立的评估机构,可以被允许进行合格评估业务。对于符合要求的人工智能系统,评估机构将给出有效期为5年的证书。

四、环境工程伦理标准立法

(一)早期工业化国家生态立法的实践

生态文明的发展是对传统工业文明随着时间的推移所积累的问题的反思和反映。以下是对早期工业化国家的立法模式的总结,在这些国家中,环境问题变得明显,当代生态立法也首先得到实践。建立在环境法基本原则上的三维法律框架。环境基本法是生态保护领域的基本法律,它取代了所有其他单独的环境法和与环境有关的部门立法。日本作为该模式的代表国家。日本1993年通过《环境基本法》后,为了逐步建立一个立体的生态法律体系,日本通过了一系列的补充法律，包括《促进循环型社会形成基本法》《资源有效利用促进法》《绿色采购法》。有条不紊地将不同的独立的环境法律和法规合并成一个连贯的、可理解的、全面的环境法典，以防止法律纠纷和不同法律之间的竞争。菲律宾在1977年制定了《菲律宾环境法典》，法国在2000年通过了《法国环境法典》，独联体国家在2007年通过了《独联体示范生态法典》，爱沙尼亚在2011年通过了《爱沙尼亚环境法典法总则》，并在2014年生效实施。

美国是运用政策法与判例结合型方式完成立法的典型国家之一。1969年，美国国会通过《国家环境政策法》，这部在环境保护领域内的基础性法律成为例如《清洁水法》和《清洁空气法》等后续一系列立法的根基。此外，美国还有大量的环境和生态法律，包括联邦巡回法院、州法院和美国最高法院的裁决。

（二）早期工业化国家生态立法的经验

在资源保护和可持续利用方面，早期工业化国家拥有丰富的专业知识，它们的一些立法成功经验值得学习。通过立法来反映"生态中心主义"的重要性。"生态中心主义"反对人类中心主义和纯粹功利主义在立法中的地位和作用，认为应当在环境资源的占有以及使用中考虑代内和代间的公平，以支持人与自然的和谐可持续发展。例如，"消除对生物多样性的风险"是加拿大《环境保护法》确立的一个基本法律原则。基本环境法现在有了更强的法律地位。基本环境法的法律性质已在立法中明确规定，以防止生态法实施中的不确定性。为保证国家环境政策和目标在实践中得到有效执行，美国《国家环境政策法》规定，国家的政策、法律以及公共法律的解释和执行应符合本法的规定，以保证国家环境政策和目标的实际应用，确定人民的生态权利的法律和宪法效力。

众多国家的宪法和法规明确将环境权作为一项基本的实质性权利。例如，《俄罗斯联邦宪法》明确宣布，公民享有生态权，《俄罗斯联邦环境保护法》的序言也重申了这一点。环境保护立法框架的新发展，如果没有社会团体和个人的参与，生态立法的成功是具有挑战性的。美国环境法律体系的结构为市场参与者留下了空间，如举报人诉讼制度，并鼓励生态立法从集中于程序正义转向注重实质正义。

绿色新政。近年来,强调循环经济和低碳经济的"绿色新政"在许多国家大力推行,从法律角度确立了以生态经济为主导的可持续发展模式。英国、法国、德国等国家在新能源发展的指导下,大力推动旧有发展模式的生态化转型。此外,积极参与国际环境治理,加强政府对环境保护的责任,已经在许多国家的生态立法中稳步占据中心位置。

第四节 我国科技伦理标准立法的完善

一、生命伦理标准立法完善

伦理具有指导生命科学研究的重要作用和价值。伦理框架的形成可以保证创新和研究以更有组织的方式进行,并保持两者之间的张力和平衡,这也是未来生命科学进步和更广泛的伦理进步的基石。政府、研究机构、科研人员、产业界和公众之间的"协同治理"的伦理管理体系涉及众多的利益相关者,中国生命科学的伦理治理需要考虑各方的利益和要求。

政府为生命科学提供伦理治理标准和准则。因此,政府应加快制定科技创新的伦理治理框架。政府应检查技术的属性,采取积极的行动来解决任何潜在的伦理问题,并针对生命科学领域新技术带来的危害,制定技术应用方案。为了保证研究和临床转化的顺利推进,同时避免生物伦理风险,我们还应该研究技术发展的趋势,建立明确的研究伦理法律或规则。我们还应该为大学、研究机构和企业制定研究伦理法规提供指导。为了构建关于生物伦理管理的特殊法律文件,可以参考英国、德国和其他国家的做法。通过彻底的、强制性的法规,为不遵守规则的个人和组织设立成文的、可实施的问责制度,且为了实现规制从事研究的人员和科学技术衍生出的现实成果的使用人员行为的目的,应当通过行政授权将伦理管理组织纳入行政主体的范围。建立一个世界科技强国,优先参与关于伦理挑战的全球对话,并在伦理有争议的科技领域发展中建立国际伦理规范,以提高中国在生命科学伦理监管方面的全球话语权,使中国的伦理思想和言论成为全球伦理监管的重要组成部分。

(一)机构层面:监督管理主体作用

生命科学领域的伦理治理的监督者和管理者包括大学、研究机构和医疗机构。他们有权监督科学研究如何进行,是践行和维护伦理标准的责任主体。为了避免再次发生类似于"基因编辑婴儿"的丑闻,诸多院校都设立了科技伦理委员会,医疗机构在自身内部设立临床试验伦理委员会也是普遍做法。大学、研究机构和各类医疗机构要在自身机构的内部设立专门负责伦理监督和管理的部门,强化对涉及科技伦理研究的常态化的管理和监督。相关责任主体还应当设立定期且固定的工作机构部门和办公地点,发挥其在研究和评估相关机构进行科技项目中可能存在的生物伦理风险的主动性,如果发现漏洞应当及时弥补。机构有义务和责任强化对科学家的生物伦理教育和培训,支持研究人员掌握伦理分析和决策的技术,并协助科学家以伦理方式开展研究活动。

(二)研究人员:加强伦理自治和自我约束

管理生物科学的道德规范大多由研究人员控制。研究人员必须积极将伦理原则付诸实践,必须遵守机构、地方和国家的研究伦理标准。国际社会积极鼓励科学家在法规尚未出台的发展中的生物技术领域,通过各种形式的自治或自律参与治理,并充分发挥科学传播和科学界在自治中的作用。另一方面,对研究伦理的深刻理解和自律的基础,是研究人员伦理自治的关键。为了了解其特定研究领域的伦理危害和道德义务,提升研究的完整性,增加研究过程中的风险规避和控制知识,研究人员必须积极参加相关的伦理培训。

(三)行业层面:形成伦理共识并有序发展

在整个商业化过程中,个人的经济利益和社会群体的福利之间的冲突是许多生物伦理困境的核心所在。医药商品具有很强的商业性和社会性,而中国的医药商业正经历着重大的动荡。行业协会等社会团体作为公正的第三方,在进行同行评价和监督上有自身天然的优势,要督促这些专业的主体发挥其主观能动性。从源头禁止违反伦理的科研创新活动,实现推动中国甚至全世界的医疗药品领域的良性发展。行业协会应当携手企业集团从行业层面明确伦理共识,界定生命科学的"敏感"领域的路径和可商业化范围,明确医药市场上不可触碰的"伦理红线"。

(四)公众层面:共同参与伦理治理生态建设

由于公众同时是生命科学领域和伦理治理领域的参与者和见证者,所以应当建立公众作为参与者共同治理的伦理生态系统。非医学研究人员和非科学从业人员在评估伦理倡议时的专业性和中立性在伦理委员会的伦理审查中亟须提高。在生物科学伦理治理的生态发展中,必须更多地考虑"公众讨论"。中国必须积极发挥媒体和互联网领域在伦理治理中的作用,在研究人员、科学家、伦理学家、社会学家和政府官员的帮助下,建立公众与新兴技术之间的讨论论坛,关注公众舆论,鼓励人们了解生物伦理,积极参与伦理治理的相关活动,关注并打击生命科学领域的科学不端行为。政府科技管理部门要进一步鼓励科学家参与公共话语和科普活动,将"科普成果"纳入科学家的评价体系,鼓励科学家从专业层面对新兴生物技术进行适当的"技术导向"和"舆论引导"。

(五)建立具有中国特色的伦理治理体系

科学治理结构和实践主要是"进口"的,虽然西方的治理模式为中国提供了一个有益的观点,但它无法充分解决中国的问题。为了根据各地区差异化的经济发展水平和科学发展程度正确规范伦理审查工作,我们在制定伦理审查制度时必须考虑中国的实际情况,建立和完善必要的法律法规。为了弘扬中国传统文化中"生命宝贵""生命价值"等思想的价值,同时为了在中国传统文化中寻求现实问题答案,为解析和阐释生命科学伦理治理的难题提供中国文化视角,中国的伦理建设也需要继承我国传统文化中的优秀伦理价值。我们的目标是构建一个有情怀、有温度的生命科学伦理治理框架,符合科技研究和产业发展的制度需求,该框架应当体现"中国特色"。

二、医学伦理标准立法完善

逻辑起点是对问题类型的讨论,是对研究对象的类别、方法和具体问题的指导,它应揭示研究对象最重要的规定,并应与它反映的研究对象所处的历史背景相吻合。在《基本医疗卫生与健康促进法》出台后,中国也陆续出台了一些自上而下的医疗法律法规。然而,其中关于逻辑起点的论述却很少,而医学伦理学的发展却为学者们提供了这一基本需求。医学伦理学和生物伦理学中的"生命权及其发展"能否作为现阶段医学法学的一个逻辑起点,令人期待。虽然《基本医疗卫生与健康促进法》确立了保障公民基本医疗卫生服务的立法宗旨,但由于无法应对快速发展的医疗技术案例,似乎难以作为逻辑起点。

医学上的许多重大事件和伦理问题都可以用"生命及其成长权"来解释。例如,《人口与计划生育法》的修订就坚持了这一思想。当适用于基因治疗和胚胎干细胞的立法时,它可以以维护生命权的需要为由,促进和支持此类工作的开展。另一方面,基于生命权的起源和性质以及对人类基因的保护,这一立法可以用来限制不合理的医疗技术,或者在公共政策方面,因为生命权的重要性而保证财政和资源分配。重要的是,在可行的情况下尽快讨论和确定逻辑起点,因为它关系到相关法律的指导原则,而这些原则又影响到法律标准的建立。

(一)确定性别比例和专业占比标准

中国医院伦理委员会人员结构不健全的原因在于立法限制不严和法律规定不明确。根据目前的规定,建议在事实的基础上进一步确定男女委员的比例,控制医学专业人员的比例,调整伦理学、法学、社会学和其他专业人员的比例,明确上述比例并作为全国统一的法律标准。

(二)参考CIP制度加强委员资质考核

目前,中国大多数机构伦理委员会都是通过内部投票和会议来选择成员,这种方式不太正式,主观性较强。相比之下,美国于20世纪80年代左右第一次调查了伦理审查领域相关从业人员的注册IRB专业人员(CIP)考试制度。以定期变更考试要求的方式,人类研究保护办公室(OHRP)通过联邦伦理委员会的注册系统了解所有成员的名单。因此,建议中国采用美国CIP体系的核心要素,在立法中完善会员资格评估体系,明确评估对象、评估内容、评估期限,提高会员准入门槛,并根据国情从根本上提高会员资格审查质量。

(三)建立专门操作指南,强调跟踪审查

法律执行是协调医院伦理委员会审查程序的最有效方法。2001年美国出版了《持续审查指南》,2004年英国出版了《英国伦理委员会的标准操作程序》。为了给中国政府的审查工作指明方向,中国迫切需要提升自身的立法水平,缩小差距。提出了建设专项审查操作指南的设想:完善审查程序,强化后期审查的内容和方式,对档案管理、不良事件信息预警系统建设、特殊人群保护等一系列具体标准和注意事项的内容作出细化和完善。审查程序应做到公正、不偏不倚、独立。

(四)适当调整各方监管权限,下设专门监管机构

目前关于主体监督的法律不能同时保证监督的独立性和严谨性。因此,为了弥补监管中的漏洞,政府必须在现有监管机构的基础上认真调整规则中各方的角色和权限。这一过程必须通过建立分层的法律监管结构来逐步完成。主要是通过行政手段进行监督,将负责监督的机构设立在国家(省)级卫生行政部门下。这些监督机构是独立的,在医疗机构、研究人员和受试者等相关机构和人员的范围之外,主要职责为辖区内伦理委员会的注册认证、业务考核和法律制裁。

三、人工智能伦理标准立法完善

(一)立法人工智能的总体目标

人工智能研究的主要目的是让机器完成通常需要人类智力的复杂任务。人工智能是计算机科学的一个分支。该领域试图理解智力的本质,创造出一种新的智能机器,能够像人类一样作出反应。该领域的研究包括机器人、语言识别、图像识别、自然语言处理、专业知识系统等。自从人工智能诞生以来,理论和技

术变得越来越成熟,应用领域也越来越广泛。想象一下,在未来,人工智能带来的技术将成为人类智能的"容器"。人工智能可以模拟人类意识和思维信息的过程。人工智能,虽然没有人类智能,但可以想象超越。将来的立法人工智能从法律数据库的功能到立法人工智能技术应达到以下目标:科学立法,民主立法,坚持以法治为根本准则的立法,以立法过程的信息管理为主线,以法律数据库为基础,综合运用人工智能的最新进展,实现地方立法的全过程。

(二)立法人工智能的发展重点

立法工作体系包括立法规划、法规起草、法规审查、法规实施、立法后评估等,是一个以立法目的为核心的循环动态过程。开发适合立法工作体系的"智能大脑知识系统"是立法人工智能技术的主要目标。

立法应当凸显出法律在人工智能监督领域的积极作用,特别是应对不可预测的潜在风险方面。首先,人工智能技术立法机构要提高对技术发展的尊重和重视,提高对现有风险的自我控制能力。立法者要对技术发展和人工智能领域的发展感兴趣,以便确保所实施的风险管理手段和方式能有实际效果。因此,立法者应该加强对人工智能专利产品和技术开发领域的了解来增强从业开发人员的技术创新的热情,同时有效地避免不必要的风险。明智的法律还要求对制定、适用和适用的全过程进行限制。其次,技术控制需要与之配套的积极法律保护、更有效的风险管理手段和明确严格的法律规制的落实。这需要的不是技术手段而是法律手段。在某些进程中,技术执法控制的对象主要是政策的制定、道德伦理的发展和更为完备的法律发展等方面。最后,运用社会力量参与建立一个公众切实参与的人工智能法律法规体系,提高整体的风险管理能力。

(三)立法人工智能的主要应用场景

1.立法征求意见可快速智能整理

公众在线咨询法已经成为立法行动的通行规则,为了实现科学立法、民主立法,我们必须广泛听取社会各阶层的意见。利用人工智能技术,有可能扩大公众参与立法的途径,同时降低参与立法的费用。一方面,人工智能技术的进步可以使人们智能地、方便地、即时地参与立法成为可能。另一方面，可以了解收集、整理、分析民意。目前正在就影响整个公众的各项立法和法规征求数以万计的人的意见。《中华人民共和国个人所得税法修正案（草案）》于2018年6月公开征求意见，当月有67291人提交了13万多份意见。面对如此多的不同观点，要彻底、迅速、准确地手工整理这些观点是有难度的。人工智能的好处恰恰在于此。为了分离出对修改法律法规草案有帮助的意见数据，我们需要利用语义理解实体和关系识别技术来清理数据。

2. 立法社情民意可智能整理

在立法审议通过的整个过程内，对于法律将会调整的社会关系，应当依据实践中的客观情况进行分析判断，同时作出这些判断也需要足量的样本资料。全国人大宪法和法律委员会主任委员李飞指出，加强立法决策量化论证，就是强调立法工作要更加严谨周密，从立法项目的确定、立法进度的安排，包括起草、审议，人民群众是立法劳动的基石，有效的法律是建立在使法律尽可能地接近普遍共识的基础上的。过去，抽样调查和典型调查是我们立法工作中了解民意的主要工具。立法决策要充分运用大数据，帮助了解和驾驭实际情况，经过充分论证，做好"定量"分析和"定性"判断。只有建立在"定量"基础上的"定性"，才可能合理，才能更具合理性和说服力，才能真正让群众信服。立法人工智能可以通过爬虫框架技术，从互联网、移动互联网、公共数据、付费数据等数据源，利用数据API（应用程序接口），筛选、清理出对立法有用的数据信息，帮助立法者作出这方面的定量和定性判断。只有在"量"的基础上建立"质"，才会有理有据，更有说服力，才能真正说服公众。

3. 立法参考资料可有效提供

任何立法或法规都必须在参考了大量的国内和国际立法资料，听取了更多有经验的立法者的建议，并解决了相关的地方实际问题后才能创建。1万多条市政法规，1万多条行政规章，300多条现行法律，700多条行政法规，数百条法院解释，数万份法律文件，等等。面对如此多的具有不同效力等级的法律文件，以及无数的域外参考法律文件，依靠少数立法者和目前分散的法律信息数据库的基本信息检索功能是不够的。

目前,省人大备案审查信息平台正在建设中。为了便于省人大平台和全国人大平台对接,早日完成各级立法机关信息平台的相互连接和沟通,人大备案审查信息平台已于2016年底上线,目前已符合"标准、网络、内容、数据"四统一的要求。我们将很快向社会开放国家法律信息数据,实现其全面互联互通。我们的数据来源是目前的北大法律数据库和即将建立的国家基本法律信息数据库。根据我们研究问题的要求,人工智能技术可以自动搜索数据库中的法律法规、法律文献和域外信息,给我们提供一套全面、准确、新颖、精确、最新的参考资料,免去了人工搜索的烦人劳动。[①]例如,就像今天的消费者利用搜索数据库在自助餐厅找到他们想要的东西一样,未来的高级厨师将全面了解我们个人的食物偏好,并能够为我们提供符合我们每个人需求的膳食。

4. 立法方案可辅助优化选择

立法判断不能随心所欲。立法过程的目标是通过党的理想和公众意愿的紧密结合来实现科学决策。民主进程和科学进程都在这里起作用。在这种方法中,经常使用几种方案来确定最佳问题。人工智能采用多数据融合和比较技术,对法律法规的潜在社会影响进行量化和预评估,从中提出优选方案的顺序,供立法者在几个备选方案中选择立法成本最小、社会效益最高、最符合党委政府和人民意愿的法律法规草案。通过将立法者的专业知识与人工智能相结合,在中国特色社会主义制度下,借助人工智能提供高效、准确、科学的解决方案,使立法与发展的需要、人民的意愿、基层的期待精准对接。这将有效提高立法的科学化、精细化水平,提高立法的可执行性和可行性。

四、环境工程伦理标准立法完善

(一)在机构设置及其功能定位方面

一方面,最高人民法院设立专门的环境资源法院,应集中力量开展环境诉讼理论研究,出台有针对性的司法解释,审理重大疑难环境案件,指导下级人民法院的环境审判工作等,以大力推进我国的环境司法实践,完善我国环境立法的外

---

① 高绍林、张宜云:《人工智能在立法领域的应用与展望》,载于《地方立法研究》2019年第1期。

部环境。另一方面,最高人民法院与其在各省、自治区、直辖市设立相当于最高人民法院的专门的环保法院,不如尝试在区域层面设立环保法院,包括东北、西北、西南、华北、华东、华中、华南等。这是由于生态系统的整体性以及环境问题经常与行政系统的分散结构相冲突。为了推进司法程序的客观性,要尽快协调处理跨行政区域的环境纠纷矛盾,同时要打压部分地区环境治理中存在的地方保护主义,在一定的区域范围内建立专门的负责治理环境问题的法院。由于各地区的经济、社会和环境状况不同,在中级和基层法院要考虑当地的实际情况和治理水平等综合因素,灵活决定是否设立专门的环境法院。

(二)在制度设计和运行方面

环境司法可以作为司法改革的"窗口"和"试验场",更有能力提出制度改进和新颖的解决方案。其潜在的实践作用、示范作用和重要性,可能堪比中国(上海)自由贸易区在中国经济发展和政府管理改革中对我们整个国家的司法制度进步和司法文明建设的作用。要同时实现全面、彻底的改革和创新是很有难度的。司法改革需要"顶层设计"和"重大突破",这就需要从局部到整体稳步发展。类似于一下子把全中国变成自由贸易区的挑战,可以从小处着手,逐步扩大和加强。环境正义可以成为司法改革的起点,然后从观念的改变到制度的改变再到实际的改变。除了规划为司法文明和现代化的"试验田"和"窗口"外,最高人民法院环境资源审判庭、上述区域环境法院以及基层和中级人民法院,在推进环境司法改革和环境行政执法方面可以做很多工作。虽然环境司法改革的专业性只是一个"试验场",但其危险性和可行性是可控的,对环境司法的未来改革有极大帮助。

作为资源的主要拥有者和社会的主要代言人,政府负责确保社会的进步,特别是通过加强道德规范以保护和提高环境质量。如果市场机制失灵,政府体制也失灵,环保组织就会迅速发展,产生大量的环境诉讼案件,包括环境公益诉讼案件。西方国家的市场机制、政府机制、社会机制在治理环境恶化方面是相互制约、相互支持的。先让市场发挥作用,再由政府监管,遏制企业污染,让政府发挥应有的职能。如果政府不遵守环境法规,就让社会来限制政府,约束企业。例如,法律规定政府必须对其"重大环境影响"的活动进行环境评估,并坚持科学、公开和民主的原则,以鼓励企业、地方政府、公众和非政府组织的参与。参与者可以自由发表意见,但也必须遵守法律,即使在环境公益诉讼中也是如此,这样才能使正义成为最终的"底线"。

因此,司法权并不总是大于行政权;相反,与后者相比,司法权更加克制。当然,在某些国家和地方,强调司法权对项目的行政审批具有至高无上的地位。也就是说,项目以行政权为基础,法院可以立即发布禁令或命令其关闭。此外,大多数西方环境法庭由法官和技术专家组成,法官进行法律审查,技术专家(通常是环境科学家、环境经济学家、城市规划师、工程师等)进行合理性审查,法院尊重并批准技术专家提供的意见。

第三章

科技伦理审查立法研究

近年来,医学、生命科学、人工智能、环境工程等技术迅猛发展,在给人类带来方便和福祉的同时,也在全球范围内引发了一些争议和伦理挑战。科技伦理是科技活动必须遵循的价值理念和行为规范,科技伦理审查是保证科技活动符合伦理要求的前置性保障。科技伦理审查对于确保科学研究严格遵守科技伦理底线,避免科学技术的工具理性与具有良好价值的人类伦理道德发生冲突,避免可能引发的严重后果,维护人类公共利益安全具有重要作用。当前,中国在许多领域的科技发展已走在世界前列,一些科技工作已达到在"无人区"探索发展的阶段,科技伦理面临的挑战日益增多。中国在生物医学领域率先构建起以伦理委员会为核心的伦理审核体系,但在实践中也面临欠缺的情况,同时国内成长快速的人工智能行业伦理审核体系建设也是一片空白。为了避免科学技术的工具理性与具有向善价值的人类伦理道德之间的失衡和对抗,以及可能出现的无法预测的后果,伦理审查必须承担起预筛选的责任,确保科学研究严格遵守科技伦理底线,引导技术创新向善发展,为人类服务。

第一节　医学伦理审查立法

医学研究在治疗疾病、提高生命质量、延长寿命等方面作出了巨大贡献,但是医学研究通常与受试者的生命、健康密切相关。为保障受试者权益,在《纽伦堡法典》《赫尔辛基宣言》等公约的基础上,世界各国纷纷颁布相关法律法规,加强对医学研究的管理,建立伦理审查制度,即涉及人的生物医学研究在开展前由独立的伦理委员会对其合法性、科学性、风险与受益等进行评估,经批准后方可进一步开展,并接受伦理委员会的持续跟踪审查。[1]近年来,随着物质经济水平不断提高,医疗水平也在不断提高,我国医疗科技自主研发项目增多并且国内外交流频繁,各地临床试验数量不断增加。[2]伦理审查是医学研究开展的前置性条件,其制度发展与成熟程度直接影响受试者权益保护程度。本部分将对医学研究伦理审查制度的立法进程、发展现状进行梳理。

一、医学伦理审查规范现状

(一)医学伦理审查立法进程

1.第一阶段:医学伦理审查制度初步建立

1999年,国家药品监督管理局颁布了《药品临床试验管理规范》。第三章明确保障受试者权益的主要措施之一即成立伦理委员会,试验开展前需经过伦理委员会的审查同意,并对伦理委员会成员组织、试验方案的审议要点、审查意见的出具等进行了规定。该规范的出台是我国首次在法律上确立伦理审查制度,伦理委员会的成立和临床试验的审查具有指导作用,标志着伦理审查制度的初步建立。

2003年,科学技术部、原卫生部联合发布《人胚胎干细胞研究伦理指导原则》,第九条规定从事人胚胎干细胞研究的单位应当成立由生物学、医学、法学、

---

[1] 郑玲、伏钰珩、吴其等:《涉及人的生物医学研究伦理审查制度立法进程及其特征分析》,载于《中国医学伦理学》2021年第11期。
[2] 杨钊、黄蓝、武志昂:《我国药物临床试验发展面临的机遇与挑战及政策建议》,载于《中国新药杂志》2013年第14期。

社会学等研究管理人员组成的伦理委员会,全面审查、咨询和监督人胚胎干细胞研究的伦理性和科学性。2004年,中国启动了药品临床试验机构资格制度,在此背景下,各个医院纷纷组建伦理委员会。

同时,原国家食品药品监督管理局发布了《医疗器械临床试验规定》,要求医疗器械的临床试验方案必须在经过伦理委员会批准后进行。这一规定意味着伦理审查已成为药品、医疗器械和人胚胎干细胞研究中的必备程序。然而,目前的立法尚未对伦理审查的具体程序进行详细规定,导致不同伦理委员会在审查内容、会议纪要、表决记录和文件保存等方面存在较大差异。

2.第二阶段:医学伦理审查制度不断完善

2007年,原卫生部发布《涉及人的生物医学研究伦理审查办法(试行)》(2013年修订,2016年由国家卫生和计划生育委员会颁布实施)。这是我国第一份专门针对伦理审查的规范性文件。该办法第七条明确规定,从事人体生物医学研究的医疗卫生机构是人体生物医学研究伦理审查管理的主体,应当设立伦理委员会,并采取有效措施确保伦理委员会独立开展伦理审查工作。凡医疗保健机构未设立伦理委员会的,不得开展涉及人体的生物医学研究。2014年,中国疾病预防控制中心发布了《中国疾病预防控制中心伦理委员会工作管理办法(试行)》。该文件明确规定了该中心伦理委员会的职责,其职责包括对同级中心进行伦理审查,涉及人类公共卫生和生物医学研究的伦理问题审查机构,以及与疾病控制相结合的科学研究。该伦理委员会的工作遵循"不伤害、有利、公平、尊重"的伦理原则。它独立行使审查职责,独立作出决策,并规范执行者的行为,以保护研究对象或调查主体的合法权益。

根据《实验动物管理条例》,科技部发布了《关于善待实验动物的指导性意见》。根据第五条规定,实验动物生产单位和使用单位应设立实验动物管理委员会(也可称为实验动物伦理委员会等)。该委员会的主要职责是确保本单位的实验动物设施和环境符合善待实验动物的要求。该委员会还负责为实验动物从业人员提供必要的培训和学习机会,制定合理的动物实验实施计划,并建立完善的规章制度以确保其有效执行。此外,委员会还应尽力协调本单位实验动物使用者之间的动物使用,以减少实验动物的数量。根据第六条规定,善待实验动物的要求包括倡导"减量、替代、优化"(3R)原则。这意味着在科学、合理和人道的前提下使用实验动物。

2016年,国家卫生和计划生育委员会正式发布《涉及人的生物医学研究伦理审查办法》(以下简称《办法》),将收集、记录、使用、报告、存储样本、涉及人体行为等研究数据的活动纳入涉及人体的生物医学研究范围,需要进行伦理审查。此外,还设置了法律责任专章,明确对违反伦理审查相关制度的机构或个人给予行政处罚。随着中国科研人员水平的提高,以本土科研人员为主要研究人员并发挥主导作用的临床试验越来越多。为加强伦理审查工作的指导,有关部门进一步针对不同临床学科的技术特征,颁布了《药物临床试验伦理审查工作指导原则》《中医药临床研究伦理审查管理规范》《干细胞临床研究管理办法(试行)》《医疗器械临床试验质量管理规范》等文件,规范不同研究伦理审查申请和受理的程序,进一步明确规定了伦理审查方式、伦理审查内容、伦理审查决定和审查意见的送达及后续跟踪审查频率和方式、文件管理等。到目前为止,中国的医学临床试验的发展已经取得了很大的进步,但与发达国家相比,中国在创新药物的研究方面仍然存在差距。

3. 第三阶段:2019年至今

2019年5月28日,国务院发布了《中华人民共和国人类遗传资源管理条例》(以下简称《人类遗传资源管理条例》),旨在有效保护和合理利用中国的人类遗传资源,维护公共健康、国家安全和社会公共利益。根据《人类遗传资源管理条例》第九条,对于采集、保存、利用和对外提供中国的人类遗传资源,必须遵守伦理原则,并依据国家相关规定进行伦理审查。《人类遗传资源管理条例》规定了对中国的人类遗传资源进行收集、保存、使用和对外提供时应尊重提供者的隐私权,必须在事先征得其知情同意的基础上进行,并保护其合法权益。

2019年,修订后的《中华人民共和国药品管理法》(以下简称《药品管理法》)正式颁布,增加了临床试验的伦理审查要求,明确规定开展临床试验须征得伦理委员会同意,开展临床试验须征得受试者或其监护人的自愿知情同意。这是中国首次在法律层面的文件中提到伦理审查制度,标志着伦理审查进入了更加严格的执行阶段。2019年12月颁布的医疗卫生领域首部基本法《基本医疗卫生与健康促进法》再次明确,药物和医疗器械临床试验等医学研究应当依法通过伦理审查并取得知情同意,体现了伦理审查制度作为规范涉入医学研究的基本制度。2020年5月颁布的《民法典》第四编第二章要求,开发新药、医疗器械或者开发用于临床试验的新的防治方法,应当经伦理委员会审查批准。这是中国民事法律文件首次明确伦理审查制度。至此,伦理审查立法已经上升到法律的高度。

(二)伦理审查主要内容

1.以受试者权益保护为核心内容

伦理审查制度起源于临床试验的规范化管理,因此更注重在试验初期对试验条件和试验计划的科学审查,以保证试验的安全性和结果的可靠性。在医学伦理发展的背景下,以人为本、维护人的尊严等理念纷纷引入,受试者的生命健康权、获得救治权、知情权、自主决定权、隐私权、补偿与诉讼赔偿权等权利受到我国法律的尊重和保护。[①]因此,在伦理审查的内容上,中国逐步加强了对研究风险与收益、知情同意流程、知情同意书、受试者隐私保护、风险防范与应对措施等研究材料的审查,体现了以保护受试者权益为核心的制度内涵。

2.伦理审查范围

在早期,伦理审查的范围仅限于药物和医疗器械的临床试验。2007年,《涉及人的生物医学研究伦理审查办法(试行)》颁布后,一些新兴医疗技术、诊断和预防等需要进行人体试验的研究也被纳入伦理审查的管理范围,上述研究可统称为人体临床试验。随着医学研究和人类发展认知的进步,人们逐渐认识到,人权的保护不仅包括人体本身,还包括人体被遗弃的组织、行为和信息。在此背景下,2016年颁布的《涉及人的生物医学研究伦理审查办法》进一步扩大了伦理审查的范围,从受试者隐私和信息安全保护的角度,对相关人群样本等材料的收集和使用进行了规范,并将医学院、计划生育机构等研究单位纳入伦理委员会建设。

3.重点加强对知情同意的伦理审查

知情同意是受试者保护的核心手段。在2016年版的《涉及人的生物医学研究伦理审查办法》中,为"知情同意"设专章,并在其配套文件中对知情同意书告

---

① 李继红、刘福全:《临床科研项目受试者权益保护策略初探》,载于《中国医学伦理学》2019年第2期。

知的信息及知情同意的过程的伦理审查进行了详细规定。对于知情同意,应包括试验的基本内容、风险与受益、隐私保护等,并明确患者有权随时退出试验;在知情同意过程中,应保证信息告知的充分性和完整性,鼓励受试者自愿参与,并针对不同行为能力的受试者采取不同的告知措施。此后,高层立法强调进行临床试验或相关研究必须取得受试者的知情同意,反映出知情同意是伦理审查的重点和核心。

(三)伦理审查原则

知情同意原则是指在进行研究或实验时,必须尊重并保护受试者决定是否参与的权利。在执行研究过程中,应严格遵守知情同意程序,防止使用欺骗、诱导、胁迫等手段来获取受试者的同意,并且应当允许受试者在任何阶段无条件退出研究。这一原则旨在确保研究过程中的自由意愿和个人权益得到尊重和保护。研究人员应提供充分、准确的信息,向受试者解释研究的目的、方法、风险和预期效益等相关内容,以便受试者能够理解并作出知情的决策。受试者有权拒绝参与研究,或者在研究过程中随时决定退出,而无需受到任何不利影响。知情同意原则的遵守是保护受试者权益和确保研究道德合规性的重要保障。研究人员应始终将受试者的福祉和自主权放在首位,确保其参与研究的真实意愿和自由选择。

风险控制原则是指在进行研究或实验时,必须优先考虑受试者的人身安全和健康权益。其次,需要权衡科学利益和社会利益,并确保研究风险与收益的比例合理,力求使受试者尽可能避免伤害。在研究过程中,研究人员应该全面评估潜在的风险,并采取一切必要的措施来最大程度地减少和控制这些风险。这包括确保研究方案的科学合理性、研究方法的安全性和有效性,以及参与者在研究中的个人安全和隐私的保护。任何可能对受试者造成伤害或不利影响的风险都应在合理的范围内得到识别、评估和控制。研究人员应始终尊重和保护受试者的权益,确保他们的参与是基于自愿和知情同意的基础上的。在设计研究计划时,应充分考虑风险与收益的平衡,确保研究的潜在好处能够超过或合理地对抗潜在的风险。这意味着研究人员需要采取适当的措施来监测和评估研究过程中的风险,并及时采取必要的调整和干预措施,以确保受试者的安全。风险控制原则的遵守是研究伦理的基本要求,其目的是确保研究过程的安全性和伦理合规性,保护受试者的权益。研究人员应在研究计划和实施过程中始终牢记这一原则,并将受试者的人身安全置于首要位置。

自由补偿原则。公平合理地选择受试者,不收取受试者参与研究的费用,对受试者在测试过程中发生的合理费用给予适当补偿。

隐私保护原则。有效保护受试者隐私,如实告知受试者个人信息的存储、使用和保密措施,不得擅自向第三方泄露受试者的个人信息。

依法赔偿原则确保了受试者在参与研究过程中受到伤害时能够得到适时的免费治疗,并根据法律法规和双方协议进行赔偿。这意味着如果受试者在研究中遭受身体或心理损害,研究人员有责任提供必要的医学治疗,并在法律和协议框架下给予适当的赔偿,以弥补他们所遭受的损失和不便。

(四)伦理审查程序设置

中国的伦理审查制度进一步完善,形成了"国家—地方—机构"三级伦理委员会组织框架,其中机构伦理委员会是伦理审查的主体,具有一定的权威,按照规定的伦理审查原则和审查程序对研究或相应的技术应用计划和受试者知情同意进行审查,并根据会员投票结果作出相应的伦理审查决策。

在对医学研究进行伦理审查的过程中,医疗卫生机构是实施临床研究的责任主体。医疗卫生机构的伦理委员会应当对本机构涉及人体的生物医学研究项目进行伦理审查,包括初始审查、后续审查和复查。同时,接受所在医疗卫生机构的管理和监督,配合上级的监督检查,落实县级以上卫生行政部门提出的整改意见。

各省卫生健康委员会设立省级医学伦理专家委员会的目的是推进本行政区域内人体生物医学研究伦理审查工作的制度化和规范化。这些专家委员会的职责包括指导、检查和评价本行政区域内从事人体生物医学研究的医疗卫生机构伦理委员会的工作,并提供相关培训和咨询。这些省级医学伦理专家委员会在推进伦理审查工作方面起到重要的协助和指导作用。它们负责对本行政区域内的医疗卫生机构伦理委员会进行检查评价,着重关注伦理委员会的组成结构、规章制度和审查程序的规范性,以及审查过程的独立性、审查结果的可靠性和项目管理的有效性等方面。通过检查评价,这些专家委员会能够发现问题,并提出改进意见或建议,以进一步提高伦理审查工作的质量和效果。这种制度化和规范化的伦理审查工作有助于确保人体生物医学研究过程中的伦理原则得到充分遵守,保护受试者的权益,促进研究的合理性和可靠性。通过专家委员会的协助和监督,伦理审查工作能够更加科学、规范和透明,为人体生物医学研究提供有效的伦理保障。

国家卫健委设立国家医学伦理专家委员会,负责开展人体生物医学研究中重大伦理问题的研究,提供政策咨询,指导省级医学伦理专家委员会的伦理审查工作。

二、医学伦理审查法律规制存在的问题

(一)医学伦理审查立法滞后

"无救济即无权利",在一个法治国家,任何认为自己权利受到损害的人都应当有寻求救济的渠道和方法,否则,其权利就不是真正的权利。因伦理审查涉及受试者的健康、生命安全,这样的重大职责决定了其应当承担严格的法律责任。[1]但是在我国当前伦理审查管理中存在法律规范效力层级低、立法规范滞后等问题。

在北大法宝以"伦理审查"为关键词进行全文检索,共有5部法律提到"伦理审查"。《科学技术进步法》规定,科技研究开发机构、高等学校和企事业单位是科技伦理管理的主体,其被要求根据国家的相关规定建立健全的科技伦理审查机制,并对科技活动进行科技伦理审查。针对医师开展药物、医疗器械临床试验和其他医学临床研究,《中华人民共和国医师法》(以下简称《医师法》)第二十六条提出了伦理规范要求。根据这些规定,医师在进行上述研究活动时,必须符合国家的相关规定,遵守医学伦理规范,并依法通过伦理审查,获得书面知情同意。这些规定旨在确保科技研究和医学临床研究过程中的伦理原则得到遵守,保护研究参与者的权益。科技研究机构、高等学校、企事业单位以及医师都承担着责

---

[1] 韩梅、王思成:《法律视角下临床试验受试者权益保护的分析与建议》,载于《中医杂志》2013年第20期。

任,必须建立相应的伦理审查机制,确保研究活动符合伦理规范,并获得受试者或参与者的知情同意。这些措施有助于保证科技研究和医学临床研究的科学性、合法性和伦理性,同时保障研究的质量和可靠性。《生物安全法》第四十条对生物医学新技术临床研究开展前需通过伦理审查提出要求。《基本医疗卫生与健康促进法》规定,药物临床试验、医疗器械临床试验和其他医学研究应当接受伦理审查。《药品管理法》对伦理委员会工作提出要求,明确规定开展临床试验应经过伦理委员会的同意,实施临床试验应获取受试者或其监护人的自愿知情同意。这是我国第一次在法律层级的文件中提及伦理审查制度。2020年5月颁布的《民法典》第四编第二章要求,开发新药、医疗器械或者开发用于临床试验的新的防治方法,应当经伦理委员会审查批准,这是中国民事法律文件首次明确伦理审查制度。至此,伦理审查立法已经上升到法律的高度。

通过以上规范性法律文件关键词搜索结果的陈列不难看出,随着科学技术活动的进步和发展,伦理审查越来越受到重视。法律效力层级低的情况逐步得到改善,但是在以上规范性法律文件中,仅仅对相关医学研究活动提出原则性要求,即通过伦理委员会审查同意,并没有对伦理审查委员会的职能职责等进行详细规范,如审查过程、监督程序、惩罚措施等,导致医疗机构伦理审查缺乏制度化、法治化,致使我国医疗机构伦理审查委员会机制混乱。

除以上法律法规,目前较为集中且详细规定的只有现行《涉及人的生物医学研究伦理审查办法》,是由原卫生和计划生育委员会(现卫生健康委员会)颁布的,属于部门规章,其立法层级相对较低,对于这种与人身具有直接关联的审查来说,效力位阶较低,且医疗机构在执行的过程中,由于其规定泛泛而较难遵循,不能够充分保障利害关系人的合法权益,对受试者保障不足。

(二)医学审查立法内容单薄

在临床试验中,受试者权益得不到有效保护,其损害没有相关法律作为维权依据,同时法律法规没有对医疗机构中的临床试验和普通医疗进行明确的区分。[1]大多参与临床试验的受试者权益遭受损害时,均参照常规医疗侵权纠纷进

---

[1] 曾圣雅、刘丹、周吉银:《临床科研受试者补偿/赔偿的难点及对策探讨》,载于《中国医学伦理学》2018年第11期。

行处理，维权难成为常态。我国现行规范性法律文件中仅仅规定受损失的受试者获得治疗和赔偿的权利，并没有对如何赔偿、承担什么责任进行详细的规定，而且对于受试者合法权益受损程度及相应的救济标准缺少明确规定。尽管我国已经颁布《涉及人的生物医学研究伦理审查办法》，要求医学研究项目的申请方和研究人员应承担因医学临床涉及的侵权行为所产生的损害赔偿费用，但因侵权行为导致赔偿结果的不同，并未提出详细的救济赔偿标准及其相应的规范流程。而受试者在参与实验的过程中，其合法权益遭受的损害程度和救济标准多是由申请方和研究人员决定的，导致受试者处于弱势被动的地位，往往还会存在不知道自己的权益受侵害的情况，无法充分保护自身的合法权益。

在器官移植中，医疗机构进行器官移植已经过前置性审查，但是对患者的救济措施在立法上存在诸多不足。广州曾发生一起典型案例：广州医学院第二附属医院（现广州医科大学附属第二医院）治疗的二人均为尿毒症患者，亟待进行肾移植，其家属与患者配型均不成功，但其各自家属却能与对方患者成功配型，如果进行交叉移植，就可解决肾源难题，挽救两名患者的生命。但广州医学院第二附属医院伦理委员会认为，该案不属于《人体器官移植条例》（已废止）关于可进行活体移植的规定范围，遂驳回了移植申请。无奈之下，二人转入海南省农垦总局医院，经申请后，海南省农垦总局医院伦理委员会审查同意移植，并在该院进行了移植手术。该案例中，由于法律法规并未赋予患者对医学伦理委员会决定不服时的争议解决方式和救济途径，两名患者只好转院治疗并再行申请。

（三）医疗机构伦理审查法律责任不明确

我国伦理审查工作主要由伦理审查委员会承担。《人体器官移植条例》（已废止）、《涉及人的生物医学研究伦理审查办法》、《人类辅助生殖技术和人类精子库伦理原则》等法规均对伦理委员会制度进行了规定。按照上述规定，开展相应的器官移植、生殖医学和生物医学研究活动，应当获得医学伦理委员会的审查同意，即医学伦理委员会的同意是开展相应活动的必要前提。上述规定仅明确了医学伦理委员会的审查同意权，但对其主体性质、审查程序、争议解决、救济途径等问题均未能作出详尽规定，致使因制度不完整而影响其运行效果。

2016年版的《涉及人的生物医学研究伦理审查办法》第六章增设"法律责任",首次提出临床试验的行政处罚。这一举措对人体临床试验伦理审查的规范具有重要作用,该办法对未经允许就开展试验的行为制定了整改、批评、警告等处罚措施。但由于该办法立法阶级较低,所以依然存在处罚手段有限以及处罚力度较轻等问题。因为人体临床试验不同于普通治疗,试验结果多为未知,如试验一旦失败,将对受试者产生终生影响。因此,若一定要出现损害后果才进行损害赔偿,显然不利于受试者权益保护。且如果试验人员违规操作,也不利于医疗机构和人体临床试验的法律秩序的建设。在法无授权即禁止原则下,医疗行政主体在对医疗机构伦理审查委员会的责任进行监管时,由于处罚措施、手段、依据等方面均处于立法缺失阶段,相关行政主体对医疗机构伦理审查委员会的责任监管工作还是一纸空文。

三、域外医学伦理审查法律规制经验借鉴

(一)美国专门法案规范伦理审查

世界上首个伦理审查制度建立于美国,其临床试验领域的伦理审查制度法律于20世纪70年代颁布。美国伦理审查制度的立法与适用走在世界前列,为其他国家的伦理审查立法奠定了一定的基础。20世纪70年代,美国在联邦法中又对有关内容进行了规定。美国在伦理审查立法中确定了以过错责任认定标准进行认定的医疗损害责任认定方式。过错责任认定标准即判定试验的研究者的医疗临床试验是否符合正常医疗要求的标准。因医疗过错承担过错责任是包括美国在内的大多数国家所采用的临床医疗法律规制方法。在救济方式上,采取的是强制补偿与医疗机构自愿补偿相结合的方式,但是细节需要双方协商。[①]

同时,美国设置了专门注册管理伦理委员会的机构,即美国人体研究保护办公室,该机构建立了统一的伦理委员会注册制度用以规范伦理委员会机构。此外,为监管伦理委员会审查行为,美国建立了人体研究保护所和美国食品和药品监督管理局来共同监管伦理委员会审查行为。其中人体研究保护所对美国国内

---

① 杨祥银:《美国口述历史伦理审查机制研究》,载于《史学理论研究》2016年第2期。

伦理委员会以及在美国注册的外国伦理委员会进行监督管理,美国食品和药品监督管理局负责定期检查和采取措施。美国这种具有专门法案规范的伦理审查模式,具有较强的规范性、指引性和监督性,有利于解决我国目前伦理审查较为混乱的现状。因此,我国应在行政法规或法律层面建构符合我国国情需要的医疗机构伦理委员会的专门法案。同时,参照《多中心临床试验中心伦理委员会审查产业化利用指南》,制定符合中国国情的具体伦理审查操作指南,规定伦理审查的要点、标准和程序,保证伦理审查过程独立、客观、公正。

(二)英国医学伦理审查机制

英国的医学伦理审查是以欧美的人体试验立法以及本国的《人体临床试验法》为主体。而保护受试者的合法权益的法律主要是欧洲议会及理事会指令2001/20EC和欧共体指令2005/28/EC。2005/28/EC指令在一定程度上提高了伦理委员会的影响力,英国政府也在该指令出台后修改了《人体药品法(临床试验)》,对委员会的构成、任免等作了详细规定。与美国不同,英国实施的是临床试验无过错责任。赔偿主体方面,政府进行的试验由国家赔偿,同时还确立了三类补偿标准。一类临床试验所有的损害行为都能享受赔偿或补偿。而二、三类临床试验则要求严重的损害行为。

英国的伦理审查委员会也积极探索伦理审查模式,该模式采取分类管理模式和设立专业委员会等方法处理伦理审查问题。此外,英国的伦理审查委员会还采取分类管理模式,第一类评审主体由委员会、药企和科研机构组成;第二、三类主体只有委员会,但三类评审的对象不同。与此同时,英国政府还组建了特定领域的伦理审查委员会,并且颁布了相关法律文件,以明确伦理审查委员会的组织机构和操作规范,如《英国卫生与健康服务体系伦理审查委员会管理要求》和《伦理审查委员会标准化操作流程》等文件。以上文件和模式使得英国形成一套较为完整的伦理审查服务体系。

(三)澳大利亚完善的伦理审查监督机制

澳大利亚于20世纪末颁布了《涉及人类研究的伦理行为的国家声明》,该声明是澳大利亚两大国家科学基金组织——澳大利亚研究理事会和国家健康与医学研究理事会联合制定的,并于21世纪初对其进行修订。它主要规定了研究伦理的统一审查和问责制度,以及公共资助领域对人的监督和问责,并建立起伦理审查监督机制。针对伦理审查监督的组织机构、实施程序及具体应用提出具体基本要求,并对个人和组织机构违反伦理审查要求的情况如何进行处罚和问责作出了具体的规定。

澳大利亚科学基金组织的伦理审查是针对其资助项目的全过程进行的,包括最开始的申请审批阶段到最后的实施全部流程,能够保证其资助的项目符合伦理设计及伦理规范。具体审查程序包括:在申报环节有严格的审查和批准机制;在项目进行中有较为完善的跟进监督机制;针对试验风险设定了五种特殊的审查监督机制。

四、医学伦理审查立法完善

建立相对完善的伦理审查法律制度是实现医疗机构伦理审查委员会职责的重要保障。我国伦理审查起步较晚,医学伦理审查是伦理审查最先开始发展的领域,但是仍然存在诸多问题。推动医学伦理审查法治建设,建立健全具有独立、自治且严谨的伦理审查法律制度,是当前伦理审查体制机构的当务之急。

(一)加快推进医学伦理审查立法

医学研究中时常会出现严重危害社会稳定,甚至严重违背法律法规和伦理道德的现象,主要原因就是在生物医学研究的过程中缺少法定监督机构的参与,没有有效的法律监管,未能经过严格的伦理审查就被予以批准。鉴于当前伦理审查工作中的现存问题以及法律监管现状,加强立法是关键,尤其是医疗机构伦理审查委员会伦理审查中存在的法律问题,对因违反伦理审查规范而造成的不法行为,及责任承担等内容作出细化规定,以有效保障人权。美国、英国、澳大利亚等国家均已建立了较为完善的医学伦理审查法律制度,我国应在吸收和借鉴先进立法的同时积极推动医学伦理审查立法工作。

进行法律规制,首先必须实现法律法规体系的保障。通过《涉及人的生物医学研究伦理审查办法》构建基本的系统内容框架,并扩大"伦理审查条例"的内容。用立法阐明医疗机构伦理审查委员会的监督主体和范围,以及适用的法律处罚机制。同时,还应当以法律形式明确规定伦理审查的权限范围、监督程序和具体监督方法,以使医疗机构伦理审查委员会在具体工作中树立法律意识。例如,医疗机构伦理审查委员会研究的项目中哪一部分是必须进行的?哪一些研究项目是带有法律监督的权利和义务的?通过明确研究项目的特点,来帮助医疗机构伦理审查委员会在项目审查的过程中树立法律意识。为确保伦理审查委员会能够依法开展伦理审查相关工作,要同时设立相应的监督机构,确保医疗机构的伦理审查工作全过程都能够受到监督。

(二)加强权利救济的法律保障

健全关于救济保障的强制性规范。以临床试验为例,目前我国尚无专门针对临床科研受试者救济保障的法律。然而,根据《涉及人的生物医学研究伦理审查办法》第十八条的规定,依法赔偿原则适用于受试者参与研究并遭受损害的情况。根据这一规定,受试者在遭受损害时应当及时、免费接受治疗,并根据法律法规和双方约定给予赔偿。尽管这些规定没有强制性的法律效力,但它们提供了一定程度的保护和救济机制,为受试者在遭受损害时获得治疗和赔偿提供了依据。然而,确保受试者权益得到更全面和有效的救济保障,仍需要进一步立法和规范。因此,为了推动我国临床科研的快速健康发展,建立关于受试者权益救济保障的强制性规范是非常重要的。这样的规范将为受试者提供更可靠的保障,增加他们参与临床科研的信心,并进一步促进科学研究的规范和可持续发展。研究者被要求在试验开始前向受试者明确说明,如果损害发生,应给予治疗或赔偿。同时,应建立医疗保障机构,为遭受损害的受试者提供后续治疗费用,并纳入医疗保险。此外,应明确受试者因研究程序或药物造成损害后的民事损害责任,可选择侵权诉讼或向申办者申请补偿。但由于该责任具有补偿性,两者不可兼得请求等明确的规则,健全类似明确的救济方式,可以使受试者的损害得到救济和补偿。

(三)强化医学伦理审查监督法律制度

监督是社会科学领域的一个普遍概念。尽管目前学术界在监督概念上存在分歧,但笔者认为监督的构成要素包括三个方面,分别为监督主体、监督职责和监督问责。根据各国的实践和研究,大多数政府、学者、研究者和研究机构普遍认为,在对人体试验申请进行伦理审查以及对人体试验进行后续审查时,现场检查和与受试者直接接触的方式明显优于笔试和口试。此观点得到广泛支持。这种偏好现场检查和与受试者直接接触的倾向主要基于以下理由:首先,现场检查可以提供更全面和准确的信息。观察实验环境和与受试者面对面交流可以获得更直接的了解,包括对实验过程中可能出现的伦理问题和受试者状况的实际了解。其次,现场检查和与受试者直接接触可以更好地保护受试者的权益。通过与受试者进行面对面的沟通,审查委员会或监督部门能够更好地了解受试者的理解和知情同意程度,确保其参与实验是自愿的,同时也能更好地发现潜在的伦理风险并采取相应的保护措施。最后,现场检查和与受试者直接接触有助于建立信任和有效沟通。通过与研究者和受试者的面对面交流,审查委员会或监督部门可以建立起更紧密的合作关系,促进有效的信息交流和沟通,进一步提高伦理审查和监督的质量和效果。然而,行政部门可以采取个案监督的形式。事实上,行政部门不可能对所有案件都一一进行监督。因此,应加大对伦理审查委员会的监督力度,采取有效的监督手段,促进伦理审查委员会的有序有效运行。

行政部门加大和完善伦理审查委员会的现场监督,无疑可以促使伦理审查委员会加大对试验现场的监督力度,发挥现场检查监督的优势。因此,结合我国国情,现提出以下几点建议:明确医疗机构伦理审查委员会的监督主体,只有内外监督共同推进,才能使得监督作用实现最大化;明确医疗机构伦理审查委员会的监督职责,医学的伦理审查监督涉及的问题通常非常复杂,监管体系的改善涉及多个层面的问题,因此加强对伦理审查委员会的监督是可行且必要的;构建医疗机构伦理审查委员会的问责机制,缺乏必要的问责机制的话,医学研究活动中相关人员的合法权益就无法实现充分保障。

第二节　生命科学伦理审查立法

生命科学是21世纪发展最为迅速的学科领域之一,其新成果、新技术不断涌现,推动人类社会发展与进步。确实,生命科学领域的突破性技术和研究引发了广泛的伦理和社会关注。这些技术涉及人类生命、人类行为,使得伦理问题成为生命科学领域不可忽视的议题。为了应对这些伦理问题,生命伦理学作为一门学科,涉及研究生命科学领域的道德哲学和伦理规范,给探讨生命科学研究和技术应用的伦理问题提供了理论和方法支持。它涉及诸多问题,如人体试验、生命起源、遗传工程、生殖医学等,旨在引导和规范科学研究和技术应用,保护个体权益,维护社会公共利益。这些突破性技术的出现和应用,引起了全球范围内对相关伦理和社会问题的广泛关注。不同国家和地区积极推动伦理治理体系的建设,包括制定和完善法律法规,建立伦理审查机制,加强科学研究的伦理监管等。这些措施旨在确保科学研究和技术应用的合法性、安全性和道德性,平衡科技进步与社会价值的关系,并保障个体和社会的权益。通过全球范围内的伦理治理体系建设和相关法律法规的制定,人们希望能够应对生命科学领域的伦理挑战,促进科学和技术的可持续发展,并为社会带来更多的福祉。伦理审查是伦理治理体系的重要前置性伦理风险防范举措。中国在生物医学领域率先建立了以伦理委员会为主体的伦理审查制度。但在实践中,由于伦理审查在设计和体制机制上的固有缺陷和运行障碍,其有效性堪忧,陷入了不受重视的状态。本部分将对生命科学领域伦理治理审查立法现状进行细致梳理,明晰该领域伦理审查立法的发展情况。

一、生命科学伦理审查规范现状

(一)生命科学伦理治理审查现有法律规范

人体生物医学研究伦理审查体系在以人为本的原则指导下不断更新和完善。2016年版的《涉及人的生物医学研究伦理审查办法》确立了一套相对系统的伦理审查制度,旨在保护受试者的权益和确保研究的合法性和道德性。随着科学和社会的发展,以及伦理问题的不断涌现,2021年,国家卫生健康委员会发布了《涉及人的生命科学和医学研究伦理审查办法(征求意见稿)》,对现有的伦理审查办法进行更新和扩展。新的办法将适用范围扩大到生命科学和医学研究领域,强调人的尊严、隐私保护和知情同意的重要性,并强调对公共利益的保护。通过这样的更新,伦理审查体系能够更好地适应不断发展的科学和技术,同时也能更好地回应社会的期望和关切。它提供了指导和规范,以确保研究的合法性、伦理性和可靠性,保护受试者的权益,促进人体生物医学研究的可持续发展,并维护公共利益和社会福祉。对伦理审查的程序和方法进行规定,以及对审查过程进行监督管理,有助于确保伦理原则得到有效实施,并为研究人员提供明确的指导和依据。

(二)当前生命科学伦理审查的主要内容

我国的科研机构在生物医学领域采取了"在谨慎的前提下适当展开"的谨慎态度。《涉及人的生物医学研究伦理审查办法》、《人体器官移植条例》(已废止)、《人类辅助生殖技术和人类精子库伦理原则》等法律文件都直接涉及医学试验以及生命科学伦理审查制度相关问题[1],规定进行生物学、器官移植等研究和实验活动须事先经医学伦理委员会批准,审查范围涉及临床试验(包括药物和人体植入材料)、医疗器械临床试验、临床医疗技术等伦理评价,其内容主要包括试验方案、研究人员手册、病例报告表、资格证书等,以及知情同意书。伦理审查的制度设计表现为对科研实验的预期安全性评价,其审查结果基于对可能的损害后果和科研目标的价值判断。

(三)当前生命科学伦理审查的程序设置

随着生命科学伦理审查的重要性得到广泛认可,我国的相关机构和委员会的建设逐渐完善。为了确保涉及人的生物医学研究的伦理审查工作的有效性和规范性,形成了多级伦理审查结构。在国家层面,设立了国家医学伦理专家委员会,负责对涉及人的生物医学研究伦理审查的重大问题进行指导、评估和决策。

---

[1] 王宏斌、王樱儒:《法律视角下的医学伦理委员会制度之完善》,载于《医学与哲学》2017年第9A期。

在省级层面,建立了省级医学伦理专家委员会,协助推进本行政区域内的伦理审查工作,并对机构伦理委员会的工作进行指导和评价。机构伦理委员会作为基层伦理审查机构,由科研机构、医疗机构等科技研究开发机构和医疗卫生机构建立,负责对本机构内涉及人的生物医学研究项目进行伦理审查。这些机构伦理委员会的设立和规范运行有助于保障研究的合法性、伦理性和可靠性,以及保护受试者的权益。此外,各省级卫生行政部门还设立了伦理审查指导咨询组织,为本行政区域内的伦理审查工作提供指导和咨询支持。这些指导咨询组织的设立有助于加强对伦理审查工作的指导和监督,确保伦理审查的质量和规范性。同时,为了满足不具备伦理审查条件的机构开展委托审查工作的需要,各地区相继成立了多个区域伦理委员会,进一步完善了伦理委员会机制,以确保伦理审查的全面性和公正性。这些不断完善的伦理审查机制和伦理委员会的建设,有助于推动生命科学研究的健康发展,保护受试者的权益,维护社会的公共利益。

二、生命科学伦理审查法律规制存在的问题

(一)生命科学伦理审查立法滞后

法律法规是科技伦理治理和科技伦理审查的强制性工具,具有刚性约束作用。我国虽然在法律层面提到了生物医学技术伦理审查的规定和伦理委员会的设立,但主要是提出要求,没有具体规定。在我国的发展过程中,确实在近30年里,对于相关内容的法律规范主要集中在部门规章和规范性文件层面。例如,2016年国家卫生健康委员会发布的《涉及人的生物医学研究伦理审查办法》(以下简称《办法》),以及2020年国家药品监督管理局与国家卫生健康委员会联合发布的《药物临床试验质量管理规范》(以下简称《规范》)。这些部门规章和规范性文件在伦理审查和药品临床试验等领域中起着重要的指导和管理作用。它们规定了相关程序、要求和标准,以确保人类研究和临床试验的伦理性、科学性和安全性。然而,需要注意的是,尽管这些规章和规范性文件起到了一定的约束和指导作用,但缺乏整体性和综合性的法律框架,对于人类研究和临床试验的伦理问题仍存在一定的空白和不足之处。为了更全面、系统地管理和保护人类研究参

与者的权益,我国可能需要进一步完善法律法规,以确保伦理审查和监管机制的严谨性和有效性。法律规范的效力水平低,对相应法律制度在实践中的实施造成了很大的障碍。相关伦理规范也逐步被写入《基本医疗卫生与健康促进法》《生物安全法》《刑法》等上位法,但生命科学前沿交叉的学科属性决定了相关新技术和新问题层出不穷。

以生命科学中的基因编辑技术为例。目前,我国对于基因编辑技术应用并无专门的法律,相关规定主要以"办法""条例"等文件形式呈现[①],没有很强的约束力,因此在法律责任的设定上存在空白,即没有完全有针对性的立法,或者以伦理规范为主体,甚至涉及滥用基因编辑技术的法律责任也主要是行政责任。因此,当基因编辑技术被滥用时,法律和监管层面存在空白,我们就很难明确研究人员的责任。

(二)生命科学伦理审查立法内容单薄

目前,相关法律法规中仅明确违反伦理审查相关规范的行政法律责任,而对违反其规定造成人身、财产损失的民事法律责任及刑事法律责任无详细规定,其法律的威慑能力不足。生命科学研究等往往关系到受试者的生命和健康,因此有必要明确并加大对违规行为的处罚力度,遏制违反伦理原则的研究活动。完善涉人生物医学研究补偿制度,对受试者补偿问题出台相关规定,对补偿的范围、数额、类型和内容进行规定,保护受试者的权益。

以基因编辑为例,从我国基因编辑技术应用的相关规范来看,对技术应用不当的处罚形式较为单一,行政责任为主;涉及民事责任时,大多表现为对当事人进行民事赔偿;涉及刑事责任的,大都表述为"构成犯罪的,依法追究刑事责任"。这些规定看似把责任落实到各个方面,实际上却对基因编辑技术的不当应用产生了后果。在民事立法上,没有寻求赔偿的依据;在刑事立法上,也没有可以据此究责的罪名。故总体而言,配套的立法尚不完善。纵观我国刑法,截至目前也

---

① 这些文件主要有《基因工程安全管理办法》《医疗技术临床应用管理办法》《人类遗传资源管理条例》《人胚胎干细胞研究伦理指导原则》《干细胞临床研究管理办法(试行)》《涉及人的生物医学研究伦理审查办法》《人类辅助生殖技术规范》《人类辅助生殖技术和人类精子库伦理原则》《干细胞制剂质量控制及临床前研究指导原则(试行)》等。

没有设置与滥用生物技术相关的罪名,亦没有关于对由人类生殖细胞进行编辑造成危害后果的行为如何追究刑事责任的规定。

(三)生命科学伦理审查立法中存在审查程序缺陷

虽然伦理审查是伦理原则运用的过程[①],但是,机构伦理委员会在进行伦理审查工作时是否切实合理地根据伦理原则作出审查决定,是需要依靠程序来进行规范的。然而,实践中因为伦理审查不规范导致审查结果缺乏合理性的情况比比皆是,伦理审查程序存在多方面的问题。

首先,机构领导中心主义。根据部分学者早期的调研,绝大多数医疗机构伦理委员会的主任委员都是该医疗机构的主要领导,这一现象就会造成一个很明显的问题,即伦理审查的结果是以该领导的意见为基础的。[②]由于科研能力是中国医疗机构的评级标准之一,机构领导会从提高机构认可度的角度积极鼓励自身研究工作的开展,这种情况下,伦理审查的标准可能会放宽。其次,各机构的职责是相互交叉的。在医疗机构内部,涉及的部门可能包括临床研究管理委员会、学术委员会、伦理委员会、法务部、科研办公室等,各部门之间的职责边界可能存在模糊或重叠的情况。例如,技术审查可能成为伦理委员会进行伦理审查的一部分。然而,两种审查的对象和重点是不同的。技术审查主要关注技术手段的可行性,而伦理审查在技术手段可靠的前提下,考虑所带来的伦理风险和保护受试者权益等方面的问题。因此,在确保各部门间协调合作的同时,需要明确各部门的职责和工作范围,避免重复和冲突。

另外,伦理审查的监管也存在一些问题。根据《办法》,伦理审查工作的监督由县级以上卫生行政部门组织实施,省级医学伦理专家委员会负责检查评价。虽然这种双重监管体系可以加强伦理审查的规范化,但在实际操作中可能会导致不同部门之间的评审效率低下和监督结果相互矛盾的问题。因此,确实需要进一步探索和完善法律法规,以明确各部门的职责和工作分工,并确保伦理审查的监督能够协调统一。这可以通过明确监管机构的职责、建立有效的协调机制、加强部门间的信息共享和协作等方式来实现。同时,对于伦理审查的备案和监

---

① 曹永福:《程序伦理在破解新冠肺炎疫情引发伦理难题中的价值》,载于《医学与哲学》2020年第11期。
② 邓蕊:《科研伦理审查在中国:历史、现状与反思》,载于《自然辩证法研究》2011年第8期。

督评估,可以考虑合理分工,避免重复和冲突,以提高工作效率和监管的一致性。这样的努力将有助于确保伦理审查工作的规范性、科学性和高效性。

后续审查往往是无用的。后续审查制度的建立和实施,有利于对科研项目的伦理性和合法性进行验证。《办法》第二十七条规定了跟踪审查制度,但该制度设计比较粗略,没有明确的跟踪审查时间节点,也没有对如何安排专项跟踪审查作进一步的详细规定。在实践中,跟踪审查制度也难以实施。机构内部的伦理审查被怀疑是正式的,更不用说后续审查了。在这里我们将只讨论通过跟踪审查制度的执行情况来防止非法人类基因编辑的科研活动。如果一个侥幸通过伦理审查的涉及人类基因编辑的研究项目违反了"14天原则",试图生下基因编辑婴儿,那么在后续审查制度中,如果我们设置14天、14天到1个月、3个月的审查时间节点,完全有可能发现并防止此类事件的发生。

(四)伦理委员会结构设置不合理

根据现有的制度,基因编辑技术等生物医学研究的伦理审查主要由伦理委员会进行。《办法》对伦理委员会的组织和设立作出了具体规定,主要是从国家、省级和医疗机构纵向建立伦理委员会体系。这种层次化的组织结构使得生物医学研究的监督管理更加明确,国家伦理委员会负责政策层面的制定和建议,省级伦理委员会推动本行政区域内医疗机构伦理委员会的制度化和规范化;医疗机构伦理委员会在上级委员会的指导下开展具体的伦理审查工作,确保伦理审查工作的协调有序。但是,《办法》在伦理委员会的设计上也存在一些问题。

在"基因编辑婴儿事件"中,作案者通过伪造伦理审查文件,故意逃避监管,擅自进行生物医学实验,暴露了现行伦理审查制度虚拟治理的问题。一方面,研究机构及其伦理委员会未能对医学研究活动进行有效的伦理审查,特别是在事件中和事件后明显缺乏后续监督,这在一定程度上反映了现有审查主体在审查和监督能力方面的不足。另一方面,由于机构内部的法律性质,伦理委员会无法积极干预机构的研究活动,职责定位不清也无法有效激励伦理委员会积极履行其义务。

新兴生物技术领域的伦理审查对审查主体的专业素养和领域知识要求更加严格。然而,目前中国尚未建立统一的伦理委员会认证或准入制度,也缺乏统一的伦理委员会设立标准,这对审查制度的有效运行造成了影响。其次,自主机制存在一些不完善之处。目前,中国采用的是机构伦理委员会的审查模式,这种模式在很大程度上具有行政监管的色彩。伦理委员会设立在研究机构内部,负责对研究机构的研究活动进行伦理审查。这种模式似乎将伦理审查者与被审查者合二为一,因此其审查工作的独立性备受质疑。最后,责任机制存在不完善之处。现行的伦理审查制度未能明确规定伦理审查主体履行义务的标准,也未对未能合理履行审查义务的法律责任进行明确规定。这导致伦理委员会的权利、义务和责任之间缺乏系统的约束,从而造成了义务和责任不明确的混乱局面。

三、域外生命科学伦理审查法律规制经验借鉴

(一)法国《生命科学伦理法》

法国是大陆法系的典范国家,是世界上第一个建立国家伦理咨询委员会的国家,也是颁布《生命伦理法》较早的西方国家。法国《生命伦理法》的建立并非一蹴而就,而是经历了一个相当漫长的过程。1988年,法国医生、参议员和药剂师联合提出了《生命伦理法》草案。1988年12月20日,法国在生命科学研究领域建立了第一部《生命伦理法》。颁布十余年后,Hurler医生总结到,这部法案的根本意义在于通过建立保护设计生命科学医学研究受试者伦理审查委员会来保护受试者。[1]

《生命伦理法》草案由知情同意、伦理委员会的构建与管理、个体间接受益研究(SBID)、违反该法的刑事民事处罚、特殊情况下的法律规定和一般法律规定六个部分组成。

该草案还对个体间接受益研究提出了一系列限制。该草案规定,所有被司法或行政机关剥夺自由的人、急诊病人和住院病人,未经本人同意,均受刑法第333条和第342条的保护,不得参与间接造福个人的实验研究。这也适用于与医疗机构和研究机构有接触的未成年人和成年人。同时规定:参加不直接使个人受益的试验的孕妇、孕妇和哺乳期母亲只允许参加可预见试验结果或不会严重威胁其自身及其子女健康的试验。

---

[1] 李久辉、徐静香、陈晓云等:《法国〈生命伦理法〉立法之路及其伦理学思考》,载于《中国医学伦理学》2013年第4期。

还规定：试验人员必须首先获得未来受试者的同意才能参加试验。之后，医生需要向受试者清楚详细地解释试验研究的目的、预期的益处、伦理委员会对试验的许可……以及在紧急情况下，当事人家属的知情同意也可以有效。

该草案提议成立一个特别的"保护性生命科学人体试验伦理审查委员会"（CCPPRB），这是为了确保生命科学和医学研究的受试者得到适当的保护。该委员会的设立旨在加强对人体试验伦理审查的监督和管理，以确保研究项目在伦理上符合道德和法律的要求。通过成立专门的委员会，可以集中专业知识和专家意见，对生命科学和医学研究项目进行审查和评估。该委员会可以根据伦理准则和法律规定，对研究项目的伦理问题、受试者权益保护等方面进行细致的审查，确保研究过程中的伦理问题得到妥善处理。该委员会的设立和运作需要充分考虑以下几个方面：委员会成员的专业背景和专业知识，确保能够全面审查各类生命科学和医学研究项目；审查程序的透明性和公正性，确保决策过程符合科学伦理和法律要求；委员会的独立性和权威性，以保证其决策的有效性和权威性；加强与相关机构和部门的合作和协调，确保委员会的工作与现有的伦理审查和监管机制相衔接。

该草案明确规定了在何种情况下可以进行涉及人体试验的"个体间接受益研究"——此类研究不能包括对健康受试者的任何可预见的危害风险。同时，该草案还规定了立法机关对违反该法案的实验发起人和试验人员的刑事和民事处罚。例如，侵犯受试者的知情同意权。

(二)德国《胚胎保护法》

德国议会于1990年10月24日通过了《胚胎保护法》，该法于1991年1月1日生效。该法案是对德国在20世纪70年代和80年代关于生命科学研究方向和伦理必要性的跨大西洋讨论的回应。在战后的40年里，德国在科学技术领域经历了快速发展，尤其是生命科学研究领域。在第二次世界大战期间，德国纳粹进行了不人道的人体试验。然而，战后，纽伦堡国际军事法庭颁布了人类历史上第一个涉及人体试验研究的国际文件，即《纽伦堡法典》。该法典以国际法的形式向世界和人类宣布和规定了"涉及人体试验的十项基本原则"。随着时间的推移，德国与其他发达国家一样，经历了生命科学技术的快速发展。为了确保生命科学研究的伦理性和合法性,德国制定了《胚胎保护法》。该法旨在保护人类胚胎并规范与胚胎相关的科学研究。它为胚胎的使用和处理设定了明确的规则和限制。通过立法保护胚胎,德国在生命科学领域确立了伦理和法律的基础。这一举措旨在平衡科学研究的发展与对人类生命和尊严的尊重之间的关系。《胚胎保护法》的通过是德国政府对生命科学研究的责任和道德约束的明确表达。总而言之,德国在第二次世界大战后意识到人体试验的不人道性,并通过《纽伦堡法典》向世界传达了关于人体试验伦理的重要信息。在科学技术快速发展的背景下,德国于1991年通过了《胚胎保护法》,以确保生命科学研究在伦理和法律框架内进行。这些举措旨在平衡科学发展与人类尊严和伦理价值的保护,为德国的生命科学研究奠定了坚实的基础。

德国的《胚胎保护法》有13章,规定了涉及人类的12个生物医学研究领域或方向:①滥用生殖技术;②滥用人类胚胎细胞;③禁止性别选择;④私自授精和移植胚胎、死后人工授精;⑤人工改变人类生殖细胞;⑥禁止克隆技术;⑦禁止形成嵌合体和杂合子;⑧胚胎的定义;⑨医生的职责;⑩研究对象自愿参与;⑪不得违反医嘱;⑫处罚办法;⑬生效日期。如今,该法共有13条法律规定,被德国的《胚胎植入前遗传学诊断监管法》《专利法》《干细胞法》《移植法》《麻醉药品管理修正案》等法律所引用。

除此之外,德国基因编辑技术法律审查规制发展也较为成熟。随着基因技术的成熟,德国在1990年就制定了《基因技术规制法》。该法第一条即阐明,本法的立法目的是:一是要保护人类的生命和健康,并保护动物、植物、其他物质和环境免受基因技术和基因技术产品可能对其造成的危险,并预防这种危险的发生;二是为基因技术在科学和技术上研究、发展和使用的可能性提供法律空间。[①]尽管该法在1993年和2010年进行了重大修改,并在2019年11月进行了微调,但1990年立法的基本精神仍被保留。相比之下,德国最新版的《基因技术监管法》将"考虑到人类、生命和健康的伦理价值"作为整部法律的最高价值。经过近三十年的法制发展,新《基因技术管理法》的价值体现为:人类伦理价值、生命健康至上;动植物的安全和环保;转基因产品标签,尤其是食品和饲料;科学研究的法定限度。生命价值—环境价值—经济价值—科研价值的顺序体现了德国立法者的思维路径。

[①] 杜如益:《德国:基因技术立法先行》,载于《文摘报》2020年10月22日。

四、我国生命科学伦理审查制度立法完善

伦理审查制度以伦理风险审查为核心,从监管方式和规范效果上实现了法律与伦理监管的协同。人类胚胎基因编辑等研究可能带来巨大的科学和伦理风险,对公共利益构成威胁。仅依靠伦理的自律和灵活的约束无法有效防范此类行为引发的风险。为了确保科学研究行为在合理的边界内进行,需要通过法律的强制性规范和责任义务加以保证。然而,过度干预法律的伦理标准可能导致法律秩序泛道德化的倾向,违背法律的谦抑性,破坏法律与其他社会规范之间的调节边界。因此,伦理审查制度在本质上是以法律规范的形式表达必要的伦理规范,以确保伦理标准具有有效性和强制力。规范层面的伦理审查制度不再仅仅是道德意义上主体的自我反思,更是法治意义上要求的强制性程序。

(一)加快生命科学伦理审查立法

法治要发展,立法须先行。法律为生物医学的研究提供法律制度上的保障,促进这些有益于公众个人利益和社会利益的行为的实施。[①]同时,高位阶的立法工作往往会经历更加严密的程序,对于科学技术的立法恰好需要经过充分的探讨,以保证立法不阻碍发展。针对法律规范效力水平不高的问题,可以由人大或国务院对相关法律或行政法规中的相关内容进行完善和规范,从而提高制度的法治化水平。这样,在部门规章或其他法律文件之间发生冲突时,应按照上级法律的规定适用法律,确保生物医学研究得到合理有效的规范和审查。《民法典》人格权部分将伦理审查提交伦理委员会作为开展人体临床试验的先决条件,是建立和完善伦理审查制度在法律层面得到重视的良好开端。

(二)推动生命科学伦理审查规范化

在法律法规不明确的情况下,确实可能存在医疗机构难以将伦理审查工作规范化的问题,同时也容易出现形式主义。为了解决这些伦理审查困境,可以探索一种基于实践和法律规定的法律治理路径。首先,基于实践的法律治理路径可以通过医疗机构内部建立明确的工作流程和标准操作程序来规范伦理审查工

---

① 刘长秋:《生命法学理论梳理与重构》,中国政法大学出版社2015年版,第243页。

作。这包括确立审查的标准和程序、明确各部门的职责和工作分工、建立沟通和协作机制等。通过明确的规范和操作指南,可以提高伦理审查工作的效率和一致性,并减少形式主义的问题。其次,法律规定的法律治理路径可以依靠相关的法律法规来明确伦理审查的要求和程序。医疗机构可以参考国家和地方的法律规定,如之前提到的《涉及人的生物医学研究伦理审查办法》和《药品临床试验质量管理规范》,来指导伦理审查工作。最后,可以积极参与相关的法律讨论和修订过程,提出对伦理审查工作规范化的建议和意见,促进法律的完善和更新。这两种路径可以相互结合和支持,以建立一个规范、高效和合法的伦理审查体系。医疗机构可以通过实践中的经验总结和法律规定,逐步完善伦理审查工作的制度和机制,并加强内外部的监督和评估,确保伦理审查工作符合伦理准则和法律要求。

医疗机构应当积极进行实践探索,并参考现有的法律规定,以确保伦理审查工作的规范化。首先,医疗机构可以建立明确的伦理审查程序,包括制定详细的操作指南和流程,明确相关人员的职责和义务。其次,应当加强对伦理审查委员会或类似机构的培训和指导,确保其具备适当的专业知识和能力,能够有效进行伦理审查工作。最后,依据现有的法律规定,可以构建相关的法律框架,明确伦理审查的法律依据、程序和标准。这包括制定法律法规,明确伦理审查的目的、范围和具体要求,以及规定相关的惩罚措施和责任追究机制。这样可以通过法律的约束和规范,确保伦理审查工作的有效性和严肃性。综上所述,基于实践和法律规定的法律治理路径可以帮助解决医疗机构在伦理审查方面面临的困境,确保伦理审查工作得到规范和重视。这将有助于保护科学研究的伦理边界,维护公共利益和社会秩序。

1.明确法定审查范围

现阶段医疗机构对于伦理审查范围界限不清的问题可以通过立法加以明确。上述提到医疗机构内部涉及医学研究的部门较多,且这些部门的组成人员存在重叠,那么为了防止审查内容的混淆,就需要法律明确规定哪些内容是伦理审查的对象,或者哪些内容不应作为伦理审查的对象。[①]目前,中国的一些法律

---

① 安丽娜:《我国伦理委员会的变迁、现状与监管研究》,载于《山东科技大学学报(社会科学版)》2019年第3期。

法规已经将某些研究相关事项纳入伦理审查范围,但这些规定较为零散,不够全面,可以在《办法》等专门法规中列出,以更好地指导医疗机构伦理委员会的伦理审查工作。

2.完善生命科学伦理审查程序

随着大数据和信息化的快速发展,建设伦理审查信息系统可以为伦理审查工作提供更好的支持和管理。具体主管机构和卫生行政部门可以加大对伦理审查信息系统的建设投入,确保其功能完善和操作便捷。这个信息系统可以用于记录和管理研究项目的相关信息,包括研究项目的主要内容、伦理审查决定以及伦理审查委员会的核心信息等。这样可以提高信息的透明度和可追溯性,便于后续的审查和监督。在伦理审查项目中,研究项目负责人应当在医学研究注册备案信息系统中登记研究项目的主要内容和伦理审查决定。此外,还可以合理登记伦理审查委员会的核心信息,例如委员会的成员、会议记录和决策过程等。这些信息的记录和管理可以提供一个全程跟踪审查的电子记录,便于审查的监督和追溯。另外,创新审查备案监督制度也是重要的一环。监管机构可以制定相关规定,要求定期对伦理审查信息系统进行审查和评估,确保系统的正常运行和数据的准确性。此外,可以建立基于时间的审查任务进度控制机制,确保审查工作按时进行并及时跟进。总体来说,通过加强伦理审查信息系统的建设和创新监督制度,可以提高伦理审查工作的效率和透明度。这将有助于更好地保护受试者权益,并促进医学研究的规范和可持续发展。

为确保伦理审查的透明度和监督力度,伦理审查委员会可以建立电子记录系统,详细记录每个审查项目的审查过程和结果。这些记录应包括审查委员会成员的参与情况、审查意见和决定的内容,以及与审查项目相关的重要文件和沟通记录。这样可以确保审查过程的可追溯性和准确性,并提供便于监督和评估的依据。此外,控制基于时间的审查任务进度也是重要的。伦理审查委员会可以设定明确的审查时间表和里程碑,确保审查任务按计划进行。合理安排审查会议和审查材料的提交时间,可以避免审查过程的拖延,提高审查效率。在创新审查备案监督制度方面,伦理审查委员会可以引入定期的审查备案监督机制。这包括对伦理审查项目的定期复审和监督,以确保伦理审查的准确性和规范性。

监督机制可以包括内部审核、外部评估和独立审计等方式,以有效监督和改进伦理审查工作。合理登记核心信息、全程跟踪审查记录、控制基于时间的审查任务进度以及创新审查备案监督制度,可以提升伦理审查的质量和效率,保障医学研究的伦理准则得到充分遵守和实施。这样有助于确保研究项目的合规性,并维护科学研究的道德和公信力。

根据《办法》的规定,可以进行备案审查的部门有县级以上卫生健康行政主管部门和省级医学伦理专家委员会。为了避免多监管部门职能交叉、资源浪费、信息沟通不畅、部门法适用冲突等问题,应当在相关立法中明晰监管职权。[①]根据两个部门的性质,审查可分为两个阶段:审查决定报送备案系统时,行政部门首先对程序和适用法律进行审查,初步认定程序适当、适用法律与上级法律不冲突的,进入第二阶段审查,由省医学伦理专家委员会进一步对伦理原则的适用和适用法律的合理性进行审查;监管主体可以通过合理的网络化跟踪机制发挥外部监管功能。

3.加强伦理审查监管

在现行伦理委员会监督体系中,地方卫生行政部门和省级伦理委员会对机构伦理委员会的工作进行外部监督管理,但其监督能力相对较弱。伦理委员会的内部监督由医疗机构自身进行,但难以保证伦理委员会组织和运作的独立性。因此,有必要进一步加强和完善伦理审查的监督约束机制。立法细化上级行政部门对伦理委员会审查、评价、监督和行政处罚的规定,引导伦理委员会积极参与国际认证,推动伦理委员会工作程序规范化。对于内部机构,可以提高伦理委员会信息披露的透明度,在允许的范围内定期披露临床试验申请、试验方案修改与违规、知情同意变更、严重不良事件报告与处理、伦理委员会组织、人员调动等工作信息,并引入社会力量进行监督。

(三)健全生命科学伦理责任制度

权利义务的规范分配和有序协调是构建整个法律体系的前提,否则无法厘清法律主体的权利和行为边界。通过施加必要的定向义务,特别是通过必要的

[①] 彭礼堂、董春芳:《论生命科技对法律的影响》,载于《武汉公安干部学院学报》2005年第2期。

责任机制,促进法律主体的尽职调查和合理行为。此外,上述法律逻辑在执行层面已扩展到包括伦理和道德在内的一般社会规范。研究者还观察到,现有的伦理学大多以行为为中心,尤其是义务伦理学,主要关注人的行为和手段。生命科学因为涉及人类生命、特征和遗传的改变,所以特别具有相关性,需要更多地关注行为的动机及其后果,并采取必要的预防措施,这实际上体现了伦理权利、义务和责任的配置思维。

加大对违反生命伦理行为的处罚力度。以基因编辑为例,2019年,我国通过了《中华人民共和国人类遗传资源管理条例》,对涉及人类遗传资源的不当科研行为加大了行政处罚的力度。这在规范涉及人体的试验、涉及人类遗传的试验或者涉及基因编辑技术的试验上,迈出了重要的一步。高额的罚款和较重的资格处罚,对于妄想通过不端科研行为追名逐利,罔顾科学伦理和道德的研究者来说具有相当的威慑力。建议对于有过不端科研行为的研究人员,可以根据其行为的恶劣程度进行从业限制和从业禁止。对于基因编辑婴儿此类科研行为,在未来的人格权立法中,建议明文禁止,以便为民事追责提供强有力的制度依据;并且,承认"不当出生"的诉讼请求,在民事侵权领域承认对基因编辑婴儿的权利保护。我国现存的刑法框架中并没有关于基因技术应用方面的犯罪描述,但基因技术的发展速度已经超越了我们的想象,因此,我国刑法应加快有关基因技术不当应用的罪名设置,以应对未来有可能出现的犯罪事件,同时也起到预防和震慑作用。

第三节 人工智能伦理审查立法

人工智能的伦理审查机制是指由相应的组织机构依据相关伦理规范、法律法规和新的发展标准对人工智能设备在进入市场应用之前进行伦理审查,以确保人工智能设备在应用前不出现伦理风险和问题的机制。人工智能作为运用计算机实现对人的智能模拟、演算以获取最佳结果的技术理论,已成为一门极具研究价值的前沿交叉学科;由于其技术数据整合能力、处理能力以及系统协调能力极为出众,人们不再满足于将人工智能作为简单的决策辅助工具,而是试图让其代替人类作出决策,完成各种工作任务。如今,日益成熟的人工智能技术不仅展现了未来人类社会美好的愿景,而且渗透到各行各业,带动产业升级,智能高效地满足人们的各种需求。可以说,人工智能技术正在垂直而深刻地影响着社会的具体运行系统。

一、人工智能伦理审查规范现状

当前,我国的伦理审查工作主要由伦理审查委员会开展,伦理审查委员会的审查领域多为医学、生命科学等与人的生命健康息息相关的领域。对于人工智能领域的伦理审查还处于空白阶段。建立伦理审查机制的目的在于有效降低或者避免人工智能设备在应用过程中出现的安全风险。对于审查目的的理解,我们应该秉持建立伦理审查机制不是限制,而是更充分地保障人工智能的发展,实施人工智能伦理审查应该服务和保障人们的合法权益这一原则。

(一)人工智能审查法律规制现状

《网络安全审查办法》由国家互联网信息办公室、国家发展和改革委员会、工业和信息化部等十三个部门联合修订发布。在审查对象方面,将网络平台经营者进行的数据处理活动影响或可能影响国家安全的情况纳入网络安全审查范围,明确持有100万用户个人信息以上的网络平台经营者在境外上市必须向网络安全审查办公室申报网络安全审查。在申请材料中,新增要求提供首次公开发行(IPO)需提交的材料。该办法要求,在线平台运营商应在向外国证券监管机构提交上市申请之前提交网络安全审查。在审查内容上,针对境外上市公司新增了两项内容:一是核心数据、重要数据或大量个人信息被盗、泄露、损坏、境外非法使用或出口的风险;二是境外上市后关键信息基础设施上市后,核心数据、重要数据或大量个人信息被境外政府影响、控制和恶意利用的风险。

《互联网信息服务算法推荐管理规定》的发布标志着我国在互联网信息服务领域开始实施具有针对性的算法推荐规章制度。该规定适用于所有由互联网算法提供服务的公司,涵盖了广泛的互联网信息服务提供者。该规定明确了算法推荐服务提供者在信息服务方面的规范要求。它要求算法推荐服务提供者坚持主流价值导向，积极传播正能量，并禁止利用算法推荐服务从事非法活动或传播非法信息。此外，该规定还要求算法推荐服务提供者采取措施防止和抵制负面信息的传播。这意味着算法推荐服务提供者有责任确保其算法推荐服务不会成为传播虚假信息、负面信息或非法信息的渠道。另外，该规定还规范了互联网新闻信息服务的发展。根据规定，算法推荐服务提供者不得编造虚假新闻信息，也不得传播国家规定范围以外单位发布的新闻信息。这是为了确保互联网新闻信息的真实性和准确性，维护公众对新闻信息的信任。此外，该规定还明确禁止算法推荐服务利用算法影响网络舆论、规避监督管理以及实施垄断和不正当竞争行为。这是为了维护公平竞争的市场环境，保障用户的选择权和知情权。

总体而言，《互联网信息服务算法推荐管理规定》的实施意味着我国对互联网信息服务领域的算法推荐行为进行了明确的规范和监管，以促进互联网信息服务的健康发展，保障公众的合法权益。

(二)政策法规支持

中国政府在鼓励人工智能技术发展的同时，也意识到了人工智能可能带来的一系列社会问题和伦理挑战，并通过国家政策和法律法规进行指导和规范。2017年7月，国务院发布了《新一代人工智能发展规划》。该规划明确指出了人工智能发展的方向和目标，并提出了相关的政策导向。其中，强调了对人工智能可能引发的法律和社会伦理问题的关注。政府呼吁加强对人工智能安全、可靠、可控发展的重视，并强调要防范可能的安全风险和挑战。此外，政府还强调了对数据滥用、侵犯个人隐私以及违反道德伦理等行为的处罚力度。这体现了政府对保护公民个人隐私权和道德伦理的重视，以确保人工智能技术的应用在符合法律和伦理要求的前提下进行。这些政策和规定的出台，旨在引导和规范人工智能技术的发展，同时保护公民的合法权益，维护社会秩序和道德价值观。通过制定相应的政策和法律法规，我国政府试图在促进人工智能技术创新的同时，平衡科技发展和社会伦理的关系，确保人工智能的应用对社会和个人都能产生积极的影响。

2019年6月17日,国家新一代人工智能治理专业委员会发布了《新一代人工智能治理原则——开发负责任的人工智能》,提出了人工智能治理的框架和行动指南,强调尊重隐私、安全可控、敏捷治理等八条原则。

2021年7月28日,科技部发布《关于加强科技伦理治理的指导意见(征求意见稿)》(以下简称《意见》)向社会公开征求意见。《意见》明确了我国科技伦理治理的基本要求和原则,规定了科技伦理治理的制度、监督和审查。多位专家肯定,《意见》重视科技伦理治理,特别是伦理审查制度的建立,是我国科技伦理治理的重大进步,明确了未来发展方向。

(三)人工智能伦理规范发展

《中华人民共和国电子商务法》(以下简称《电子商务法》)、《信息安全技术 个人信息安全规范》和《数据安全管理办法》等法律法规,确实在人工智能算法应用于自动化决策的场景下起到了指导和规范作用。

根据《电子商务法》第十七条的规定,电子商务经营者有义务全面、真实、准确、及时地披露商品或者服务信息,保护消费者的知情权和选择权。第十八条进一步要求电子商务经营者在向消费者提供商品或服务的搜索结果时,应当提供不针对其个人特征的选择,以确保消费者的平等选择权利。

而《信息安全技术 个人信息安全规范》则为企业在个人信息保护方面的实施提供了规范和原则。它提出了个人信息安全影响评估的要求,其中包括评估个人信息处理是否可能对个人信息主体的合法权益造成不利影响、导致歧视性待遇等内容。

此外,《数据安全管理办法》进一步明确了网络运营者在个人信息收集和使用方面的行为规范。该办法强调了网络运营者不得以是否授权收集个人信息和授权范围对个人信息主体实施歧视性行为,继续加强对个人信息的保护。

这些法律法规为企业在人工智能算法决策过程中提供了具体的要求和指导,旨在保护消费者的合法权益,确保数据的安全和合规。监管部门可以根据这些法律法规进行管理和执法,以确保企业在人工智能应用中遵守相关规定,保护个人信息和消费者权益。

二、人工智能伦理审查立法严重滞后

在新中国成立之后的一段历史时期,我国的生产关系和经济发展水平处于落后地位,在物质材料难以满足社会需求的情况下,技术进步的速度和技术壁垒的突破成为服从国家和社会目标的"大科学"的核心。特殊历史阶段的需要,奠定了中国对科研伦理审查制度认识不清、准备不充分的总体基调,导致相关立法的出台明显落后,立法的缺失也反映出国家对科研技术伦理与效率冲突的态度仍处于转变过程中。

立法作为伦理审查监管权力的合法性来源,是规范伦理审查及其运行的核心要素。人工智能在信息技术时代迎来了飞速发展,但是也存在诸多问题。安全、歧视与被操控等问题的出现与一种正在兴起的算法主义密切相关,尤其是算法越来越强势,算法主义逐渐成为一种新的思潮观念或者意识形态。如果说算法作为一门技术,其发展是一种必然,那么算法主义作为一种算法思考,值得我们去深刻反思。

算法审查与评估强调算法应该得到专家、决策者和公民的验证,使其尽可能不受偏见和无意识歧视的影响。因此,算法应当只有经过审查和评估以后,才能在特定数据存储库中的给定数据集上运行。相较于发达国家,我国人工智能起步较晚,在前期更侧重数字技术发展,相应的法律规制滞后严重,尤其是算法审查方面的法律规范基本上处于空白状态。

三、域外人工智能伦理审查法律规制经验借鉴

伦理审查在算法风险规避之中发挥着重要作用,能够推动负责、公平、透明的伦理规范守则形成。对于不可测的高度复杂的算法系统,问责机制不能仅仅依赖于可解释性。审计机制被提出来作为可能的解决方案,用于检查算法的输入和输出,以了解偏差和危害,而不是解剖系统如何工作。

(一)美国

2019年4月,美国参议院提出《2019年算法问责法案》。该法案旨在规范人工智能中的算法偏见以及个人数据的使用,目前法案已经完成二审,正在贸易、

科学和运输委员会进行审议。该委员会授权美国联邦贸易委员会（Federal Trade Commission, FTC）在法案颁布后的两年内制定相关的规章，并明确了FTC在监管程序中的权力和责任。

该法案体现了"以结果为重点的算法审查"，其最引人瞩目之处在于确立了"自动化决策系统影响评估"制度。所谓"自动化决策系统影响评估"是指对自动化决策系统及其开发过程的评估，以衡量相关实体在设计和训练数据中，对准确性、公平性、偏见、歧视、隐私及安全的影响。该法案要求相关实体出具的评估报告应该至少包括设计、训练数据和用途的说明，对自动化决策系统可能导致或加重的不准确、不公平、偏见、歧视，以及最终可能会影响用户决策的风险进行评估。该法案将涉及大量用户个人信息的自动化决策系统称为"高风险自动化决策系统"，这些系统往往会采集用户的种族、肤色、性别以及生物特征数据等个人敏感信息。对于正在运行的以及即将投入使用的"高风险自动化决策系统"，该法案要求相关实体必须实施"自动化决策系统影响评估"。如果相关实体违反了"自动化决策系统影响评估"制度的相关规定，则被视为实施了"不公平或欺诈行为"。根据《联邦贸易委员会法》第18条和第19条，FTC有权发布停止令来终止市场主体实施的欺骗行为。此外，若受害人提起诉讼，法院则有权准许救济。当他人实施了不公平的行为或者具有欺骗性的行为时，受害者因此遭遇的损失能够得到补偿。法院的救济措施包括但不限于解除合同、返还财产、金钱赔偿和公开说明。

为了明确各方权责，美国还加强了算法规制的司法审查。美国对于算法司法审查以无过错审查为主，无过错审查并不在意算法审查开发者和使用者的主观思想是否有过错，仅关注算法决策结果是否产生了差异化对待，如果是，那么算法决策就会被认定存在歧视和偏见，算法使用者就会被追究责任。无过错审查的启动一般以原告提起诉讼为前提，首先是遭受算法歧视的对象作为原告提起诉讼，并证明自己遭受了差别化对待。其次，由算法开发者和使用者对原告进行抗辩，证明自己算法决策系统的正当性。一般而言，被告通常会以商业行为需要为由进行抗辩。最后，原告对算法开发者和使用者进行反驳。判定商业行为的理由是否成立，要看是否可以寻找可替代性算法。如果存在可替代性算法，那么一般由被告承担不利后果。

(二)欧盟

欧盟在《通用数据保护条例》(General Data Protection Regulation,GDPR)中提出建立算法第三方中立监管审查机制,该审查机制以对算法系统进行风险评估为核心任务,吸纳数据保管者参与审查,并提出风险控制预案。通常认为算法开发者和数据保管者对算法技术的监管最为有效,人工智能时代算法技术的进步日新月异,只有从事算法开发的人员才是最合适的监管人员,因此,GDPR要求算法开发者和数据保管者参与算法治理对于防止算法歧视和偏见有积极的意义。

对于算法数据风险评估报告,该条例规定应当包含针对该算法系统的目的性、必要性以及潜在的风险性进行的评估,包括但不限于个人歧视、侵犯财产利益等。以该监管方式作为算法风险管控工具,可以最大限度实现对算法的监督和管理,及时发现和防范可能产生的风险,同时可以确保监管机构的专业性和高效性。最后,该条例要求建立专门监督管理机构,监管机构有权许可或撤销算法的准入资格。在评估数据和算法风险时,算法开发者、数据保管者应当与监管机构保持密切交流,特别是面对算法具有较高风险的情况,在进行算法审查和处理之时应当进行交流。如果算法对数据的使用和处理违反了《通用数据保护条例》,或者数据保管者无法确保公民个人数据隐私不泄露,则监管机构应当及时给出答复,禁止算法开发或使用数据。数据监管机构应当以公民个人数据隐私保护为核心,对算法进行风险控制,平衡各种因素。

(三)欧美算法伦理审查法律规制启示

欧盟通过《通用数据保护条例》对公民个人数据隐私权进行了较为细致的保护,如设置"被遗忘权"等,并通过要求数据透明来避免算法可能产生的危害,同时规定了数据监管部门的监管责任和惩罚措施。虽然欧盟对于算法歧视的规制主要通过第三方中立机构进行,存在一定的局限性,但是欧盟对个人数据隐私的保护仍值得我国学习。美国虽然对于个人数据隐私的保护没有欧盟那么细致,但也作出了较为详尽的规定,而对算法歧视的规制则以行业技术规范和司法审查为主,侧重于事后监管,这样的监管体系往往具有滞后性。美国的行业协会和自律组织对我国算法歧视法律规制体系的建设具有参考和借鉴意义,同时我国应当避免将算法歧视的规制重点放在事后审查上,积极建立算法预防审查与评估机制,对其进行相应的法律规制,以保证人工智能的核心运行机制和算法在向善道路上持续健康发展。

四、人工智能伦理审查机制

针对人工智能存在的伦理风险和法律风险,应当树立风险防控理念,建立以人工智能法律审查为核心的风险预防理念体系,综合运用多种策略以防范人工智能伦理问题的发生;如果存在不确定的风险,即使没有完善的证据链证明行为和损害结果之间存在因果关系,也不应当暂停处理。

(一)人工智能审查组织的建构

人工智能审查组织是人工智能伦理审查机制运行的有效载体,是承担伦理审查任务的专业组织机构。若要建立专业的伦理审查机构,那么伦理审查机构的组建主体应该是我们首先考虑的因素。结合伦理审查机制的目的和伦理审查机制的内涵,伦理审查组织建构的标准应该是专业、负责、高效。

1.政府伦理审查部门

组建政府伦理审查部门,这个部门就具有了政府的属性,也就意味着在进行人工智能伦理审查时,政府部门自身的利弊就会凸显出来。该部门工作的优势在于:依托政府性质,伦理审查的结果具有社会公信力;享有法律赋予的执法权,能够及时处理审查中出现的问题;结合政府的公共属性,该审查组织能够维护社会利益,保障社会公平正义。该部门工作的弊端在于:参与审查的工作人员必须是政府机构的工作人员,审查的专业性难以保证;参与审查的审批程序可能会比较烦琐,降低审查效率,挫伤人工智能发展的积极性。

2.组建企业内部伦理审查组织

组建企业内部伦理审查组织就是在人工智能企业内部建立自己的伦理审查部门,这就意味着企业要自行审查自己的人工智能设备。当前的一些企业内部就已经建立了自己的伦理审查部门,例如2016年,微软就创建了自己的AI伦理委员会"Aether"。在企业内部成立伦理审查部门就是自我监管,自我监管就需要企业具有很强的自觉性和高度的社会责任感。但是由于研发人工智能的科技公司自身具有逐利性,而自身的伦理审查又要确保其研发活动符合人类的共同利益,两者之间如何保持平衡?这中间有一种紧张的矛盾关系,谷歌就是一个例子。自从谷歌的人工智能伦理委员会成立以来,谷歌一直对该委员会的成员和工作讳莫如深。谷歌拒绝公开确认该委员会的成员,尽管有媒体记者不断质疑,但是谷歌仍然没有就该组织如何运作向公众提供相关信息。

3.组建以政府为主导、社会广泛参与的伦理审查委员会

组建以政府为主导、社会广泛参与的伦理审查委员会,在一定程度上综合了政府、社会组织、科技企业三者各自的优势,即能充分发挥政府组织结构的完整性、社会组织的公益性、科技企业自身的专业性和其他社会成员的广泛代表性。同时,该审查委员会在一定程度上避免了伦理审查的权限、伦理审查的可信度、伦理审查的尺度等方面的问题。

综合对以上三种伦理审查组织构建形式的分析,我们发现单纯的以政府、企业和社会组织组建的伦理审查组织有各自的弊端,而以政府为主导、社会广泛参与的伦理审查委员会则可以有效地避免前两者的弊端,且能充分发挥该组织潜在的优势。因此,伦理审查的组织构建形式应该以第三种为范本。

(二)伦理审查机构人员的构成

审查机构工作人员的选拔和入职条件应根据审查工作的具体需要来制定。综合人工智能伦理审查的具体工作,审查机构人员的选拔标准应该包括:具有高度的社会责任感、具有一定的人工智能专业知识、具有一定的法律知识、具有一定的社会伦理或科技伦理知识。除此之外,我们还需要兼顾伦理审查工作的公平性、透明性、民主性。因此在人员构成上应兼具政府工作人员、人工智能领域的专家、企业代表、社会伦理家、法律界人士和部分民众代表。其中,政府工作人员主要发挥主导协调作用,人工智能领域的专家需要发挥审查中的技术支持作用,社会伦理家发挥审查尺度的把握作用,法律界人士负责审查中涉及的法律法规和社会权益问题,同时需要发挥企业代表和部分民众的监督作用。

(三)人工智能伦理审查机构的权利和义务

1.伦理审查机构的权利

结合人工智能伦理审查工作的具体需要,人工智能伦理审查委员会应该被法律和国家的相关政策赋予以下权力:审查权、质询权、追责权。审查权是指人工智能伦理审查委员会依照相关的法律法规,对人工智能产品和技术发展是否符合现阶段的社会伦理规范,以及是否存在重大的社会伦理风险等方面进行审查的权力。从审查范围看,审查权是审查涉及人工智能设备的伦理设计和伦理风险问题,不涉及其他方面的因素。从审查的具体对象而言,主要审查人工智能设备的数据收集使用和算法的设计。质询权是人工智能伦理审查委员会对人工智能设备审查过程中出现的任何问题,有权要求相关的企业或者其他人工智能的责任主体在一定时间内作出答复的权利。依法行使质询权时,我们要注意两个问题:必须是人工智能伦理审查委员会全体人员作出的结论判断,而不是某个委员就某些问题进行咨询;人工智能企业接受质询时不能简单地以保护商业机密或人工智能发展技术为理由,拒绝回答相关的质询问题。追责权是人工智能伦理审查委员会在相关的伦理审查过程中,若发现重大安全责任事故,可以对责任主体依法追究责任的权利。人工智能伦理委员会,从性质上讲属于国家的行政部门,那么依法追责的范围也就是在行政方面。涉及其他方面的法律问题,可以移交其他司法机关进行处理和处置。

2.伦理审查机构的义务

人工智能伦理审查委员会在行使相关的权力时,也应该积极地履行法律所赋予的相应的义务。这些义务主要包括:保护知识产权和恪守公平公正两大类。保护知识产权是指人工智能的伦理审查委员会在对人工智能设备进行审查过程中,要对涉及的人工智能设备的设计创意、关键技术和创新技术予以保密,不得泄露。人工智能企业的知识产权能否在伦理审查过程中得到保护是困扰人工智能企业主动接受人工智能检查的关键问题。是否能处理好人工智能设备伦理审查与人工智能技术发展中的知识产权保护的关系,将直接决定伦理审查的成效。这就要求人工智能审查委员会的工作人员自觉增强法律意识,注重审查过程中的知识产权保护,尊重人工智能研发企业的智力劳动成果。

恪守公平公正要求人工智能伦理审查委员会的工作人员在审查的工作中以公正公平的原则对待伦理审查工作，以客观事实为依据，既不夸大人工智能设备的伦理风险，也不忽视存在的伦理风险。伦理审查过程中造成不公平、不公正现象的原因主要有两个，即人工智能伦理审查委员会的工作人员主观上违背了相关的法律法规和客观上由于人工智能专业知识素养不够造成的误判。为进一步更好地履行审查过程中公平公正原则的义务，需要伦理审查委员会依法审查，自觉提高自身的专业素养，为人工智能技术的健康发展提供一个良好的专业审查环境。

第四节　环境工程伦理审查立法

随着科学技术的不断发展和社会工业化进程的迅速推进，人类频繁进行的工程技术活动对自然环境造成了直接或间接的破坏。这些工程活动导致资源大量耗竭、环境污染问题层出不穷，严重破坏了生态环境。为了加快社会经济的发展速度，人类在对自然界进行利用时过度索取，不合理的使用过程导致了大量资源短缺和环境严重污染等生态危机。在工程规划和决策过程中，人们往往缺乏对人类工程活动长期影响的认识。人们过于强调征服和利用大自然，持续地认为自然资源是充裕而丰富的。然而，随着近代工业革命以来科学技术的进步，我们逐渐意识到工程活动对环境造成的破坏是巨大的。工程技术活动对自然环境的负面影响超过其他人类活动，并且所造成的环境破坏和污染问题并不仅仅限于某一地区，而是逐渐蔓延到全球，成为严重的全球性问题。这种认识的变化促使人们反思工程活动对环境所带来的破坏，并寻求可持续发展的解决方案。人们开始意识到需要更加综合和全面地考虑工程活动对环境的影响，以减少负面影响并保护生态环境。可持续发展的理念提出了平衡社会经济发展和环境保护之间的关系，追求经济增长的同时也要注重生态环境的可持续性。综上所述，科学技术的发展和工程技术活动对自然环境造成的破坏引发了人们对环境保护的反思。人们意识到工程活动对环境的负面影响较大，并且这些问题不再局限于特定地区,而是全球性的严重挑战。为了实现可持续发展,我们需要更加综合地考虑环境因素,并采取措施减少工程活动对环境的损害,保护生态环境的健康和可持续性。

自然环境状况的好坏与人类的生存和发展关系密切,处在新时代、新思想下,每个人都有责任和义务维护生态的平衡,以减缓生态危机。工程活动的各方主体都应努力承担起环境工程伦理责任。为满足人类及后代的生存和发展要求,各项工程活动在改造自然的过程中必须承担相应的责任,以减少人类过于频繁的工程活动建设给自然环境带来的巨大冲击。

一、环境工程伦理审查规范现状

工业革命以来,人类生存的环境受到极大破坏,环境污染、生态失衡等问题只增不减,并且呈现出从地区区域化向全球化发展的态势。在追求经济快速发展的同时,人们不得不开始重视环境问题,重视自然与人类的相互关系,重视人类对待环境的思考方式和行为方式,进而发展为对环境和人类之间伦理关系的审视。在人们的不断努力下,有限地索取、合理地开发和保护,环境问题开始逐步得到改善。但是随着时代的发展,环境问题开始变得复杂化和多样化,单纯依赖价值观念的引导或者已经建立的环境法律机制,已经不能非常有效地解决出现的问题,于是人们开始思考建立环境工程伦理审查机制,将道德伦理与法律法规结合起来,并将其作为工程开展的前置性条件,在环境工程伦理的价值基础之上推进环境法治。

(一)环境工程伦理审查法律规范

我国环境管理法律主要有《中华人民共和国环境影响评价法》《规划环境影响评价条例》《中华人民共和国可再生能源法》《中华人民共和国海域使用管理法》《中华人民共和国海洋环境保护法》《中华人民共和国海岛保护法》《海上风电开发建设管理办法》《防治海洋工程建设项目污染损害海洋环境管理条例》《海洋工程环境影响评价管理规定》。管理机构为自然资源部。可谓门类齐全,环境工程审查体系框架业已基本构建。

2002年《环境影响评价法》公布,其中对规划环境影响评价文件审查制度有了原则性的规定,标志着规划环境影响评价文件审查制度的框架初步形成。2003年,环境保护总局针对专项规划环境影响报告书审查颁布了《专项规划环境影响报告书审查办法》,对审查小组的召集、人员组成、审查程序、审查时限、审查内容以及审查意见的效力等作出详细的规定。但其属于部门规章,效力极为有限。

2009年《规划环境影响评价条例》颁布实施,这意味着规划环境影响评价制度步入发展成熟阶段,规划环境影响评价文件审查制度也获得系统化发展。2011年,国家发展改革委和环境保护部联合印发《关于河流水电规划报告及规划环境影响报告书审查暂行办法》的通知;2014年,原环境保护部和水利部联合发布《关于进一步加强水利规划环境影响评价工作的通知》,规范水利规划环境影响报告书审查,对审查小组的专家构成作出特别规定。

2015年12月发布《关于开展规划环境影响评价会商的指导意见(试行)》,将会商意见作为规划环境影响评价文件审查管理的依据。2016年公布《关于开展产业园区规划环境影响评价清单式管理试点工作的通知》,要求把资源利用上线、环境质量底线、生态保护红线和产业准入负面清单纳入规划环境影响评价审查中,规划环境影响评价审查意见在不断得到具化。2020年3月,生态环境部办公厅发布《关于征集规划环境影响评价审查专家的函》,以期建立专家水平高、类别丰富的规划环境影响评价专家库。

(二)环境工程伦理审查对象

顾名思义,规划环境影响评价文件审查对象就是文件本身。不同类型的规划,其环境影响评价文件类型有差异,根据《环境影响评价法》第七条、第八条和《规划环境影响评价条例》第二条、第三章的规定,综合规划和专项规划的指导性规划应当编制环境影响章节或者环境影响说明;而内容比较具体的专项规划,则要求编写独立的环境影响报告书。综合而言,环境影响篇章或者说明以及环境影响报告书都应该属于规划环境影响评价文件。但是,对需要编写环境影响篇章或者说明的规划,只规定了要在"报送规划的时候一并报送这些环境影响篇章或者说明,否则,规划审批机关不予审批"。根据《规划环境影响评价条例》第三章第十五条、第十六条的规定,这些环境影响篇章或者说明也属于"审查"的对象,只是这些"审查"是在规划审批中一并审查的。而对内容较为具体的专项规划,审查的对象则是相对独立的环境影响报告书。《规划环境影响评价条例》第三章第十七条至第二十三条规定了专门的审查制度。2003年,国家环境保护总局发布了《专项规划环境影响报告书审查办法》。因此,下文若未作特别明确,则审查的对象指内容比较具体的专项规划环境影响报告书。

(三)环境工程伦理审查主体

如上所述,根据《环境影响评价法》和《规划环境影响评价条例》的规定,综合性规划和专项规划中的指导性规划,其环境影响篇章或者说明,并没有规定是否需要审查,但是应该可以理解为由规划审批机关在审批规划的时候附带审查。而内容较为具体的专项规划的环境影响报告书的审查主体是审查小组,审查小组由规划审批机关同级的生态环境主管部门召集规划相关部门代表及专家组成。审查小组不是行政机构,其成员并不固定,在需要审查规划环境影响评价文件时则召集组成审查小组,审查工作完成后审查小组自动解散。根据《规划环境影响评价条例》第七条规定,审查小组成员分为两大类,一类是相关行业的专家,专家是提供环境保护专业技术支撑的主要力量;另一类则是有关部门代表,部门代表更多的是从部门角度出发,为权衡环境保护与经济、社会发展之间的关系提供规划调整意见。小组中专家人数不少于审查小组总人数的二分之一。专家从环境影响评价专家库中随机抽取。当前规划环境影响评价文件审查与建设项目的环境影响评价文件审查专家从同一专家库中随机抽取。从审查小组构成来看,有环境影响评价方面的专家、规划所涉及的行业专家及规划专家,审查小组是一个由多行业专家、多部门代表组成的综合性团体。

二、环境工程伦理审查法律规制存在的问题

(一)立法滞后

尽管我国环境审查体系框架业已基本构建,但是尚有大量亟待补充的具体执行条款。环境工程伦理审查的法律依据是指生态环境主管部门根据什么依据

对环境工程进行审查并得出审查结论。我国《环境影响评价法》和《规划环境影响评价条例》等对环境工程伦理的编制、审批进行了规范,是生态环境主管部门审查环境工程合法性及合理性的重要依据。除此之外,环境保护标准及环境影响评价技术规范也是规划环境审查的重要依据。我国环境工程伦理审查的技术支撑体系尚未有效建立,多数环境工程审查没有相应的导则和技术规范,相当多领域还处于起步甚至空白阶段,也缺乏相应的基础研究,不仅导致评价深度参差不齐,而且导致环境工程审查欠缺法律依据与技术支撑体系,难以有效约束环境工程。

(二)公众参与不足

生态环境与人们生活息息相关,在环境工程伦理审查过程中应当充分考量公众参与。我国2015年修订实施的《环境保护法》专章规定了公众参与,而在下位阶的规范性法律文件中对公众参与事项未有提及。以海上风电项目为例,对海洋风电发展规划环境审查仅由海洋行政机构进行,而对于海上风电这种重要项目,有了项目沿海地区居民、利害关系方、专家以及社会人士的参与才能为海上风电环境审查提供更广阔的信息来源,进一步完善审查过程。相较英国而言,在公众参与环评程序的问题上,我国仍有进步的空间。

(三)环境工程伦理审查主体多元且独立性不强

规划环评是我国环境工程伦理审查的重要实现路径,也是预防生态环境问题的关键性举措。我国规划环评审查主体有两类:一是综合性规划和指导性专项规划的审批机关;二是由专家和生态环境主管部门、规划审批机关、编制机关以及其他规划涉及的部门代表组成的临时机构——审查小组。关于前者,规划审批机关与规划编制机关存在着隶属关系或业务指导关系,而且其自身往往负有促进经济发展的职责,因此欠缺动力去审查规划的环境影响,即便规划审批机关审查了环境影响篇章或说明,由于审批机关往往并不具有环境保护的职责和专长,其审查的专业性也值得怀疑。[①]

---

① 王社坤:《我国战略环评立法的问题与出路:基于中美比较的分析》,载于《中国地质大学学报(社会科学版)》2012年第3期。

(四)环境工程伦理审查意见的法律效力欠缺

依据我国《环境影响评价法》及《规划环境影响评价条例》的规定,生态环境主管部门负责召集有关部门代表和专家组成审查小组,对规划环境影响报告书进行审查,形成审查意见。一方面,该审查意见是规划审批机关在审批专项规划草案时作出决策的重要依据;另一方面,若审查小组提出修改意见,专项规划的编制机关应当根据环境影响报告书结论和审查意见对规划草案进行修改完善。[1]这样,审查意见是规划审批决策的重要依据,但不是行政许可文件。实践中,我国环境工程审查意见的效力十分有限,尽管《专项规划环境影响报告书审查办法》规定,专项规划环境影响报告书未经审查,审批机关不得审批专项规划,但规划环评"编而不评""未评先批"等现象屡禁不绝。有报道显示,通过审批的113个煤炭矿区总体规划中,有52个是在规划环评尚未完成的情况下审批的。[2]关于规划审查意见效力欠缺的原因,一方面是立法不完善,根据《规划环境影响评价条例》的规定,专项规划的编制机关未采纳环境影响报告书结论和审查意见对规划草案进行修改完善的,仅要求其说明理由;[3]另一方面,审查主体的独立性不强,审查程序不能做到公开、公平、公正,再加上相关技术导则、规范的欠缺,审查主体难以提出科学客观的审查意见。

三、域外环境工程伦理审查立法借鉴

由于国内外还未有系统规范的环境工程伦理审查法律规范体系,本部分以典型领域的环境审查法律规范为主。

(一)英国海上风电发展经验借鉴

我国尽管在内陆开发的环境问题管理方面有丰富的经验,对海上风电开发的环境治理也通过借鉴国外经验构建了成体系的法律机制构架。但是,海上风电开发起步太晚,运行时间最久的为2010年并网发电的上海东海大桥风电场。

---

[1] 参见《规划环境影响评价条例》第十四条。
[2] 郄建荣:《环评法实施12年环评刚性难体现》,载于《法制日报》2015年10月28日。
[3] 参见《规划环境影响评价条例》第二十二条、第十四条。

海上风电环境问题的处理经验十分有限,大多数环境法律由于没有实践检验的机会而陷于粗略规划阶段。英国在海上风电市场上装机容量保持领先20年,在海上风电环境审查问题上具有丰富经验。

英国涉及海上风电环境问题的成文法规主要有:《基础设施规划法案2009》即《环境影响评价法案》,还有《规划法案2008》、《海洋海岸带准入法2009》、《海洋政策声明》(MarinePolicyStatement)、《海洋规划》、《近海海洋养护条例2007》、《电力法案1989》、《规划和计划的环境评价规章》等,这些法规组成了英国海上风电环境审查的管理分配、评估程序和审查依据。[1]

英国的商业、能源和工业战略部部长是海上风电管理的主要权利主体,但在具体管理时会授权海洋管理组织以及规划督察执行。海洋管理组织依据《海洋海岸带准入法2009》而组建,是一个非部门性机构,由相关部长授予海洋事务的许可职权。规划督察是一个执行机构,由社区和地方政府以及威尔士政府支持设立。规划督察对部长负责,任何国家重点项目开发申请许可令的时候先要由规划督察审查,然后推介给相关的部长(通常来自环境、粮食和农村事务部,卫生部以及商业、能源和工业战略部,风电项目由商业、能源和工业战略部负责),由部长最终决定是否授予国家重点项目开发许可。能源和气候变化部从2000年开始对有关能源领域方面的许可计划草案进行环境方面的审查,这一程序被称为战略环境评估。最开始覆盖的只有天然气和石油,此后逐渐拓展到海上风能、潮汐能和碳存放。

英国海上风电环境问题审查的核心程序包括许可审查和战略环境评估。开发许可的申请程序包括六个阶段:预先程序、接受阶段、预审查、审查阶段、决定阶段以及决定后阶段。英国战略环境评估机制是一个不断进化的程序,现在的战略环境评估机制由制定提议规划或方案、确定规划或方案目标以及替代措施,确定研究范围,咨询机构和其他利益相关者确定环境报告的范围等12个关键阶段组成。

---

[1] 周昌、李桦佩:《英国海上风电环境审查机制》,载于《区域环境综合整治和合作治理法律问题研究:2017年全国环境资源法学研讨会论文集》2017年8月25日。

(二)美国环境影响审查经验

美国的环境影响评价制度最大的特点是评价全过程公开评议,没有设置专门针对规划环境影响评价文件的审查机关,而是在环境影响评价工作过程中由政府部门及各公众主体相互协商交流,最终达成一致得以通过。多主体的全程、充分参与弥补了自我评价的不足,使政府决策更加民主科学。

美国环境影响报告完整的四个阶段中,始终贯穿着信息公开与多方评议。美国没有设置专门的环境影响评价文件审查机构,在环境影响评价的整个过程中,公众全程参与。这是由美国环境影响评价制度决定的。一是全面的公示信息。从第一阶段发布公告,第二阶段听证会,第三阶段初稿评议,及至最后报告书终稿和决策记录均公开,随着评价的不断深入,公司的内容逐渐完整。二是充足的公示时间。美国环境影响评价程序中对报告书稿设置了长达90天的公示时间,信息公示的目的是让公众参与其中,充足的公示时间有利于更多主体参与,更有效地提出意见。

从审查主体来看,美国环境影响评价文件审查没有设置专门机构,在评价的全过程中有多类主体、多个部门参与,既是规划环境影响评价完善的过程,又是公众不断审查的过程。美国环境影响评价制度提供了政府在环境决策时与公众之间交流的平台。但是机构的独立性应该重点考虑,机构不独立则易受其他权力部门的影响,导致规划环境影响评价文件审查失效。

(三)俄罗斯生态鉴定审查制度

各国实施的环境影响评价制度在俄罗斯被称为"生态鉴定制度",但是各有特点。在俄罗斯的生态法律体系中,生态评价是指由某一机关或组织按照一定的标准,对计划中的经济活动和其他与自然资源利用和环境保护有关的活动进行审查和评价,以确定其是否符合俄罗斯联邦规定的生态要求,是否可以进行特定监督检查程序或监督检查的活动。在鉴定对象范围确定上,《俄罗斯联邦生态鉴定法》规定其生态鉴定对象包括政策、规划、计划、综合性发展规划、专项发展计划、相关的法律草案等。当然,立法机关的立法行为也包括在内。对生态鉴定文件也需要进行审查。俄罗斯设置了专门机关作为生态鉴定文件的审查主体。

审查主体听取各类利益相关者的意见后作出的审查结论,对俄联邦所有的组织和个人都具有约束力,必须予以遵守。

四、环境工程伦理审查立法完善

(一)加强公众参与

通常情况下,环境工程规划的空间尺度大、时间尺度长,审查小组需要对审查的相关材料进行处理,甚至实地考察、调研,预留充足的时间以提供充足的技术支撑。规划的公众参与以《环境影响评价公众参与办法》为依据,但是《环境影响评价公众参与办法》的对象主要是建设项目,其公示稿的公示时间较短,仅10天。在实践中,规划环境影响评价征求意见稿的公示时间、执照项目环境影响评价的公示时间,一般也设置为10天。考虑其范围较大、影响复杂,可以将规划环境影响评价公示期适当延长,美国环境影响评价程序中对报告书草稿公示时间长达90天,理论上讲,时间越长越好,但是从行政效率方面考虑,需要对时间作出限定,可以考虑制定与规划环境影响评价相适应的公众参与办法或者实施细则。

规划涉及利益团体众多环境权益,重视人民的利益和诉求意见的审查,规划环境影响评价文件审查应对公众的环境诉求作出回应,而审查意见中多采用"公众意见调查较为客观""公众意见的处理及理由基本合适"等简单而模糊的表述。此类模棱两可的语言,反映的是对公众意见掌握程度不足,对公众意见回应不够。规划审批机关无法真正掌握公众对规划实施的环境诉求。审查意见通常可以有下列内容:公众关注的重点问题是什么,要解决这些问题应对规划如何调整,采用了什么样的环境保护措施等,预期的效果如何,能不能满足公众的环境需求,以充分体现对公众意见的回应。

对公众的回应不仅仅是纸面上的回应,更应该在规划草案修改与规划实施过程中作出实际行动。规划实施是一个漫长的过程,在实施的过程中规划还可能受到众多因素的影响而发生变化。因此,规划环境影响评价的公众参与不只是规划环境影响评价过程中的参与,更重要的是在规划实施过程中的参与,公众参与的目的是保障其环境诉求在规划实施过程中的落实。

(二)强化审查小组审查能力

环境工程建设前期,规划环境影响评价文件审查意见操作性不强,难以落到实处,与审查专家水平也有关。因此,要强化审查小组审查能力,必须建立更加全面、权威、高效的规划环境影响评价专家库。

目前,规划与建设项目环境影响评价文件的审查专家均是环境影响评价专家库中的,通过随机抽取的方式产生,但是随机抽取无法保证专家水平的一致性,并不是每位专家都能胜任规划与建设项目的环境影响评价文件的审查工作。对规划环境影响评价文件审查专家设定更高资格要求,是提高审查小组专业水平的重要方法,对提升规划环境影响评价效果具有现实意义。规划的决策层级决定了它在目前制度环境下的重要的纽带作用。在环境影响评价制度"放管服"大背景下,大量工程项目实行备案登记,对单位项目事先预防的环境保护政策有所放松,如果规划环境影响评价效果得以实现,环境影响评价数量减少的现状会进一步加剧。提高审查能力应该考虑从专家的遴选、评价类别的增加、强化专业培训等方面展开。

(三)强化审查意见对规划中具体项目的约束

《规划环境影响评价技术导则 总纲》(HJ 130—2019)增加了规划所包含建设项目环评要求章节,明确规定了规划所包含建设项目环评应重点关注和可简化的内容。规划环境影响评价审查重点关注报告书中重点关注的内容是否全面,可简化的内容是否合理可行。针对重点领域规划制定审查专门规划环境影响评价文件审查办法,《河流水电规划报告及规划环境影响报告书审查暂行办法》中相关的技术导则正在制定。审查办法可以依据规划类型同步出台,以对规划环境影响评价文件形成规范性的审查意见。

第四章

科技伦理治理监管立法研究

第一节 生命科学伦理监管立法

一、生命科学伦理监管概述

(一)生命科学伦理监管的内涵

生命科学领域每一项突破性技术的诞生,如1998年首次成功分离并体外培养人类胚胎干细胞、2010年首个"人工合成生命细胞"诞生、2015年CRISPR基因编辑技术首次应用于人类胚胎编辑、2021年成功在人体上进行猪肾移植试验等,都引发了人们对相关伦理和社会问题的广泛关注,并由此推动或促进全球各国伦理治理体系的建设,包括相关法律法规的出台和优化。然而,总体来看,生命科学领域相关法律规制存在滞后性,监管力度远远追不上生命科学快速发展的脚步。

生命科学伦理监管是指对生命科学领域相关技术涉及的伦理问题进行监督和管理,以尊重生命安全,控制技术风险,增进人类福祉。

(二)生命科学伦理监管的立法现状

1.生物安全领域

《生物安全法》在总则第七条中规定:各级人民政府及其有关部门应当加强生物安全法律法规和生物安全知识宣传普及工作,引导基层群众性自治组织、社会组织开展生物安全法律法规和生物安全知识宣传活动,促进全社会生物安全意识的提升。相关科研院校、医疗机构以及其他企业事业单位应当将生物安全法律法规和生物安全知识纳入教育培训内容,加强对学生、从业人员生物安全意识和伦理意识的培养。新闻媒体应当开展生物安全法律法规和生物安全知识公益宣传,对生物安全违法行为进行舆论监督,增强公众维护生物安全的社会责任意识。这些规定对多方主体在生命伦理监管方面提出了要求,不仅包括行政机关和从事科研工作的学校、机构、单位,而且也赋予了新闻媒体以监督的责任,展现出国家对生命伦理监管、生物安全的重视程度。

在分则中,对监管内容进行了相对细致的规定。例如《生物安全法》确立了县级以上人民政府作为基本的和主要的监督管理机关,应当依法开展生物安全监督检查工作;其有关部门应当确定重点监督领域和监督项目,并制定和调整生物安全相关名录或者清单;重点强调要对抗生素药物等抗微生物药物使用办法和残留标准进行管理,包括对医疗机构合理用药、农业生产中合理用药进行监督和指导,还确立了相应的职责机关,以确保相应的职责依法准确履行。[①]此外,还包括对高等级病原微生物实验室的安全保卫、人类遗传资源和生物资源活动、生物恐怖活动等有关生物安全活动的监管,防止违背生命伦理以及威胁生物安全活动的发生。

2.人类基因组技术——基因检测

"基因检测"是对其DNA检测,通过取被检测者外周静脉血或其他组织细胞,扩增其基因信息后,通过特定设备对细胞中的DNA分子信息做检测,分析其所含有的基因类型和基因缺陷及其表达功能是否正常的一种方法。近年来,基因检测已从单纯的科学研究转向服务临床[②]。从已经颁布的政策法规来看,

---

[①] 参见《生物安全法》第十五条第二款第二项、第二十五条第一款、第三十三条。
[②] 林凌青、刘莉莉:《厦门市医疗机构开展基因检测服务现况》,载于《海峡预防医学杂志》2020年第4期。

我国基因检测主要由发改委、原卫计委、原国家食药总局三个部门监管。发改委负责从宏观上制定基因检测产业的发展规划。原卫计委主要负责审查基因检测机构的资质。原国家食药总局则负责对基因检测链上的仪器、试剂、分析软件进行监管。三个部门各司其职，构建了基因检测监管横向和纵向分工协调机制。2014年以前，我国基因检测行业缺乏监管，从事基因检测的企业入行门槛较低。由于基因检测涉及伦理、隐私安全和人类遗传资源保护、生物安全等社会问题和法律问题，2014年2月，原国家食药总局和原卫计委联合发布《关于加强临床使用基因测序相关产品和技术管理的通知》，宣布包括产前基因检测在内的所有基因检测项目暂停，在完成相应的审批注册并通过审批之后方可继续进行。已经应用的，必须立即停止。2014年2月，原国家食品药品监督管理总局又出台了《创新医疗器械特别审批程序（试行）》，对符合要求的创新医疗器械产品优先进行审评审批。2014年3月，原卫计委发布《开展高通量基因测序技术临床应用试点单位申报工作》，为设立高通量基因检测技术临床应用试点单位，通知符合申报规定条件的医疗机构可以申请试点。2015年6月，发改委发布了《实施新兴产业重大工程包》，国家开始鼓励发展基因检测技术。[1]

3. 转基因技术

我国的转基因技术市场主要集中在农业方面，且大部分转基因农作物依赖海外进口。随着转基因监管制度的不断完善，我国形成了适合国内农业转基因研发、生产、进出口等活动的监管体系[2]。我国于2001年出台了《农业转基因生物安全管理条例》，该条例不仅明确了农业转基因生物的范围，而且明确了农业转基因生物研究、生产、加工、经营和进出口等过程的监管责任主体，规范了转基因农作物进入市场的条件和程序。同年发布了《农业转基因生物标识管理办法》，以加强农业转基因产品进入市场后的监督管理，如需在产品标识中标明转基因产品。除上述条例和管理办法外，我国还制定了许多相关的部门规章以保证法律法规的有效执行[3]。2009年颁布的《中华人民共和国食品安全法》（以下简

---

[1] 王群、丁心蕊、段佳莹等：《我国基因检测伦理监管政策法规研究：基于精准医学的视角》，载于《科学学研究》2019年第4期。
[2] 覃淮宇：《中国转基因植物的市场监管及法律保护》，载于《分子植物育种》2022年第6期。
[3] 例如：《农业转基因生物安全评价管理办法》《转基因植物安全评价指南》《农业转基因生物安全评价管理办法》《转基因植物安全评价指南》等。

称《食品安全法》)重点提及了转基因食品生产种植安全性规制办法,明确了问责制度。

虽然这些政策在保障农业转基因植物发展空间的同时,对农业转基因植物的监管进行了规定,但是可以看出,我国对转基因作物的监管力度不大,仍存在部分转基因技术领域缺乏官方机构给出的明确监管态度等问题,例如针对基因编辑作物[①],尚未形成一套完整的法律监管体系。此外,农业转基因植物的品种不受《专利法》的保护,在一定程度上对转基因技术的快速发展产生不利影响。[②]

4. 胚胎干细胞技术

21世纪初,我国掀起了研究胚胎干细胞技术的潮流。2001年,我国各领域专家联合起草了《人类胚胎干细胞研究的伦理准则》(建议稿),对胚胎干细胞研究中涉及的伦理规范提出了建设性意见。2003年,科学技术部和原卫生部联合下发了《人胚胎干细胞研究伦理指导原则》《人类辅助生殖技术规范》《人类辅助生殖技术和人类精子库伦理原则》等部门规章,对胚胎干细胞技术及其相关技术研究办法进行了规制。

5. 生命科学研究伦理审查的监督

2016年,为防止和减少涉及人的生物医学研究伦理问题发生,保护人的身体健康和生命安全,切实维护受试者的尊严,国家卫生和计划生育委员会颁布了《涉及人的生物医学研究伦理审查办法》。其中,第五条规定了针对生物医学研究、中医药研究伦理审查和监督管理的主体——原国家卫生计生委和国家中医药管理局,同时成立两大委员会,分别是国家医学伦理专家委员会和国家中医药伦理专家委员会。规定了县级以上地方卫生计生行政部门相应的职责:负责本行政区域涉及人的生物医学研究伦理审查工作的监督管理。第四十条规定了县级以上地方卫生计生行政部门的监督检查内容,方便监督主体进行监督活动,保障生物医学研究的顺利、合法进行。

---

① 秦瑞英、殷三、李娟等:《基因组编辑技术在作物育种中的应用及监管现状》,载于《中国农学通报》2019年第6期。
② 王盼娣、熊小娟、付萍等:《〈生物安全法〉实施背景下基因编辑技术的安全评价与监管》,载于《中国油料作物学报》2021年第1期。

2021年，国家卫生健康委员会发布了《涉及人的生命科学和医学研究伦理审查办法（征求意见稿）》，该审查办法相对于2016年颁布的《涉及人的生物医学研究伦理审查办法》更加细化，将规制客体分为生命科学与医学研究，更符合学界对于生命伦理和医学伦理的研究。该审查办法将监督主体分为国家卫生健康委、教育部、行政隶属的相关部门等三类主体，并明确各主体的监管对象与内容，以促进生命科学和医学研究监管的科学化、规范化。

二、生命科学伦理监管立法面临的问题

尽管国家在2020年出台了《生物安全法》，使得生物安全领域的监管有了更高层次的法律规定，但是在监管立法方面仍存在着部分问题未得到有效解决。

（一）监管立法权威性有待提升

作为生命科学监管领域最高层次的法律——《生物安全法》，并未专章规定安全监管相关内容，监管的规定零散地分布于各个章节之中，这也导致了监管内容的有限性。例如《生物安全法》第十五条要求有关部门明确监管的重点领域、重点项目，将规定监管内容的权力下放到了有关部门，体现出法律层面对监管的重视度不高。

由于监管职权的下放，生命科学领域的监管立法主要以部门规章的形式出现。部门规章相对于法律来说，其层级较低，权威性不高，规范的范围较窄。监管立法的权威性与监管职权的行使、监管力度息息相关。低位阶立法根本无法压制技术研发所带来的不当利益，起不到威慑作用。生命科学相关立法主要由卫生健康委员会加以制定和颁布。卫生健康委员会在制定相关规章时，规章颁布程序相对于法律较为简单，在生命科学的多个领域，都有不小于5个相关内容的规章，时间跨度也将近15年之久，例如胚胎干细胞技术领域，最近的是2003年科学技术部和原卫生部联合下发的《指导原则》。这一方面体现出有关部门制定规章时涉及内容较窄，缺乏专门立法，需要多次颁布；另一方面由于法律层级不高，有关部门在进行监管时积极性和力度受影响。

(二)监管主体设定不科学

一方面,对于生命科学领域的监管主体问题,法律难以及时回应新兴技术,大都是粗略地规定"卫生行政管理部门指定相关部门或机构"负责监管,而并未明晰监管内容。同时,我国未设置兼具独立性、专门性的主管机构,也未确立个案审批制度,只是概括表述。

另一方面,在监管主体设定较为成熟的转基因技术领域,则出现监管主体之间交叉协调差的问题。转基因技术在研究、生产、加工、销售等各环节都需进行监管,涉及监管部门众多,农业农村部、科学技术部、卫健委、海关总署等均被包含在其中。其中,农业农村部主要负责中央转基因作物监管工作,而地方的转基因作物监管工作由地方农技部门、卫生部门负责[①]。当然,我国也设立了专门的转基因作物检测机构,但这些机构数量较少且分布区域也相对集中。此外,我国的各转基因作物监管部门在职责分工上欠缺稳定性,其中农业部与相关监管主体之间也缺乏良性协调衔接机制,存在职责交叉过多且存在监管盲区的问题,从而导致对转基因作物监管力度不足,监管效率低下。

(三)法律责任界定模糊

尽管目前我国在生命科学的各领域都有相关条例或者管理办法来约束和规范生命科学技术的发展,用法规、条例的方式来保障监管的实施,但是在法规、条例内容上,存在一定的缺陷。现有立法在监管主体和流程方面规定较为完善,但在法律责任界定方面还需要丰富。法律责任是违法行为后产生的法律后果,如果仅仅规定了违法行为,没有清晰的法律后果,会导致法律条文缺乏威慑力,行为人不会顾忌因违法行为而需要承担的法律责任而因此肆意妄为,法律也就无法实现规范行为人行为和社会秩序的目的。在转基因作物的监管中,现行条例针对转基因作物市场监管主体的违法行为没有明确的量化和具体处罚责任条款,并未明确阐明具体违法责任如何落实、如何追责,如何区分违法责任主体等。又如在人胚胎干细胞研究领域,我国于2003年颁布的《人胚胎干细胞研究伦理指导原则》中第四条规定:禁止进行生殖性克隆人的任何研究。该条文并未说明违法者将会承担何种法律后果。

---

① 齐茵:《中美转基因作物监管法律制度的比较差异》,载于《分子植物育种》2022年第6期。

三、国外的法律现状

生命科学领域颠覆性的新成果、新技术在带给人类进步的同时,也会引发人们对可能出现的潜在伦理和安全风险的思考和探讨,从而促使国际社会在生命科学领域的伦理治理方面不断进步和完善。在新的技术风险出现时,各国基于本国的法律制度、历史传统和宗教信仰,纷纷制定了本国的生命科学领域伦理相关法律规定。尤其是对于干细胞和基因编辑等可能直接改变物种的新技术,世界各国已经通过多种措施监管和防范相关伦理问题。

(一)生物安全领域

1.新西兰

1849年,新西兰开始了生物安全活动,先后制定了《野生动植物法》《卫生健康法》《野生动物控制法》《食品法规》《渔业法》《濒危物种贸易法》《资源管理法》等。新西兰逐步形成了较为系统、完善的生物安全体系,为进一步完善其生物安全体系,又在已有的生物安全法律规范的基础之上,于1993年出台了世界上第一部生物安全领域的专门法律规范——《生物安全法》[①]。该法第4章规定了应该采取的防范、监督和通报机制:持续监控有害生物和有害生物体在新西兰的活动状况;为相关产品出口提供担保并出具有效证书、监控有害生物或途径管理计划的实施效果。同时,为满足国际贸易需求,要求履行新西兰的国际通报义务[②]。

2.俄罗斯

由于威胁生物种类不断增多等,俄罗斯现行生物安全相关法律规范已经不能满足全面保障国家生物安全的需要。作为草案的核心部分,风险类型和预防监管措施,即第7条至第14条,主要包括基本生物威胁判定标准、生物威胁预防措施、防治传染病和寄生虫病、病原微生物和病毒收集、预防人为生物威胁活动、建立国家生物安全信息系统和生物风险监测、开展国际合作等。

[①] 李建勋、秦天宝、蔡蕾:《新西兰的生物安全体系及其借鉴意义》,载于《河南省政法管理干部学院学报》2008年第2期。

[②] 牛文博、李晓佳、于恒智等:《生物安全立法比较研究》,载于《口岸卫生控制》2021年第1期。

3.巴西

1995年1月5日,"生物安全"一词正式引入巴西的法律规范中,并使用于第8974号法律,该法又被称为巴西的第一部《生物安全法》,目的在于规范转基因生物及其副产品的活动,以及与巴西转基因生物及其副产品研究有关的生物安全问题。之后又颁布了几部法律,但是其法律监管框架较为复杂,且没有统一判断标准。第11105号法律为生物安全建立的监管框架,因当时大多数新型生物技术还不存在,所以该法律未涉及它们。2018年,巴西国家生物安全技术委员会(CTNBio)制定了第16号规范性决议,以弥补新型技术及其产品未纳入监管范围的不足。

(二)胚胎干细胞

1.英国

《人类受精与胚胎学法案》(1990年发布,2008年修订)是全球第一部涉及人类胚胎的相关监管法案,其修订版要求人类胚胎研究应当符合特定研究目的,并能够接受严格监管的前提条件,否则就不能对胚胎进行试验。该法案还成立了胚胎研究监管机关——人类受精与胚胎学管理局(HFEA)。HFEA以颁发许可证的方式对胚胎研究进行授权和监控。2001年英国国会通过的《人类生殖及胚胎学(研究目的)规则》对法案所建立的法律框架进行了完善。一方面,由《人类受精与胚胎学法案》及《人类生殖及胚胎学(研究目的)规则》组成了相对宽松的法律框架。另一方面,通过政府机构(HFEA)对研究进行审查与监督[①]。对于复杂的人类胚胎干细胞研究来说,这样做有利于克服法律的僵化性,做到具体情况具体分析,更加灵活地平衡人类胚胎干细胞研究与伦理的关系,因此成为各国相关立法的参考重点。

2.美国

2000年8月23日,美国国家卫生院成立特别干细胞检查组,明确胚胎研究应当遵循的伦理和法律规范,建立了胚胎干细胞研究许可制度。2001年7月31日,

---

[①] 肇旭:《英国人类胚胎干细胞研究法律规制述评》,载于《东北师大学报(哲学社会科学版)》2011年第1期。

美国众议院通过的法案明确规定,任何克隆人或者使用克隆技术培育人类胚胎的行为都被归为犯罪,同时禁止任何主体进口克隆的人体胚胎或其制品。违者将被处以100万美元以上的罚金及10年以下监禁。

(三)基因检测领域

1.德国

德国于1990年颁布的《基因科技法》把基因治疗归入药物概念之下,所有基因治疗行为直接受药物法的规范约束。按照科学发展状况,《基因科技法》以人类健康与环境的风险程度为标准,把基因科技活动划分为4个等级进行管理。《胚胎保护法》(1991年发布,2012年修订)规定禁止从胚胎中提取任何全能细胞(能发育成各种组织和器官的细胞)来研究,包括人工授精产生的胚胎,但为了移植而从妇女子宫里提取卵子,然后再授精植入子宫除外。该例外规定仍然有数量限制,即不得超过三个。该法还规定,除为生殖外,不可在体外培养胚胎,使其发育,同时也不能通过"杀害"胚胎取得干细胞。违反该规定者将处3年以下有期徒刑或罚金。德国众议院于2002年1月30日作出"关于干细胞进口研究以禁止为原则,以准许为例外"的决议,并通过《进口与应用人类胚胎干细胞时胚胎之保护法》,简称《干细胞法》。可以进口并使用人类胚胎干细胞的条件是:第一,胚胎干细胞源自人工授精剩余胚胎,且保证这些胚胎不再用于妊娠。第二,不能支付报酬。捐赠胚胎者不能享有财物报酬权。第三,获得主管机关的许可。无论是进口还是使用胚胎干细胞,都应当获得相应主管机关的许可。

2.日本

日本支持以疾病治疗为唯一目的的胚胎研究,坚持反对克隆人研究。日本政府实施"抢占生物技术专利"战略,倡导"新纪元计划",把发展生物技术与信息技术列为21世纪的两大战略重点。日本专利法规定,即使是基因的部分DNA片段,只要有独自的用途,如可诊断疾病等,就承认它为专利。2014年起实施《再生医疗安全性确保法》,将使用诱导多功能干细胞和胚胎干细胞的临床研究和治疗划分为危险性最高的"第一类",需由专门委员会进行审查。关于克隆人技术的研究,日本卫生部曾明确表示:"在任何场合,任何情况,任何条件下,都不赞成、不允许、不支持、不接受生殖性克隆人的试验。"日本国会通过的《克隆技术规制法》认为,克隆人将严重威胁人类尊严和社会秩序,因此,必须严格禁止任何克隆人行为。同时,也禁止一切将人与其他动物细胞相互移植的克隆行为,并将其列入刑法的处罚范围,即违者将被处以10年以下监禁或1000万日元以下的罚款。

(四)转基因技术

1.美国

美国相对于我国来说,转基因技术发展较早,其监管法律制度也较为完善,其对转基因作物安全监管立法的目的是保证转基因作物对人类以及环境均无害。美国对转基因作物的监管主要遵守风险预防原则与个案处理原则,以风险分析制度作为监管工作的重点。[1]1987年,美国农业部颁布了《转基因作物的引入》,对转基因作物的生产种植、标识保证等要求进行规定。此后又相继出台了《联邦植物有害生物法》《毒物控制法》等,进一步保障转基因作物流通使用安全。2001年,美国食品药品管理局(FDA)颁布《转基因食品管理草案》,其中就说明了转基因作物与非转基因作物具有同等安全性才能获得通过。2003年颁布《转基因食品和饲料条例》,该条例中指出要对转基因作物、食品以及饲料设定美国许可和监督程序,并科学合理规定相应的标识制度,更加强调人类生命健康、生态环境优化。2016年颁布的《国家生物工程食品披露标准》对标识制度进行进一步完善。美国在监管部门的职权分工、标识制度的原则、监管理念等多个方面与我国有较大差异。

2.欧盟

欧盟主要采取风险预防原则和共存准则。欧盟借鉴了《生物安全议定书》中的"风险预防原则",将其作为转基因食品监管的指导原则[2],并运用于《欧洲联盟基础条约》《统一食品法》《有关有意向环境排放转基因生物的2001/18/EC指令》

---

[1] 齐茵:《中美转基因作物监管法律制度的比较差异》,载于《分子植物育种》2022年第6期。
[2] 薛达元:《转基因生物风险与管理:转基因生物与环境国际研讨会论文集》,中国环境科学出版社2005年版,第220–226页。

中。[①]"共存准则"提出的意义在于避免转基因生物在其他产品中意外存在,防止转基因和非转基因作物(包括有机作物)混合造成潜在经济损失和影响。2010年,欧盟委员会发布了《欧盟委员会关于制定国家共存措施的指导方针以避免转基因生物在常规作物和有机作物中的意外存在的建议》(以下简称《共存准则(2010)》)。同时规定了监管"共存"措施实施的重要机构——欧洲共存局(European Coexistence Bureau,ECOB)。另外,第1830/2003号条例还建立起一项全新的"转基因食品追踪制度"及更严格的标识制度。转基因食品安全是各国争论的焦点之一,欧盟对转基因作物监管持谨慎发展的态度,为我国转基因作物的监管提供了借鉴。[②]

四、完善生命伦理监管的立法对策

(一)提高技术领域立法层级

科技界倾向夸大基因技术带给人类之益处,却将蕴含的巨大风险一笔带过。由此,为平衡科学与民主、创新与公共利益,需提高科技领域规范的透明度。宜采用立法方式,以听取各方意见,最大限度地形成真实公意,应坚持全面立法、严格规制,制定技术领域适用的专门法律,并通过完善其他相关配套规定以提高强制力。运用更高层次的立法,来设定生命科学技术行为之底线,提高规制力度与扩大控制范围,改变规范内在冲突与制度匮乏的现状。监管是规范生命科学技术行为的重要措施之一,作为立法不可缺少的部分,应当予以重视。立法者在进行立法时,参考各国立法的情况,以法律的形式规定监管主体、监管流程、监管内容、监管责任等方面,力图建立较为完善的伦理监管框架,并制定配套的伦理指导和操作指南,促进生命科学领域的健康发展。同时,提高立法层级,并保证立法的权威性、合理性。

---

① 《欧洲联盟基础条约》第191条第2款的欧盟环境法律、《统一食品法》第7条以及《有关有意向环境排放转基因生物的2001/18/EC指令》在第1条和第4条中都明确指出基于风险预防原则制定。
② 刘婷:《欧盟转基因食品审慎监管经验及对我国的启示》,载于《食品科学》2020年第5期。

(二)设立专门机构,加强部门协调

一方面,设立专门机构。由卫生行政部门作为监管主体的生命科学领域,其监管局限于事后环节,规制效果仍有待提高。尽管处于"放管服"改革背景之下,但生命科学在公众健康、隐藏风险、市场调节等方面发挥的作用又有限,不可仅凭公权力的事中、事后监管。

另一方面,规范监管流程,加强协调统一。目前出现的部门间监管内容交叉和监管盲区现象,其根源在于监管流程不够规范。在建立严密的监管流程和规范的基础上,提升各监管主体间的协作能力,增强政策执行过程监管力度。在制定统一监管制度和办法基础上,切实关注贯彻落实的效果。无论是研发过程中的监管主体,还是商业化过程中的监管主体,都要注重遵循规章流程和各监管主体保持高效协作的工作要求。同时要发挥社会监督的作用,不仅要强调行政监督等国家监督,也要强调社会层面的外部监督,保障公众监督权的有效行使,建立起政府公众双向联动的监管态势,不断提升监管效率。

(三)落实监管法律责任

结合监管实际效果,不断丰富市场监管的措施,完善整体监管流程,保障生命科学领域技术研发和应用安全。例如,在转基因领域,针对转基因植物市场监管主体的违法行为没有明确的量化和具体处罚责任条款的问题,明确阐明具体违法责任由谁追责、追责谁、责任内容,合法与非法主体区分,等等,丰富了市场监管的措施。《农业转基因生物安全评价管理办法》中指出,研究与实验单位作为责任单位,应专门成立内部审查小组,负责安全管理及评价申报的审查工作——安全管理小组。因此,研发与试验单位作为转基因生物安全的主要责任承担主体,应加强生物安全领导工作,建立配套的监管体系,落实安全责任,严格把控过程管理,明确监督管理职责。

第二节 医学伦理监管立法

一、医学伦理监管概述

(一)医学伦理监管的内涵

医学伦理审查旨在保证医学科研在科研道德规范下进行,最大限度地保护受试者的合法权益。要保证伦理审查的质量,就需要更加完善的组织和制度的保障。因此,医学伦理监管即监管主体对法律规定的医学科研、医疗器械、医学实践等内容,按照法律规定的程序进行监督和管理,以保障人民生命安全,维护医学的稳定健康发展。建立完善的医学伦理监管体制是提高伦理审查质量的重要保证。

(二)医学伦理监管的主体

1. 卫生行政部门

2008年原食品药品监督管理局回归原卫生部后,原卫生部成为对医学伦理委员会进行监管的最高国家部门。原卫生部对全国的伦理委员会进行宏观管理,在伦理委员会成立时对其注册、资格准入进行审查;成立后采用问卷和访谈等方式,并结合抽查或者访查等方式检查。当发现严重不合格者,卫生行政部门可以实施暂停、警告及限期整改,甚至取消其资格的处罚办法。地方省级卫生行政部门所设的伦理委员会受国家伦理委员会领导,负责该省伦理委员会的监管工作。原卫生部和省级卫生行政部门设立的伦理委员会主要负责对可能涉及重大伦理关系的问题进行研究讨论。同时,在必要时对该区内的伦理审查工作提出咨询意见,并对该区伦理委员会的审查工作予以指导和监督。

2. 伦理委员会

相比卫生行政部门,虽然伦理委员会监管的角度和权限均有所不同,但它们均为监管的责任主体,且都站在各自的角度对伦理审查进行监督,对伦理审查工作提出不同的意见,共同发挥促进伦理审查公平公正的作用。伦理委员会的监管包括两个层面:对试验全过程的伦理监管和对委员会自身的监管。对试验全过程的伦理监管主要包括:对研究方案的审查;对试验安全性的监管;对试验研究科学性、必要性的监管;对受试者合法权益的保护;对利益冲突和权衡问题的监管;等等。伦理委员会对自身的监管内容主要包括:伦理委员会的制度设计是否合理、制度的执行情况;对成员行为的伦理监管是否到位;对会议和档案的管理;等等。[1]伦理委员会应保证至少每年度进行一次对自身的监管制度的自检,并设置合理的自检制度。若出现特殊情况和紧急事件,应及时进行自检。自检结果应向相关部门报告,并接受外界监督。

(三)医学伦理监管的立法现状

1.器官移植

人体器官移植技术,是指将他人具有特定功能的心脏、肺脏、肝脏、肾脏、胰腺、小肠等器官的全部或者部分,植入患者身体以代替原有的病损器官的技术。2007年,国务院颁布《人体器官移植条例》(已废止)。之后2019年,国家卫生健康委印发《人体捐献器官获取与分配管理规定》。2020年,国家卫生健康委颁布《人体器官移植技术临床应用管理规范(2020年版)》,但未涉及人体器官移植监督问题。

我国器官移植的监管采用行政与技术双重监管模式,其中行政管理权限归国务院和县级以上地方人民政府卫生主管部门负责,器官移植过程活动中的各方参与主体(包括医疗机构、供体、受体)的行为都受原卫生部门的监督。而关于器官移植技术的管理,条例中规定由在省级卫生行政主管部门办理人体器官移植诊疗科目登记的医疗机构中所设置的人体器官移植技术临床应用与伦理委员会[2]负责。

2.药品

1984年颁布的《药品管理法》,其间经历了2次修订和2次修正。该法第十章中规定了药品监督管理的相关内容,指出药品监管的主体为药品监督管理部门,

---

[1] 田冬霞、张金钟:《美国机构伦理审查委员会认证体系的启示》,载于《中国医学伦理学》2006年第4期。
[2] 《人体器官移植条例》(已废止)在第三章中第十一条第三款规定,有由医学、法学、伦理学等方面专家组成的人体器官移植技术临床应用与伦理委员会,该委员会中从事人体器官移植的医学专家不超过委员人数的1/4。

并确定了其职责内容①。涉及的内容不仅包含了药品的研制、生产,也包括了药品的使用、经营、定价等问题。同时,药品监督管理部门应对药品进行抽检,按规定公布药品质量抽查检验结果;对可能危害人体健康的药品作出行政处理决定。《药品管理法》以保证药品质量、保障公众用药安全为目的,相对全面地规定了药品监督管理主体的监管范围、行为、当事人的救济等内容,为药品的监管工作提供了法律依据。

2003年,原国家食品药品监督管理局发布《药物临床试验质量管理规范》,2015年、2016年、2018年先后三次发出《药物临床试验质量管理规范(修订草案征求意见稿)》,2020年发布修订的《药物临床试验质量管理规范》。

3.医疗器械

2000—2021年是我国医疗器械安全监管机制逐步完善的重要阶段,在这20多年间,我国医疗器械质量和品种数量显著提升,创新能力和服务水平也在持续提升。医疗器械直接关系人民群众生命健康,国家高度关切,医疗器械质量安全与创新发展得到党中央、国务院高度重视,《医疗器械监督管理条例》自2000年首次公布以来,历经3次修订,最新修订为2021年。我国以《医疗器械监督管理条例》为医疗器械监管基本法律要求,衍生出许多相关法规,以确保医疗器械具备足够的安全性和有效性。如《医疗器械生产质量管理规范附录无菌医疗器械》(2015)、《医疗器械生产质量管理规范附录植入性医疗器械》(2015)、《医疗器械召回管理办法》(2017)等,不断促进药品、医疗器械的创新发展和有效监管②。

2016年颁布、2022年修订的《医疗器械临床试验质量管理规范》提到:医疗器械临床试验应当遵守《世界医学大会赫尔辛基宣言》的伦理准则和国家涉及人的生物医学研究伦理的相关规范。参与医疗器械临床试验的各方应当按照试验中各自的职责承担相应的伦理责任。并在第二章对伦理委员会的具体职责进行了规定,要求伦理委员会对本临床试验机构正在进行的临床试验进行密切跟踪监督,一旦发现受试者合法权益不能得到有效保障等违反伦理规范的情形,可以在任何时间书面要求暂停或者终止该项临床试验。

---

① 参见《药品管理法》第九十九条第一款。
② 陆羽、邢花:《浅析当前我国医疗器械监管现状及对策》,载于《中国食品药品监管》2019年第5期。

医疗器械由专门机构进行监管,即国家市场监督管理总局。我国对于医疗器械监管的立法思路是按照医疗器械行业的运行流程进行监管,对不同环节分别制定针对性的规范,加以约束和调整。同时采用分级监管的方式,将医疗器械的风险分为低风险、中度风险、高风险。我国监管向简洁化方向发展,放宽原本须经特定部门办理的限制,缩短注册审批时间,由所有医疗器械都需要注册管理转变为第一类医疗器械备案即可,第二、三类注册管理。在医疗器械上市后,设定医疗器械召回机制,并建立医疗器械再评价制度,对上市后医疗器械的安全性、有效性进行二次评价,从而满足公众健康需求、鼓励医疗器械创新、推动产业发展。[1]

4. 人类辅助生殖技术领域

面对由于人类辅助生殖技术引发的社会伦理和法律问题,作为回应,原卫生部于2001年颁布了《人类辅助生殖技术管理办法》和《人类精子库管理办法》,初步建立了人类辅助生殖技术制度,以最大程度地促进人类辅助生殖技术实施的安全性、有效性和合理性,切实保障人民健康。从审批、实施、处罚三方面对人类辅助生殖技术进行了法律上的规定,明确对人类辅助生殖技术进行监管的主体是原卫生部和县级以上地方人民政府卫生行政部门。之后相继颁布《人类辅助生殖技术规范》《人类精子库基本标准和技术规范》《实施人类辅助生殖技术的伦理原则》《人类辅助生殖技术与人类精子库评审、审核和审批管理程序》,标志着我国人类辅助生殖技术和人类精子库技术已开始步入规范有序的程序化管理阶段。

《国家卫生计生委关于印发人类辅助生殖技术配置规划指导原则(2015版)的通知》,指导各地科学使用人类辅助生殖技术和合理配置人类精子库,强化部门监管作用,促进各地依法执业,坚持严厉打击一切非法采供精、非法采供卵、非法性别鉴定以及"代孕"等违法违规行为。为指导各省(区、市)推进人类辅助生殖技术(含人类精子库)规范有序使用,为人类提供安全优质的人类辅助生殖技术服务,国家卫生健康委员会制定了《人类辅助生殖技术应用规划指导原则(2021版)》。明确各地编制《应用规划》的原则,在稳妥有序发展原则中,重点提出"要加强对辅助生殖机构的日常监管,建立动态退出机制,对辅助生殖机构进

---

[1] 贾邹赛、柏荣庆、杨艳:《新修订〈医疗器械监督管理条例〉解读》,载于《中国医疗器械信息》2022年第5期。

行定期校验和随机抽查,对检查中发现重大管理和技术问题的辅助生殖机构,按照有关规定严肃处理"。

二、医学伦理监管存在的问题

(一)法律体系尚待完善,监管依据尚需加强

由于我国在医学领域的发展时间较短,对医学伦理监管重视不够,监管经验不足,相比于国外医学技术的发达和监管体系的稳定科学来说,尚未建立起完善的监管法律体系,仍存在很多法律规定的盲区需要立法者予以补充。尽管在药品管理方面有《药品管理法》赋予监管主体以监管权力和责任,但在器官移植、医疗器械、人类辅助生殖技术等领域没有单独的法律可以参照。这几个领域的监管法律的核心都仅仅是行政法规,法律地位远不及全国人大制定的法律。

在器官移植领域,我国缺乏统一的法律规范体系,国务院颁布的《人体器官移植条例》(已废止)与各地出台的关于器官移植的地方性法规和原卫生部颁发的《人体器官移植技术临床应用管理暂行规定》之间未能形成有效的联动机制,且缺乏相应的实施细则。特别是2015年1月1日起我国要全面建立人体器官自愿捐献体系,推动器官移植事业全面发展,仅依靠行政法规、地方性法规及部门规章进行约束,远远不够。

在医疗器械领域,现在依据的主要法规是由国务院颁布的《医疗器械监督管理条例》。但是,该条例并未上升到法律层面,法律效力低,导致医疗器械监管法律法规体系薄弱。因其法律位阶低下,再加上实践中各部门在对医疗器械产业进行监管时,选择的法律依据不统一,更无法确保食品药品监管部门对医疗器械产品的监管职责履行到位。

(二)立法涵盖内容过窄

目前医学监管立法层级不高,使得对监管立法领域的人力和资金投入较低,缺乏专门的人员与资金配置,立法规定的内容相对简单。另外,由于医学技术发展的快速性与医学伦理要求之间的矛盾与冲突尚未得到较好解决,在立法时会回避许多争议较大的社会伦理难题。以人类辅助生殖技术为例,《人类辅助生殖技

术管理办法》《人类精子库管理办法》从实施至今,已然无法适应当前复杂而严峻的形势。如管制条款未规定精子、卵子、胚胎有效保存期限以及超期后的处理办法,准入主体资格未考虑移植胚胎妇女年龄等。以冷冻胚胎为例,数以万计的冷冻胚胎保存时间超过10年依旧无人问津,导致各地人类辅助生殖机构陷入大量宝贵医疗资源被占用浪费的黑洞。而鉴于冷冻胚胎的尴尬处境,医院即使与患者约定保存期限并规定逾期未交费可销毁胚胎,医院直接依照协议销毁胚胎仍将面对法律及伦理上的谴责。[1]这不仅无法实现对生命科学领域的有效监管,而且会抑制生命科学领域的技术实践应用发展,不利于将实验室的技术成果与社会大众共享。

(三)专设伦理委员会监管主体的缺位

对伦理委员会监管的缺失是我国医学伦理委员会在不断建立和完善过程中所面临的重要问题之一。美国、英国(英格兰)、加拿大等伦理审查制度相对完备的国家,均设有专门的机构负责监管伦理委员会的工作,而国内尚未专设监管主体。《药物临床试验质量管理规范》和《药物临床试验机构资格认定办法》是国内当前对于伦理委员会进行监管的主要依据。上述规范性文件中仅规定了医学伦理委员会的宏观监管主体,分别是国家市场监督管理总局和卫生健康委员会,导致除现有监管机制层级关系不明晰外,两部门的职能还存在一定程度的交叉。专设监管主体的缺位,导致两个部门职责界限不清、管理内容不明等问题出现,进而造成在规范实施细则上缺乏相应的解决主体和解决办法等问题,从而无法使医学伦理委员会的法律监督发挥应有作用。加之缺乏第三方标准化的辅助监管,难以对伦理委员会职能运行情况进行规范化、标准化、系统化的考核评价。又因缺乏来自上级部门的专业指导,造成伦理委员会组建标准无法统一、综合能力参差不齐。[2]

(四)监管权责有待匹配

在医学技术不断进步的过程中,卫生行政部门积极以立法方式对医学领域进行规范和监管,以保障人民生命健康安全、医学各技术领域合法有效地发展。

---

[1] 魏晨紫、季力:《人类辅助生殖技术及代孕监管中的困境及对策》,载于《卫生软科学》2019年第12期。
[2] 谢卓君、龚学德:《我国医学伦理委员会监管机制研究》,载于《中国医院》2022年第5期。

但立法大都将监管权力下放到地方政府和市场管理部门,再由其逐层分解到基层。这种监管模式导致医学技术的监管职能并未得到切实履行,各监管主体间的监管职能不明、监管责任边界不清晰以及基层监管人员责任与监管职能不匹配,从而引发了监管工作履行不到位,出现无人监管或者监管主体重叠交叉等问题,呈现监管资源分配不充分的现象。同时,由于多部门参与监管过程,且没有切实有效的协调统一机制,导致各方监管职责不明确。

在医疗器械监管领域,根据《医疗器械临床试验质量管理规范》要求,医疗器械临床试验机构应当建立相关管理部门负责管理临床试验项目;临床试验机构所在地省级药监部门和卫生管理部门负责临床试验机构的监管,而同级药监部门与卫生管理部门对临床试验的监管职责没有明确界定。同级不同监管机构依据各自工作计划开展监管工作,缺乏各机构间工作协调机制,存在监管盲区及重复管理情况。医疗器械临床试验机构条件与备案管理办法规定,医疗器械临床试验机构完成备案是承接医疗器械临床试验项目的条件之一,而临床试验机构备案信息是否准确完备,临床试验机构是否具备临床试验的能力,机构是否建立相关质量评估体系等,目前并没有后续检查确认制度。临床试验工作的开展仅依靠申办方与临床试验机构的自律。对于医疗器械临床试验严重不良事件报告路径以及监管机构收到的严重不良事件报告后如何处置之类的具体临床试验管理工作,更缺乏相应政策和技术指导。①

三、国外医学伦理监管的立法现状

(一)器官移植

1.美国

美国不仅是世界各国中开展器官移植手术最多的国家,而且是全世界较早在器官捐献及移植领域进行立法的国家。1968年,美国率先制定通过了《统一遗体捐献法案》,在法律上确立"明示同意"原则器官捐献的做法,从根本上否定了

---

① 李晓、刘洋、王馨怡:《医疗器械临床试验监管存在的问题与对策》,载于《中国临床药理学与治疗学》2018年第8期。

器官买卖等非法行为。[①]1984年又制定通过了《国家器官移植法案》,并据此建立了美国卫生部和委员会双主体的器官移植监管机制。卫生部监督管理"国家器官获取和移植网络"(OPIN),委员会负责制定各种规章制度,管理"器官资源共享网络"(UNOS),确保"国家器官获取和移植网络"(OPIN)的正常运作,并提出合理建议。为适应器官捐献移植领域的发展,1987年,美国对《统一遗体捐献法案》进行重大修改,从此构建了较为完善的器官捐献分配移植体系。

2.西班牙

在全球范围内,西班牙在器官捐献领域成就突出,为世界瞩目,有"西班牙模式"的说法。在立法方面,1979年,西班牙颁布了《器官捐献法》,1996年颁布了《组织、细胞获取与移植皇家法令》,1999年颁布了《器官获取与移植皇家法令》,这三部法律共同构建了西班牙器官捐献和移植法律体系。1989年底,西班牙卫生部成立了国家器官移植组织,其下设有医院、地区和国家共三级协调员。在器官捐献过程中,每个级别的协调员都有特定的责任。国家器官移植组织是致力于器官捐赠和移植领域的主管部门,它保证了捐献移植系统的公平性和透明度,监督器官捐献至移植全过程。该组织的成立对西班牙器官捐献率的提升具有里程碑式意义。[②]

(二)药品

美国是世界上第一个尝试对药品实行社会性规制的国家。在药品监管的百年发展历程中,美国建立了统一、独立的药品监管机构——美国食品药品监管局(Foodand Drug Administration,FDA)。美国现行药品安全监管法律制度的框架可以追溯到1906年罗斯福签署通过的《纯净食品药品法案》,其监管宗旨在于保护消费者权益,重视事后监管、轻视事前监管。1938年,美国国会通过的《联邦食品、药品和化妆品法》强调事前型风险监管,将联邦政府的监管权力延伸到药品研发和生产等上游环节。1962年,《科沃夫—哈里斯药品修正案》从原来单纯的被动型监管变为主动型监管,监管目标也从原来的以安全性为根本转向安全性与有效性相兼顾。之后相继颁布《食品药品管理法案》《处方药销售法案》《仿制

---

① 张彬:《器官移植行为之行政监管法律问题研究》,广西大学2015年硕士学位论文,第11页。
② 吴露婷:《我国遗体器官捐献的立法研究》,吉林财经大学2021年硕士学位论文,第17页。

药品强制执行法》《食品药品监督管理现代化法案》。自此FDA药品监管工作覆盖整个药品生命周期,跨越药品产业链的全过程。[1]美国建立起相对完备的药品监管体系。

(三)医疗器械

1.日本

日本在医疗器械的管理上历史悠久。早在1943年,日本就已通过《药事法》对医疗器械的使用进行了规范,侧重其在人体的诊断及治疗中的品质、有效性和安全性。1948年将《药事法》与《化妆品法》合并;1989年颁布《医疗用具质量体系》;2005年实施2002年修订的《药事法》,并配套实施《药事法实施令政令第232号》《药事法实施规则厚令第101号》。目前日本医疗器械监管的立法依据主要为2005年颁布的《药事法》,其监管工作主要由三个部门负责,通产省、厚生省与日本医疗器械关系团体协议会,其中厚生省承担主要监管工作,负责医疗器械生产、销售和上市的许可认定,管理对象是在日本销售的药品、准药品、化妆品和医疗器械。日本实行分级监管模式,将医疗器械按对人体的危害程度分为四类,并就每一类制定了不同的注册审批制度。[2]

2.美国

从1938年美国国会通过的《联邦食品、药品和化妆品法》首次强调对医疗器械的管理,到1990年美国国会通过的《安全医疗器械法》,再到2002年的《医疗器械用户收费和现代化法》。[3]美国由食品与药物监督管理局对医疗器械进行监管,将医疗器械按照风险等级以及上市前安全性、有效性的需求的不同从低到高分为Ⅰ、Ⅱ、Ⅲ类。[4]美国的医疗器械监管法律体系一直以法律为中心,而且根据实际情况和经济发展的需要进行不断完善,从而既保证了FDA开展高效、优质的监管,也维护了公众的利益和市场秩序。

---

[1] 刘琳:《我国药品安全监管法律制度研究》,重庆大学2020年博士学位论文,第99-107页。
[2] 刘诗洋、王倩、郑秋莹:《中日医疗器械监管对比研究》,载于《管理观察》2015年第19期。
[3] 魏海浪:《论我国医疗器械监管的法律缺失与对策》,对外经济贸易大学2007年硕士学位论文,第10页。
[4] 孙恺:《基于互联网的医疗器械行业监管体系的研究》,山东大学2016年硕士学位论文,第5页。

(四)人类辅助生殖技术领域

1.英国

1990年,英国颁布《人类受精与胚胎学法案》成立生育和胚胎管理局,专门为医疗机构从事辅助生殖服务审查和发放许可证,并对公民使用辅助生殖技术的申请进行许可管理,提供受孕和胚胎的咨询建议。该法规定,未经生育和胚胎管理局的许可,禁止任何主体从事制造、持有或利用人类胚胎的行为。在例外情形(没有其他替代可能性)下,才可以取得许可执照,进行人类胚胎研究。禁止发给许可执照的事项包括:第一,在胚胎发育的第14天后将不得作为研究材料;第二,禁止将胚胎中的细胞核取出,另行植入他人细胞的细胞核。

2.瑞典

瑞典是人工辅助生殖技术立法十分完备的国家之一,对人工辅助生殖技术的管理规范有序。1981年,瑞典组建了人工授精相关问题审议会。1985年,由审议会向瑞典国会提交的《人工授精法》《亲子法》修正案颁布实施。1988年,制定了《体外授精法》。瑞典的《涉及人的研究伦理审查办法》对于研究机构违反法律和审查决定的行为,中央伦理审查委员会有权对其进行罚款处罚。瑞典法律规定,人工授精术的受术者包含未婚女性,但该女性要有与某位男性永久同居的意愿;施行人工授精术前,受术者的配偶或同居者应当签订书面同意书。通过人工授精技术诞生的子女有对其生物学父亲的知情权,当该子女满足一定的年龄要求和精神状态要求后,可向医院查询捐精人的情况。当人工授精子女发生身份纠纷时,在法院的命令下,施行人工授精术的医院有义务提供相关资料。

这些立法努力是一种回应生物医学发展的模式,最初通过适用刑法的严厉监管模式,随后采用更加微妙和灵活的监管框架。[1]

---

[1] 汪丽青:《欧洲国家人类辅助生殖的法律规制》,载于《中国卫生法制》2020年第3期。

四、完善医学伦理监管法律法规

(一)健全监管法律法规体系

我国在医学伦理监管领域,缺乏一部专门设立的高位阶法律,监管主体可参照的法律依据散落在各部门规章和规范性文件中,加之部分规章对于监管规定过于原则化和宽泛化,造成监管措施在实施过程中较为模糊。反观对此具有成熟经验的西方国家(美国、瑞典等),制定更高位阶的法律规范和全面完善其职能运行规范已是大势所趋。加强立法规划工作,在明确职权的基础上,理顺各部门间关系。为使医学伦理监管有法可依,我国在制定相关法律法规时应做到以下4点:①提高相关立法的法律层级,增强其约束力;②法律法规的内容要具体明确和具有可操作性,如监管要求、各功能运行实施流程等;③在法律法规中必须增加且明确各监管主体的权责;④建立法律责任制度,使其做到有法可依和有法必依。

对生产、销售药品中的违法行为进行分类处罚,以保证法律的公平。生产药品中的违法行为往往带有主观故意性,产生的社会危害也较大,应该从重处理;而销售药品中的违法行为,很多都存在不知情的情况,危害后果也有一定的局限性。同时可以鼓励各省人大出台完善性的地方性法规,类似于《食品安全法》下各地出台的《"三小一摊"管理办法》,对实际监管中发现的违法主体经营规模较小、危害后果较轻的行为分类处理。

(二)下设明确监督主体及其监管权限

伦理委员会作为医学伦理监管的一部分,既是监管主体,又是被监管者。对于伦理委员会的监管权限和监督主体更应当予以明确。伦理委员会的监管工作还涉及多个机构,更需要行政部门、专业机构、研究院所等多部门的协调配合。我国现行立法中所涉及的监管主体不能保证其独立性的同时兼顾监管力度,因此明确界定法律监督主体及其职权是处理该问题的关键环节。建议在明确法定监督主体的基础上,规范划分各级监管部门的职权管辖范围以及职权行使方式,确保伦理委员会职能在法律规定的范畴内履行职责,并对伦理委员会的违规行为予以严惩。此外,我国可以在完善伦理委员会的立法及监督监管机制过程中,借鉴域外法治先进国家的经验,如尝试一线式三级管理,在确立总监管主体之后,赋予国家级医学伦理专家委员会监管全国各省份医学伦理委员会的职权。而各省级医学伦理委员会则负责本省内伦理委员会的监督管理工作,注册备案、随机考评、违规处理和培训教育等都在其监管范围内,逐步形成层级分明的监管体系,并明确划定各部门的监督职责,使伦理委员会做到"有权必有责,用权受监督"。

(三)完善监管责任体系

通过立法方式,强化行政监管责任。对医学伦理监管多采取的是"被动监管"和"事后监管",应当推动行政监管向"主动监管"和"过程监管"转变。器官移植的每个环节都关乎患者的生命健康安全和社会伦理秩序,离不开卫生主管部门的监管。各级卫生主管部门作为行政监管的主体,通过对医疗机构的资质审查认定、建立统一的器官捐献和分配体系及规范医务人员从业行为等措施,介入器官移植的每一个过程、环节,规范其运行。在医疗器械临床试验中,事前的备案事后复核、机构检查、监督抽查等主动检查,能够尽量使问题在临床过程中及时被发现、被解决,以保障受试者权益,降低风险。行政部门是代表国家规范和监管医学行为的主体,其所作出的每一项具体的行政监管措施都体现着国家意志。因此,强化行政监管责任,规范行政主管部门的监管行为也是我国作为一个在国际上负责任大国的必然要求。

我们应该改进"前"控制机制、"过程中"动态监控机制和"后"测试机制。根据工作需要,我们应该组织和开展对行政执法活动的监督和检查。需要进一步完善内部和外部监督机制。在内部监督机制中,上级和下级必须相互监督。在外部监督机制中,需要建立和完善政府的公开制度,提高权力活动的透明度,接受各方面的监督,接受人民群众的监督。我们应该在内部和外部监督之间进行有机的结合,通过讨论和征求意见,共同努力进行内部和外部监督,确保监督的有效性。

第三节 人工智能伦理监管立法

一、人工智能伦理监管概述

(一)人工智能伦理监管的内涵

人工智能是集数据、算法于一体的新科技产物,以其海量数据、分析处理速度快、智能化等特征不断影响着我们的生活。人工智能的快速发展,一方面推动了社会生产力的发展、人民生活水平的提高;另一方面也带来了诸多伦理问题和风险,例如算法歧视、隐私侵犯等等,这些都在告诉我们需要对人工智能的研究和应用进行监管,不能肆意使用人工智能产品。

人工智能监管即对涉及人工智能技术的行为和结果引发的社会风险进行监控和管理。根据人工智能的设计机理,可分为数据监管和算法监管。数据监管是对数据处理者进行的数据收集与存储、分析和输出行为进行监管;算法监管是对算法偏见、算法黑箱等现象进行规制和追责,对正常的算法应用进行监督和审核。

(二)人工智能伦理监管的立法现状

1.数据监管的立法现状

(1)立法规定

我国目前没有统一、全面的数据立法。有关数据的立法,分散在各个单项法律法规、规章及政策性文件之中,且以行政法规和政策性文件居多。现有数据相关法律,多为单一方面的内容,如数据安全方面,未能兼顾、统筹整个数据行业运行的各个环节。涉及数据的专项法律主要有《中华人民共和国数据安全法》(以下简称《数据安全法》)、《中华人民共和国网络安全法》(以下简称《网络安全法》)、《中华人民共和国个人信息保护法》(以下简称《个人信息保护法》);其他法律提及数据、个人数据的有《民法典》、《中华人民共和国密码法》(以下简称《密码法》)、《中华人民共和国电子商务法》(以下简称《电子商务法》)、《中华人民共和国电子签名法》(以下简称《电子签名法》)等;在行政法规层面,有《计算机软件保护条例》《互联网信息服务管理办法》《计算机信息网络国际联网安全保护管理办法》等；在部门规章层面，有《儿童个人信息网络保护规定》《区块链信息服务管理规定》《电信和互联网用户个人信息保护规定》《互联网新闻信息服务管理规定》等。

根据《网络安全法》，在政府方面，网信部门负责网络安全的统筹协调和监督管理，电信、公安等其他部门在各自职责范围内负责此项工作。在行业协会方面，行业组织需制定规范，指导协会会员加强网络安全保护。在数据处理方面，需依照法律法规和强制性国家标准，采取技术等必要措施，保障公民用网安全。

根据《数据安全法》，国家安全机构负责数据安全方面的统筹协调、决策、制定方针政策等工作。网信部门统筹网络数据安全工作。国防科技工业、金融业等特殊行业，由该行业主管部门承担本领域内的数据安全监管职责。国安、公安部门在职责范围内负责该工作。另外，数据安全协同治理体系要求政府、行业组织、数据处理者共同参与数据安全保护工作，遵守法律和道德，承担社会责任。

概括而言，我国数据立法虽然分散、未成体系，但以政府、行业协会、数据处理者为主要监管实施者的基本监管体系已见雏形。

(2)数据监管模式的规定

我国数据监管体制实行的是政府监管与市场监管相结合的监管方式，前者为主导，后者为辅助。以《网络安全法》的规定为例，该法总则第八条、第九条、第十一条分别规定了政府网络安全监管机构的地位和职责、网络运营者的安全保障义务和网络相关行业组织的网络安全行业自律职责等。从这些条文的规定可以看出，政府在我国网络安全的监管中居于主导地位，行业组织处于辅助地位，网络运营者则主要处于接受政府和社会监督的地位。

政府监管以多头监管为主要数据监管模式。数据领域专项立法中，国家网信部门、中央国家安全领导机构为主要监管机构。其法律依据包括《数据安全法》第五条、第六条，《网络安全法》第八条，《个人信息保护法》第六十条。另外，市场监管部门、电信部门、公安部门、国安部门、银保监会等在各自的领域、职责范围内承担数据监管工作。《中华人民共和国消费者权益保护法》(以下简称《消费者权益保护法》)第二十九条、第五十六条，《电子商务法》第五条、第二十三条、第七十九条，《网络安全法》第四十一条、第四十二条、第四十三条、第六十四条等赋予市场监管部门保护个人数据之职责。电信部门依据《网络安全法》第八条、《中华人民共和国电信条例》第三条等开展数据监管工作。《数据安全法》第六条、《网络安全法》第八条赋予公安部门、国安部门数据监管职能。《中国银保监会监管数据安全管理办法(试行)》是银保监会履行数据监管职能的重要体现。

市场监管是指行业自律监管与数据处理者自我监管相结合。国家鼓励行业组织发挥纽带和桥梁作用,推动产业发展,完善行业自律机制。其法律依据包括:《网络安全法》第十一条、第十五条、第二十九条;《区块链信息服务管理规定》第四条;《网络信息内容生态治理规定》第五章;《儿童个人信息网络保护规定》第六条;《关键信息基础设施安全保护条例》第十二条等。行业自律性监管主要以发布行业行为准则和开展认证的方式进行。数据处理者自我监管的法律规定涉及较少,主要以否定性条款为主。

2. 算法监管的立法现状

虽然算法的使用在增加社会财富、促进社会活动等方面具有较大的优势,使民众享受到技术进步带来的便利,但同时我们也应当看到算法的不合理使用导致的伦理风险和法律问题。人工智能技术的合理化使用要求法律对该领域进行规制,需要有关机关对算法进行监管,让算法在法律规定的范围内发挥其优势,降低其带来的风险。

算法系统在运用过程中带来社会歧视和不公,需要对算法进行监管。我国目前尚未对算法进行专门的法律规定,仅在《电子商务法》《网络安全法》《数据安全管理办法》中规定了与算法相关的条款,将算法规则纳入监管,但未形成系统的算法监管模式。因此本书对有关算法监管的直接条款进行梳理,以此来了解算法监管的相关立法现状。

《电子商务法》是我国第一部涉及算法监管的法律,在此之前并没有针对这一问题进行专门的法律规定。目前法律规范更多的是针对算法歧视的问题进行规制。《电子商务法》第十八条第一款对区别定价的算法歧视行为进行禁止,要求网络平台在基于算法进行个性化推荐时,应当提供不针对个人特征的选项,充分保障消费者自主权。此外,《网络安全法》第十四条在原则上规定了商家如何利用消费者的信息,设置了告知—同意制度。国家互联网信息办公室在2019年5月会同相关部门研究起草了《数据安全管理办法(征求意见稿)》,第二十三条第一款规定了网络运营者利用用户数据和算法推送新闻信息等,应当以明显方式标明"定推"字样,用户拥有退出权和删除义务。在第二十四条规定利用人工智能等技术合成的新闻、博文等信息,应当标明"合成"字样,要求网络运营者承担算法"合成"信息的标识义务。

二、人工智能伦理的监管困境

(一)数据监管机构的独立性和权威性不足

目前我国数据监管机构缺乏独立性和权威性,体现在以下几个方面:

第一,存在政监合一问题。监管职能应与宏观政策职能、政策咨询职能、议事协调职能相区分。后者的基本要求是多元、协商、妥协与利益平衡,并在此基础上作出决策或提出建议。《个人信息保护法》制定后,就已经起到一锤定音的作用,唯一应该做的就是严格监管个人信息保护法的实施,没有必要再反复妥协,也不应该在执法过程中掺入太多的政策考量,影响法律实施的权威性和统一性。政监合一的体制决定了我国数据监管机构既要负责数字经济、大数据应用的宏观政策制定,又肩负数字经济、数据保护的具体监管职责。一方面,这种制度安排使监管机构在执法时不得不考虑产业利益的影响,削弱了监管机构的独立性,为决策权渗入行业监管领域提供了合法途径;另一方面,这样的制度安排也削弱了数据监管机构的权威性和公信力,模糊了监管机构的监管者色彩。

第二,监管权力来源不合法削弱了监管机构的权威性。《国务院关于机构设置的通知》规定:国家网信办和中央网信办一个机构两个牌子,属于办事机构。[1] 办事机构的法律定位见《国务院行政机构设置和编制管理条例》第六条。《中华人民共和国立法法》(以下简称《立法法》)第九十一条规定:国务院各部、委员会、中国人民银行、审计署和具有行政管理职能的直属机构以及法律规定的机构,可以根据法律和国务院的行政法规、决定、命令,在本部门的权限范围内,制定规章。可以看出,国务院办事机构并不享有规章制定权,行政管理权限十分有限,办事

---

[1] 韩大元:《香港基本法第22条的规范分析》,载于《浙江社会科学》2020年第10期。

机构的性质决定其行使数据监管权存在法律障碍,设立国家网信办后,职责不清、边界不明、多头执法、各自为政的现象并未得到根本扭转。《网络安全法》第八条赋予国家网信办统筹协调网安工作和相关监督管理的职能,具体有采取强制措施(要求停止传输、采取消除等处置措施)、行政约谈等权力,没有明确其处罚权,处罚权一般由电信部门或公安机关行使。国家网信办在没有规章制定权的情况下,仍然在《互联网信息服务管理办法》这一规范性文件中对违反网络传播秩序的行为设定警告和罚款,实际上违反了《立法法》和《行政处罚法》的规定,其设定警告和罚款的权力来源不合法,严重影响了监管的权威性。[1]

(二)算法监管的技术难度大

算法是人工智能的核心技术,对人工智能进行监管就必须对算法进行监管。然而,算法监管面临着"算法黑箱"的难题。算法简单来说是一种运算规则,但是随着人工智能技术的发展和人类多元化的需求,算法的运行规则也逐渐走向复杂化。且算法大都隐藏在智能技术内部,如果研发者不公布其中的运行规则或者模糊处理,很难实现算法的监管,只能被动接受算法运行后的最终结果。所以,算法运行被隐藏在"黑箱"里。算法输入的是数据,输出的是算法运算后的结果,但算法具体是如何进行计算的,甚至连设计者也无从得知,审查监管的难度之大可想而知。其次,算法运算结果是多重因素共同作用的结果。算法设计者的无意识偏见和平台有意识的"杀熟"设置,都会对算法结果的运行产生影响,更不必说由于算法的复杂化和参数的多样化,在算法运行过程中,可能不断有新的参考因素进入,从而导致算法结果具有一定的不可预测性。政府对算法结果监管较为容易,但这种监管具有一定的滞后性,只有当造成较为严重的影响时才能够发现。对算法运行过程进行监管是保障公民和社会利益的关键手段,但"算法黑箱"使得算法监管成为几乎不可能实现的目标。

(三)算法规制体系性不足

《电子商务法》的颁布,对网络平台日常运行中的算法进行了一定的监管,首次明确网络企业作为责任主体对不当应用算法导致的后果需承担相应的法律责

---

[1] 林宜烨:《我国数据监管模式研究》,湘潭大学2021年硕士学位论文,第19页。

任,具有进步意义。《网络安全法》也涉及部分算法规制的内容。我国现行的法律法规不仅对于数据和信息的保护存在着分散立法的缺点,对算法的规制更是缺乏体系性,仅能够零星见诸个别法律当中。虽然《个人信息安全法》的一系列规定在一定程度上能够回应算法所带来的挑战,为企业设立行为准则。但涉及算法监管方面的较少,也没有将算法自动化决策纳入法律监管的范畴。我国法律在立法习惯上更注重规制法律和政策的制定和实施,而较少关注其动态演进、发展、反馈、调适与修正。[①]显然,关于企业算法责任的规定并不足以解决当下企业算法权力扩张带来的其他问题。对于算法的相关立法,要提高其层级并保证体系性,覆盖到算法应用的前中后全过程,加强对算法的审查监督,明确算法透明度和可解释性的规定。

三、国外立法现状

(一)欧盟:以数据保护为主

欧盟以数据保护作为对人工智能伦理监管的出发点,以《通用数据保护条例》作为主要法律依据建立起对数据和算法的监管框架。但由于欧盟制定该法的目的是保护个人数据权利,因此法律监管以数据监管为主,对算法监管涉及较少。

1.数据监管方面

《通用数据保护条例》在2018年直接适用于欧盟各成员国。GDPR在第四章、第六章和第七章中对数据监管机构监管模式和设置模式进行了细化规定。GDPR将数据权利主体仅限于自然人,数据监管的对象仅限于个人数据的处理者和控制者,但并不禁止成员国通过合理解释将数据权利保护与处理行为的监管扩张适用至法人数据等非个人数据。

首先,在监管主体方面,建立数据监管最高机构。欧盟层面的监管机构为欧盟数据保护委员会(European Data Protection Board,EDPB),EDPB具有现场调查、

[①] 宋华琳:《迈向规制与治理的法律前沿:评科林·斯科特新著〈规制、治理与法律:前沿问题研究〉》,载于《法治现代化研究》2017年第6期。

审计、命令修改、删除或销毁个人数据等权力,统一了各成员国数据监督机构的权力和任务。欧盟内部层面的监管机构为欧盟数据保护监管局(European Data Protection Supervisor,EDPS),核心任务之一是对欧盟机构进行监督,以确保欧盟内部各机构数据保护的合规性。其次,在监管内容方面,GDPR确立了一站式(one-stop-one)监管机制,规定数据控制者与处理者的主营业机构决定主数据保护机构,而处理行为所在地对管辖无影响,最终由主数据保护机构统一监管。但是不同的欧盟成员国的监管职权又有所区别。由于跨境数据频繁流动,不同成员国数据保护机构与主数据监管机构之间也更加注重监管合作。最后在执行措施方面,欧盟赋予了数据保护机构执法权并加重了处罚力度。GDPR规定了各数据保护机构的行政执法权力范围,包括行政检查权、行政处罚权及诉讼权,针对一些重大违规事件处以高昂的罚金。[①]

为进一步规范数据交易、进一步实现数据跨境流通、促进数字经济发展,2018年11月欧洲议会和欧洲理事会基于欧盟委员会的提议,通过了《欧盟非个人数据自由流动框架条例(EU)2018/1807》,适用于个人数据以外的数据之流动。至此,欧盟数据监管框架形成。

2.算法监管方面

由于算法相比传统数据处理具有更高的风险,GDPR中有几项条款对算法作了专门规定。对算法的监管主要包括算法解释权和免受自动化决策两个方面。

FAT/ML组织如下定义算法可解释性:确保用非技术性的术语向终端用户和其他利益相关者解释算法决策及驱动该决策的数据。M算法解释权强调当自动化决策对相对人产生法律效力或重大影响时,算法控制者需向提出异议的相对人提供具体决策的解释,以阐明决策过程中算法的工作机制和合理依据。算法解释权是建立在GDPR第13、14、15款规定的知情权和访问权两项数据主体的基本权利之上。[②]

免受自动化决策的法律依据是GDPR第22条。该条是GDPR唯一直接围绕算法问题建构的规定,是我们在数据保护法领域讨论算法问题不可回避的内容。

---

① 粟丹:《隐私保护视角下的个人健康数据监管研究》,载于《杭州师范大学学报(社会科学版)》2021年第1期。
② 许智鑫:《人工智能时代的算法规制及其制度建构》,北京邮电大学2020年硕士学位论文,第17页。

该条款为数据控制者施加了数据清理、事先审查、事后干预等义务,为数据主体提供了质疑权、标准解释权等权利,因此同时构筑了个体救济和算法审查的雏形。

算法解释权存在争议的重要原因是算法解释与数据控制商业秘密、知识产权的冲突。算法结构的复杂性使得获知算法所运用逻辑在多大程度上有助于个人了解算法风险,尚不得而知。而技术层面上算法可解释问题有待透明度技术的突破。因此,GDPR原则上对不具有重大影响的算法(如针对性广告营销)持默认态度,仅在第21条规定了选择退出的权利。对有重大影响或法律影响的算法,GDPR第22条为数据控制者设定了事先审查义务,以避免数据控制者对算法的过度依赖,强调数据控制者的审查责任。[1]

(二)美国:以算法责任为主

美国倾向于保护数据产业的发展,侧重运用市场规范的方式对企业运用算法决策进行规制,强调以算法责任为中心。因此现有法律在数据方面主要关注禁止使用歧视性数据,对算法则进行特定的规制措施。[2]

1. 数据监管方面

美国联邦层面以《隐私权法》为根本依据,结合本土文化背景和不同的行业特点,不同领域的数据监管内容分散在各个行业的法律文件中,采取的是分领域式分散立法模式,在联邦层面根据特定行业分别制定数据保护法律和法规,同时与州一级的立法相结合来保护公民的数据。[3]

在医疗方面,《健康保险携带和责任法案(HIPAA)》(1996)、《个人可识别健康信息的隐私标准》(2001)、《经济和临床健康的健康信息技术法案》(2009),形成以HIPAA为核心的健康医疗信息保护制度。在消费者权益保护方面,2015年,美国政府发布《消费者隐私权利法案(草案)》。该法案旨在为消费者提供纲

---

[1] 程莹:《元规制模式下的数据保护与算法规制:以欧盟〈通用数据保护条例〉为研究样本》,载于《法律科学(西北政法大学学报)》2019年第4期。
[2] 郑智航、徐昭曦:《大数据时代算法歧视的法律规制与司法审查:以美国法律实践为例》,载于《比较法研究》2019年第4期。
[3] 戴艺晗:《数据保护的社会维度:从美国、欧盟数据监管模式展开》,载于《情报杂志》2021年第5期。

领性的隐私基本保障,以提升消费者信任及信心,同时确保充分的灵活性以促进数据的自由流动与开放。①2018年,美国加州通过了《加州消费者隐私法》,对消费者个人信息的保护较以前的立法更为全面。一方面该法赋予了消费者更多的信息控制权,另一方面对企业施以更严苛的义务,因此被认为是最为全面和严厉的隐私保护法律,深受GDPR的影响。

由于分散的立法方式,监管机构具有多元性。在美国,联邦贸易委员会、消费者金融保护局、教育部、卫生部都有数据监管职能。由于美国数据监管法律主要以保护隐私和消费者权益为目的,因此FTC成为最主要的政府数据监管机构。FTC在其报告中明确支持"通知和选择"的方法对隐私进行保护。

2.算法监管方面

2019年,美国发布了《2019年算法问责法案》,加强对算法的监管治理。美国对算法的特定性监管主要包括:对特定机构进行专门规制、对特殊领域的算法应用进行禁止以及对可能出现的算法歧视进行限制等。

美国对算法作出直接规定的法律很少,很多是部门性的,依赖于传统的基于危害的监管方法。加利福尼亚州在2018年通过了《加州消费者隐私法案》,要求开展算法业务的公司发布在线隐私政策,披露其如何响应浏览器"不跟踪"信号,明确公司收集的和共享给第三方的个人信息的种类。然而,法律没有要求加州企业履行不跟踪请求或规定必须退出跟踪的情形,也并未对在线行为广告的使用作出严格限制。②针对在线行为广告,FTC也没有完全禁止,其仅对美国公司将用户同意提供的敏感数据用于在线行为广告作出禁止。公平贸易委员会甚至还发布了促进使用定向广告的透明度和披露目标的指导方针,其理论是知情的用户可以对其在线做法作出合理的决定。③

---

① 范为:《大数据时代个人信息保护的路径重构》,载于《环球法律评论》2016年第5期。
② 苏宇:《论算法规制的价值目标与机制设计》,载于《自然辩证法通讯》2019年第10期。
③ 姜野:《算法的法律规制研究》,吉林大学2020年博士学位论文,第67页。

四、完善人工智能伦理监管体系

(一)明确人工智能的立法监管思路

我国有关数据监管的整体立法思路,应当以欧盟"平衡式立法思路"为借鉴依据。欧盟将数据分为个人数据和非个人数据,以此来强调个人数据需要保护,其他数据重在流通的整体立法态度,与我国的价值观是吻合的。从长远来看,保护数据权益和促进数据流通并非对抗式矛盾,二者在一定程度上是相辅相成的。不能光保护而忽视流通,亦不能只促进流通而罔顾权益保护。统一数据法的最终目的,是使得数据权益的保护与数据的流通这一矛盾得以平衡,相得益彰、相互推进、共同完善。

对于算法监管的思路,应当以美国"算法责任"为参考,关注对算法的规制。算法监管面临技术难度、知识产权与公开的矛盾等方面的问题。在监管技术难度上,建立起算法全过程的监管,尤其重视对算法运行前的审查监管,确保从源头上减少算法歧视等现象的产生。在知识产权与算法公开的矛盾解决上,应当注重二者之间的平衡。不要求算法研发者直接公开算法的源代码,可通过公开算法规则,以及算法监管机构审查规则的正确与否等方式来进行监管。加强算法研发者自身的算法监管责任是解决算法问题的关键。

(二)确立以政府监管为主,以市场监管为辅的监管模式

从数据监管主体角度来说,既要发挥政府在数据监管中的主导作用,也要充分发挥行业协会、数据处理者等社会和市场主体的监管作用,将政府监管与行业自律、数据处理者自我规制三者有机结合,以实现监管效率最大化。

以政府为主导能够有效地发挥政府"看得见的手"的作用,弥补理性经济人追求私益、罔顾公共利益的缺陷。同时,可以把控行业脉搏,更好地维护数据安全,减少外来资本、技术等干扰我国关键性基础设施的风险。在立法方面,所有监管机构的建立都必须得到权力机关的许可。为了保证立法权的民主合法性,它应作为监视人工智能的起点,并阐明监视和要建立的监视系统的目标。这当中的重点当然是行政机构,行政机构的特点之一是具有很好的延展性,可以快速

适应社会或监督某个行业。政府机构内某个部门的决策者可以是具有相关领域专业知识的专家,以便政府机构可以在更广泛的社会环境中调查问题。

以市场监管为辅能够有效发挥市场作用,利用市场自发机制以及市场参与者敏锐及时的市场研判能力,对数据处理行为进行符合资源最大利用率的监管。同时,创新对于数据产业的影响力之大不容忽视。单一的政府监管对创新有一定的引导和鼓励作用,但远比不上市场的自我反思和试错。鼓励市场自我探索,找寻合理的发展路径,可充分发挥市场监管作用的附加价值。

(三)建立健全监管体制

人工智能监管目前处于这样一种情况,即事前监管没有法律依据,而事后监管则缺乏标准。目前,还没有任何一个国家建立专门的制度来监督人工智能的各个方面,也没有能力监督人工智能研究和开发的全过程。但这并不代表我们不能对此提前进行构想。

首先,国家层面为第一级:从当前旨在促进人工智能发展的国家计划来看,负责监督人工智能的机构和部门主要由领导小组领导,由工业和信息化部、科学技术部和中央互联网信息办公室推进。作为推动该计划的一部分,国务院组织指导小组将以实现中国制造动力作为战略目标。组织的创建目的是促进制造业,人工智能在这里主要是以驱动机器人的一种软件技术来呈现。从作为第二级的特定监督水平上来说,在人工智能监管机构的监管中存在功能划分模糊问题。互联网上的信息,最终的应用是对机械设备(例如机器人)的监督,这应由工业和信息化部负责。当然,作为产品的人工智能也应受到质量监督服务部门的质量控制。然而,目前没有由不同的监管机构对人工智能进行监督的权力的具体分配,并且每个监管主体也都没有必要的监管体系。工业和信息化部与互联网信息管理局对互联网数据(主要是基本信息)的监视范围相对狭窄,科技部仍然没有针对算法策略的特定监督系统,而且为了实现人工智能的风险防控,质量监督部门应当确立检测和监视人工智能的标准,同时尽可能参考其他行业标准来设立预警和召回机制。[1]

---

[1] 邢芳琪:《人工智能算法的监管研究》,甘肃政法大学2020年硕士学位论文,第18页。

第四节　环境工程伦理监管立法

一、环境工程伦理监管概述

(一)环境工程伦理监管的内涵

自党的十八大报告确立生态文明建设的战略地位,党的十八届三中全会通过的《中共中央关于全面深化改革若干重大问题的决定》提出"建立和完善严格监管所有污染物排放的环境保护管理制度,独立进行环境监管和行政执法"以来,我国环境工程伦理监管体制建设日益受到重视。

环境工程伦理监管是指政府等职能部门对环境现存在的问题和可预见的问题进行调控与管理,以协调污染个人、企业环境问题、经济发展与环境问题之间的关系,从而达到经济、环境可持续发展,是国家行政机关履行生态保护职能的重要手段。

(二)环境工程伦理监管的法律历史沿革

我国对于环境保护和监管的重视程度较高,1972年我国参与斯德哥尔摩环保会议,生态环境保护观念开始觉醒,环保工作开始起步。本书以不同时期的监管目标为标准,在路径依赖规律的影响下,找寻重大历史节点,探索重大事件的重要影响作用,叙述中国环境监管制度发展和运行历程。

1. "三废"治理下的环境监管制度时期(1972—1979年)

我国参加斯德哥尔摩国际环保会议后,生态环境保护意识觉醒,环保工作开始起步。为应对当时"三废"污染越来越严重的问题,我国制定了《工业"三废"排放试行标准》,确定了"三废治理"的监管目标。在"三废"治理的监管目标指引下,1973年8月,国务院召开首次全国环境保护会议,将"环境保护"一词写进宪法,成为政府需要承担的履职义务。会议审议通过我国第一部环保综合性法规《关于保护和改善环境的若干规定(试行草案)》[1],并建立起"三同时"制度,引入

---

[1] 林木:《1973年12月:新中国第一部环保法规的制定》,载于《党史博览》2013年第8期。

环境影响评价概念,肯定公众在环境中的作用。《环境保护工作汇报要点》中也提出了排污收费的设想。1974年,成立国务院环保领导小组,定位是中央环保监管机构,隶属于国务院。主要工作是负责制定方针、行政规章,协调各部门监管的宏观调控作用。对我国的"三废"治理和环保教育起到了一定的积极作用。《环境保护法(试行)》(1979年)规定了环保机构及其职责,以法律形式固定了"三同时"、环评、排污收费这三项环境监管制度。

2. 排污治理下的环境监管制度时期(1980—1989年)

这一时期"排污治理"是我国的环保目标。1982年,组建城乡建设环境保护部,同年国务院颁布《征收排污费暂行规定》,主要针对向超标排污的排污者按照标准征收排污费的行为。1989年,召开第三次全国环境保护会议,会议中又新加入了以城市环境综合整治定量考核制度、限期治理制度、环保目标责任制、排污许可证制度、污染集中处理制度为核心的"新五项"环境监管制度。至此,中国形成了以"旧三项"和"新五项"为代表的环境监管制度体系。[①]

这一时期是环保法律出台的高发期。《森林法》、《中华人民共和国海洋倾废管理条例》、《大气污染防治法》、《中华人民共和国自然保护区管理条例》、《海洋环境保护法》、《中华人民共和国固体废物污染环境防治法》(以下简称《固体废物污染环境防治法》)、《中华人民共和国噪声污染防治法》、《水污染防治法》、《中华人民共和国水土保持法》(以下简称《水土保持法》)、《中华人民共和国野生动物保护法》(以下简称《野生动物保护法》)、《中华人民共和国草原法》(以下简称《草原法》)、《中华人民共和国渔业法》(以下简称《渔业法》)、《土地管理法》、《中华人民共和国矿产资源法》(以下简称《矿产资源法》)等法律法规进行了修改、制定。但是"统一监督管理"权正式赋予环保部门是在1989年12月出台的中国第一部环境法典《环境保护法》中第七条。我国开始形成统一监督管理和分工负责相结合的监管体制。环保部门开始向纵深化发展,县级有环保机构,乡级有专职环保员。相关单位也开始成立相关环境污染防治的机构和环保监管机构。环境保护也被法律规定为公民应当履行的义务。但由于各地的监管机构缺乏稳定性和统

[①] 李国冉:《当前我国环境监管的问题及其治理探析》,载于《改革与开放》2019年第4期。

一性,在"机构改革"环节中数次面临被裁风险。[①]可以看出,此时的科层制逻辑并不完善。

3. 可持续发展下的环境监管制度时期(1990—2014年)

可持续发展的内在涵义是要考虑到后代的生存发展需求。既满足当下的生存发展需求,又留给后代必要的生存资源。在这一指导原则下,跨区域联防联治机制、生态红线制度等应运而生。环境立法工作也开始偏重于环保单行法和综合性法规的制定工作。《中华人民共和国循环经济促进法》(以下简称《循环经济促进法》)、《水污染防治法》、《排污费征收使用管理条例》、《环境影响评价法》等法律法规进行了修改、制定。《节能减排综合性工作方案》还有《大气污染防治行动计划》等继续强化推进监管工作任务。

这一时期监管方式发生变革,环境监管部门设置有从局部到整体的趋势。县级以上地方政府需内设环保监管机构,独立行使环保工作统一监管职责。监管机构全面铺开。1998年,环境保护局升格成为国家环境保护总局(正部级)。之后逐步对国家环境保护总局的监管职权进行细化和完善,我国环境监管体系全面建立起来。

这一时期,环保问责制开始受到政府的重视,成为政府环保问责的重要手段。2006年,《环境保护违法违纪行为处分暂行规定》中详细规定了职责范围和处分形式,是环保问责法治化的起点。随后环保问责制度陆续入法,《水污染防治法》《环境保护法》《大气污染防治法》等法律中都明文规定了环保目标责任制等问责制度。2014年,生态环境部印发《环境保护部综合督察工作暂行办法》,强调要实行以"督政"为核心,兼顾督企的环保综合督察制度。监察执法工作向督政工作转变。环保问责制不仅仅成为对领导干部政绩考核的重要法律依据,更加通过督察执法方式进行监管问责。

4. 中国环境监管制度的发展现状(2015年至今)

2015年,中共中央、国务院印发了《关于加快推进生态文明建设的意见》,提出要完善我国生态环境监管制度。在该意见指导下,我国建立起同生态文明制度体系相适应的生态环境监管制度体系。

[①] 王灿发:《论我国环境管理体制立法存在的问题及其完善途径》,载于《政法论坛》2003年第4期。

首先,从法律上确定环境监管主体。2018年3月17日,原环境保护部改组为生态环境部,负责生态环境的统一监测以及执法工作,监管核与辐射安全和污染防治,并组织开展中央生态环境保护督察等工作。2015年实施的《环境保护法》第十条规定:国务院环境保护主管部门,对全国环境保护工作实施统一监督管理;县级以上地方人民政府环境保护主管部门,对本行政区域环境保护工作实施统一监督管理。县级以上人民政府有关部门和军队环境保护部门,依照有关法律的规定对资源保护和污染防治等环境保护工作实施监督管理。在《水污染防治法》以及《大气污染防治法》等法律中也有类似规定。

其次,实行"源头严控、过程严管、后果严惩"的最严环境监管制度体系[1]。源头严控的法律依据包括:生态环境部发布的部门规章《环境影响评价公众参与办法》、中共中央办公厅、国务院办公厅发布的《关于建立以国家公园为主体的自然保护地体系的指导意见》《关于统筹推进自然资源资产产权制度改革的指导意见》《关于加强耕地保护和改进占补平衡的意见》等。

过程严管的法律依据包括:《中华人民共和国环境保护税法实施条例》《排污许可管理办法》《控制污染物排放许可制实施方案》《国家生态环境质量监测事权上收实施方案》《生态环境损害赔偿制度改革方案》《党政领导干部生态环境损害责任追究办法(试行)》《关于建立资源环境承载能力监测预警长效机制的若干意见》。不断完善环境信息公布制度、污染物排放许可制度、"三同时"制度以及环境监测制度和污染物排放总量控制制度等制度。

后果严惩的法律依据包括:中共中央办公厅、国务院办公厅印发施行的《生态环境损害赔偿制度改革方案》《党政领导干部生态环境损害责任追究办法(试行)》等。实施领导干部环境损害责任终身追究制、目标责任与考核制度、对企业和个人实施生态环境损害赔偿制度等制度。

---

[1] 刘伟玮、全占军、罗建武等:《新时期生态监管职能解析及制度体系构建建议》,载于《环境科学研究》2019年第8期。

二、环境工程伦理监管存在的问题

(一)监管主体不明确

法律赋予多个部门针对同一要素污染事项共同监管的职责。例如,《噪声污染防治法》第八条第三款规定由多个职能部门"在各自职责范围内"承担噪声污染防治监督管理职责。类似规定包括《大气污染防治法》第五条第二款、《水污染防治法》第九条第三款、《固体废物污染环境防治法》第九条第一款等。由于生态环境问题及其实践治理具有复杂性、多样性的特征,这种"九龙治水"的监管体制安排顺应了当前生态环境保护分散立法的立法模式背景,符合当前治理的需要,甚至是必然的结果。但是,各部门权限与职责划分不清则会导致监管职能过于分散。在相关体制规范尚未形成逻辑周延、相互协调的规范体系的条件下,不同职能部门之间的职能一旦产生重复与冲突则无法律依据进行疏通,无序状态下监管缺位容易滋生,由此导致的问责困难又将进一步减缓环境治理进度。[1]因此,当前的生态环境监管体制规范亟待体系化,从而使"九龙共治"的整合式监管执法作用效果最大化。

(二)监管职能存在交叉

长期以来,生态环境执法领域职能交叉、冲突等情况突出,尤其是生态环境主管部门与地方政府之间,法律并未给予明确的区分,只有一些原则性的规定,不利于监管权力结构的合理配置与监管职能的高效发挥。《环境保护法》第六条第二款规定"地方各级人民政府应当对本行政区域的环境质量负责",明确了各级人民政府的生态环境保护义务;《环境保护法》第十条则规定"国务院环境保护主管部门,对全国环境保护工作实施统一监督管理"。然而,制定环境质量标准和污染排放标准作为环境监管的手段之一,由第十五条、第十六条授权省级人民政府对国家环境标准未作规定的项目制定环境质量标准和污染物排放标准,与

---

[1] 马英娟:《独立、合作与可问责:探寻中国食品安全监管体制改革之路》,载于《河北大学学报(哲学社会科学版)》2015年第1期。

第十条规定的内容存在矛盾。①对于这一矛盾,若从《环境保护法》立法没有准确区分政府与具体职能部门的职责、具体工作内容的承担属于政府内部事务的角度进行阐释,则无法以同样理由解释第二十四条、第四十四条等条款在环境监管职责的规定中对具体职能部门和所属人民政府进行的区分。

在生态环境监管工作中,强调了主管部门与地方政府之间的隶属关系,但是各单行法却未对政府与相关主管部门之间的权力配置关系和界限予以明确,只是将这一原则性规定置于在某些法律条款中予以重复,使得主管部门在生态环境监管执法中处于相对被动的地位。实际上,生态环境主管部门作为环境监管领域中的主要职能部门和环境质量责任的职责承担主体,依法享有的惩处决定权和能够采取的行政强制措施十分有限,加之主管部门在监管职权行使中承担的责任有限,导致监管主体之间的权责配置不合理、不科学。②

(三)监管问责缺乏长效性

监管问责制度的设立是为了通过行政权威强力推进的方式解决地方政府环保责任落实不到位的问题。③尽管我国不断加大问责力度,建立起领导终身负责制等对行政机关进行权力约束,监管问责机制缺乏长效性,需要进一步加强。首先,问责立法不完善。我国环境问责所依据的法律规范位阶较低,权威性不足,规定的操作性不强。《生态文明建设目标评价考核办法》《党政领导干部生态环境损害责任追究办法(试行)》《领导干部自然资源资产离任审计规定(试行)》都为中共中央办公厅、国务院办公厅发文,属于规范性文件。并且问责法律相对分散,缺少统一标准或规定,致使问责过程存在着部分条例相互冲突、法律条例标准不一、不好协调的现象。其次,"运动性"问责现象。以中央生态环保督察制度为例,就存在以下问题:其一,中央环保督察实行例行督察模式,在督察时间、督察对象等方面具有不确定性,带有一定的"运动型治理"色彩;其二,中央对地方各级党委和政府及其职能部门的直接监督,打破了政府科层结构的壁垒,通过自

---

① 钭晓东:《论环境监管体制桎梏的破除及其改良路径:〈环境保护法〉修改中的环境监管体制命题探讨》,载于《甘肃政法学院学报》2010年第2期。
② 巩固:《政府激励视角下的〈环境保护法〉修改》,载于《法学》2013年第1期。
③ 陈海嵩:《我国环境监管转型的制度逻辑:以环境法实施为中心的考察》,载于《法商研究》2019年第5期。

上而下的行政权威推行监督工作,以行政问责、党政同责、公开约谈、挂牌督办等方式形成自上而下的政治威压。监管问责本身具有一定的"运动型治理"的特征,制度实施的长期性得不到保障,不仅容易使地方政府滋生投机心理,而且也不利于制度本身的长效化发展。[①]

三、国外立法现状

(一)德国:完备的环境保护法律体系

20世纪70年代,德国出现了一系列的环境污染事件,公众环保诉求与呼声日益高涨,德国政府也意识到环境保护的紧迫性,开始加大环境污染治理的力度,并注重从环保立法角度来保障环境监管执法的有效实施。自1972年西德政府出台第一部环保法律《垃圾处理法》以来,一系列环境保护法律法规逐渐出台实施,并且在20世纪90年代初,德国议会明确将环境保护写入《德意志联邦共和国基本法》,强调"国家应该本着对后代负责的精神保护自然的生存基础条件"以及环境权利应在德国法律体系中具有较高位阶。德国环境法律主要包括水利法、垃圾法、土壤保护法、环境信息法等类型,涵盖内容广泛,具有全方位、多层次的特征。截至笔者完稿时,德国的环境保护相关文本接近9000个,其中全联邦和各州的环境法律法规达8000余部,同时作为欧盟的成员国,直接适用或转化适用400多个欧盟环境法规,以及若干法律效力稍弱的环保协定,已建成完备和详细的环境保护法律体系。

德国不仅建立了完备的环境保护法律体系,而且在环境法规中注重体现公众知情权、参与权等,通过司法系统衔接确保环保法律的真正落地。各州制定的环境监管政策在经过上议院批准之后便具有法律效力,无论企业还是公众,一旦违反就会受到法院的判决处罚,法律的惩罚力度远远大于政府的行政处罚,因而具有较高的震慑作用。此外,德国环境保护法律明确赋予环保机构监管执法的权力,按照法律规定履行环保职责,可以不受各级行政部门干预,具有较高的监管执法独立性。

[①] 张忠民、冀鹏飞:《论生态环境监管体制改革的事权配置逻辑》,载于《南京工业大学学报(社会科学版)》2020年第6期。

(二)美国:法律为主,多元主体参与

美国的环境监管的整体立法上,首先出台了《国家环境政策法》,随着政府对环境问题的逐步重视,《空气污染管制法》《水清洁法》《荒野法》《环境杀虫剂控制法》《国家环境政策法》《濒危动物法》《资源保护与复兴法》《综合环境反应、赔偿和责任法》等相继颁布,涵盖了全美地区的生产生活活动,有效地提升了法律法规的覆盖面积。以上法律法规在美国环境监管体系的建立和有效运行中起着十分重要的作用。

同时在环境监管方面,还借助民间环保组织和政府机构等多方力量来加强监管。民众环保意识的提升,非政府环保组织力量的壮大,推动了美国环境监管立法的进度,提高了政府环境监管执法的效率。美国政府也非常重视非政府组织和社会公众的参与,通过环保局网站、新闻发布会等形式向社会公开环境监管信息,以法律形式保障公众的环保参与权利,1970年颁布的《清洁空气法案》更是明确规定"任何人都能以自己的名义对任何违反本法规定的行为提起诉讼",并且赋予了社会公众可以起诉政府环境违法行为的权利。

(三)日本:科学且高效的生态环境监管体制

日本的环境监管已经形成了一个相当稳固的"三元结构",即企业、公众以及政府三元环境管理机制。这三个元素在环境保护的管理中呈现相互监督、相互制约的关系,从而使得日本的环境管理呈现出一种"社会制衡型"和"政府控制型"相结合的模式,也可以称为一种"自下而上"和"自上而下"方式相结合的模式。这也意味着日本的环境保护不仅由政府在进行管理,更有社会公众的参与管理。

日本国家层面将环境监管权集中于环境省,根据《环境省设置法》,具体负责日本全国范围内的环境监管工作,对全国各地的环境监管工作进行统一规划和协调。而在地方层面,地方政府对其所辖区域内的环境事务全权负责,在环境监管领域拥有高度的自治权。只有在特殊情况下,例如环境省认为地方自治体的监管行为违反法律规定或者明显处理不当且损害社会公共利益,环境省才可依据《地方自治法》对地方自治体的生态环境监管行为进行干预。

日本生态环境监管具有以下特征:一是环境省优势地位获得有力的保障,从而发挥其综合协调能力;二是明确有效的干预机制,促使地方自治体积极履行生

态环境监管职责;三是基于公害防治协定/环境保护协定的不同监管模式,实现对生态环境的灵活监管。[①]

四、完善环境工程伦理监管的对策

(一)明确环境基本法统领单行法

我国虽然已经形成以宪法为依据、以《环境保护法》为基础、以各项生态环境单行法为主体的环境法律系统,但数量庞大的生态环境立法却使法律规范的形式和内容的协调性不足,从而导致多部门共同监管的情况。《环境保护法》规定了国家的环境政策目标、基本原则、基本制度等内容,从学理上属于环境基本法,但其并非《立法法》确认的基本法律。这就导致当单行法之间出现冲突时,也很难得到《环境保护法》的调整,生态环境无法实现高效治理。

在我国从生态环境问题出发,制定大量单行法的情形下,呈现出现有的单行法的作用与功能的局限性。因此,基本法应当肩负起建立环境领域法秩序中心点的责任,将环境问题融合为一个有机整体,并以之为导向全面协调各单行法的关系,以宪法为立法依据,并指导环境单行法的制定和修改。具体而言,生态环境保护基本法应当确立生态环境领域立法的理论基础、指导精神、基本原则,厘定一般法律概念等,从而提取基本环境法律制度,建立环境法律基本秩序与保障路径。还应明确政府职责,统领下位法之间的协调与沟通,有效衔接单行法,[②]从而在环境法律体系内部形成"宪法—基本法—单行法"的鲜明立法层次[③]。

(二)"去科层"逻辑解决地方职能冲突

面对环境监管机构与地方政府之间的环境监管职能冲突,应厘清两者之间的关系,明晰两者职能边界。在科层制逻辑下,生态环境监管机构同时接受同级

[①] 张建伟、赵向华:《日本生态环境监管体制及其启示》,载于《天津大学学报(社会科学版)》2018年第4期。
[②] 巩固:《政府激励视角下的〈环境保护法〉修改》,载于《法学》2013年第1期。
[③] 刘超、吕稣:《我国生态环境监管规范体系化之疏失与完善》,载于《华侨大学学报(哲学社会科学版)》2021年第2期。

政府和上级职能部门的双重领导;但在地方治理的具体实践中,主导地方政府行为选择逻辑更多的是财政收益。①尤其在生态环境监管机构发挥专业职能的情形下,仅依靠上下级之间的行政权威,很难合理控制各地方政府的行为倾向,地方政府在人事、财务等方面直接影响了生态环境监管机构的执法行为,阻碍了生态环境监管政策和法律的有效实施。因此,在地方应当消除科层逻辑下地方政府对生态环境监管执法的过度干预。"去科层化"逻辑可以使生态环境监管机构脱离同级地方政府的过度支配,以从根本上保证生态环境监管机构在执法上的独立性。在"省级—基层"之间的环境监管职能上,生态环境部门实行以上级生态环境部门领导为主,以地方政府领导为辅的双层领导机制,削弱地方政府对生态环境部门的直接领导,实行上下级之间的垂直领导。既解决了纵向维度上地方政府与主管部门之间的冲突,又能增强生态环境监管的专业性。

(三)完善环境问责制度

完善环境问责制度,首先应当从法律层面赋予环境问责制度以依据。现行法律对环境问责制度的规定较为原则化,不够具体。《环境保护法》中明确细化规定政府责任范围以及环境问责制度中的过于原则性条款,从而约束政府部门生态环境监管行为。②为提高环境问责法律的权威性,单独制定《环境问责法》,内容具体包含如下内容:确定问责主体、明晰问责标准、设计问责程序和救济手段。同时保证公众可以从官方渠道获取处理情况,让问责在人民群众的监督下进行,保障问责结果的透明公开。建立起环境问责的具体流程和框架,使环境监管监督有法可依。其次,赋予地方政府以监督和监管双职能,作为环境问责制度的主体,落实权利责任。如果让上级环境主管部门作为环境问责的主体,则监督问责范围广,无法有效实行环境问责制度。地方政府对当地环境监管情况更加了解,且其在环境监管方面职能退为辅助地位。因此,地方政府作为监督环境监管行为的主体,符合我国的现实情况和需求。

---

① 郁建兴、高翔:《地方发展型政府的行为逻辑及制度基础》,载于《中国社会科学》2012年第5期。
② 秦悦译:《中国环境监管制度的反思与完善》,兰州大学2020年硕士学位论文,第27—28页。

第五章

科技伦理风险监测预警立法

第一节 科技伦理风险监测预警立法现状

一、生命科学伦理风险监测预警立法

我国相关法律规定从事生命科学研究的机构须设置伦理委员会。目前，我国生命科学领域的伦理风险监测预警主体主要是机构伦理委员会。伦理委员会的初始审查是在审查批准研究项目阶段，跟踪审查是对已批准项目的持续性审查。本书认为，机构对生命科学与医学伦理风险监测预警的主要方式是在跟踪审查中进行，跟踪审查是指伦理审查委员会为了使受试者的权益得到充分保护，根据一定的规范、标准和方式，对已经通过初始审查的研究项目所进行的后续审查、监督和评价。[1]跟踪审查是监督试验过程是否按照初始审查通过的框架实施的重要方式。[2]

（一）相关法律法规不断完善

关于风险监测预警制度，我国其他领域已有相对完善的体系建设，比如《生物安全法》中强调了国家生物安全工作协调机制组织建立国家生物安全风险监

---

[1] 张雪、尹梅、刘丹茹：《伦理审查委员会跟踪审查制度探析》，载于《医学与哲学》2012年第4期。
[2] 刘忠炫：《困境与治理：人类基因组编辑伦理审查制度的完善》，载于《经贸法律评论》2022年第1期。

测预警体系,提高生物安全风险识别和分析能力。我国生物安全风险监测预警制度受到国家高度重视,相关理论研究也较为充足。相较于生物安全风险监测预警,生命科学伦理治理在我国基本上处于起步阶段,但是我国目前主要法律法规已有对伦理风险监测预警的相关规定。生命科学主要包括生物安全、人类遗传资源和基因检测,我国近年来生命科学研究发展速度有目共睹,相关法律法规陆续颁布,以规制生命科学研究领域的伦理问题。2021年,国家卫生健康委员会发布《涉及人的生命科学和医学研究伦理审查办法(征求意见稿)》。《生物安全法》也涉及了人类遗传资源的伦理规定。在《生物安全法》实施前,我国有关生命科学伦理安全风险监测预警的内容主要由行政法规和规章来制定。《生物安全法》出台后,作为全国人大制定的法律,便于国务院及其各部委在其权限内制定行政法规和规章来执行法律规定的事项。《涉及人的生物医学研究伦理审查办法》中规定,伦理委员会承担对已批准项目的跟踪审查义务,对项目研究过程中发生的伦理风险要及时讨论。《人类遗传资源管理条例》规定,人类遗传资源保藏单位应当对所保藏的人类遗传资源加强管理和监测,采取安全措施,制定应急预案,确保保藏、使用安全。在干细胞方面,我国干细胞行业法律法规从20世纪90年代开始初步探索,2003年《人胚胎干细胞研究伦理指导原则》颁布。

此外,我国在涉及动物实验伦理方面也有相关法规。《关于善待实验动物的指导性意见》中规定了实验动物的饲养、应用、运输过程中,研究人员须按照其规定的标准进行研究,不得虐待实验动物,以减少伦理风险。

(二)专业机构进行风险监测预警

我国从事生命科学研究的机构主要是高等学校、科研机构以及部分医疗机构。从20世纪80年代开始,我国就在酝酿成立机构伦理审查委员会,到1987年,针对生命科学技术的发展及临床广泛应用的状况,在大医院建立伦理委员会的主张被首次提出。此后,东部沿海地区较为发达城市的大医院先后成立伦理委员会。伦理委员会的职能也在逐步更新。起初,伦理委员会只是由专业人员组成的道德咨询组织,主要负责加强科研道德建设。随着我国生命科学伦理与国际接轨,伦理委员会的职能逐渐专业化,由道德建设为中心转向对涉及人的生命科学研究进行伦理审查为工作重心。近年来,机构伦理委员会的工作职能不断细化,《涉及人的生命科学和医学研究伦理审查办法(征求意见稿)》中指出,开展涉及人的生命科学和医学研究的二级以上医疗机构和设区的市级以上卫生机构设立伦理委员会,对已批准的项目进行跟踪审查,处理受试者投诉。机构内设伦理审查委员会,对涉及人的生物医学研究进行伦理审查将会更加专业、更方便预测研究的伦理风险,从而更好地进行伦理风险监测预警。

(三)伦理风险监测预警机制逐步更新

《涉及人的生物医学研究伦理审查办法》中规定,省级以上卫生行政部门应设立医学伦理专家委员会,国家卫生行政部门应成立国家中医药伦理委员会。国家医学伦理委员会和国家中医药伦理委员会对主要涉及人的生物医学临床试验研究进行重大问题讨论、提供技术指导等,省级医学伦理专家委员会主要负责监管机构内审委员会,通过指导、评估机构内审委员会来预防伦理风险。当研究机构在进行重要领域的生命科学研究时,医学伦理委员会须对该研究加强监管,预防和减少生命科学伦理风险。总的来说,在生命科学风险伦理监测方面,我国基本形成了中央统筹、地方监督、机构监测的三级伦理风险监测预警机制。

二、医学伦理风险监测预警立法

(一)相关医学伦理风险监测预警法律法规较为完善

我国医学伦理研究起步较早,1999年《药物临床试验质量管理规范》(2003年修订)颁发,2004年《医疗器械临床试验规定》施行。2003年,原卫生部发布了《人类辅助生殖技术规范》《人类精子库基本标准和技术规范》《人类辅助生殖技术和人类精子库伦理原则》。2005年,原国家食品药品监督管理局制定的《伦理委员会药物临床试验伦理审查工作指导原则》正式公布。2007年,原卫生部颁布了《涉及人的生物医学研究伦理审查办法(试行)》,2010年又推出新版《伦理委员会药物临床试验伦理审查工作指导原则》。[1]在最近颁布的规范性文件中,已有相关伦理风险监测条款,如国务院2018年颁布的《医疗纠纷预防和处理条例》强调

---

[1] 田冬霞:《我国伦理审查体系建构的资源分析》,载于《医学与社会》2011年第4期。

实行医疗服务质量监管,完善医疗风险识别评估和防控措施。另外,2021年公布的《医疗器械监督管理条例》中也规定了医疗机构对医疗器械进行风险监测预警的义务,如医疗器械注册人、备案人应当承担制定上市后研究和风险管控计划,并保证有效实施以及依法开展不良事件监测和再评价等义务。人体器官捐献方面,由OPO统一进行相关医学评估,控制人体器官捐献风险。

临床试验方面,2010年由食品药品监管局制定的《药物临床试验伦理审查工作指导原则》正式施行,规定伦理委员会对已批准的临床试验进行跟踪审查。国家药品监督管理局会同国家卫生健康委员会于2020年颁布了《药物临床试验质量管理规范》,该规范借鉴了国际《临床试验管理规范指导原则》(ICH-GCP)相关规定,明确了研究者、机构伦理委员会以及申办者的伦理风险监测义务。同时,该规范首次规定了申办者应当设立独立的数据监察委员会,对研究活动进行评估,向申办者提出建议。申办者应从关键环节和数据的确认、风险识别、风险评估、风险控制等方面实施药品质量管理。[①]其中,风险控制范围应当包括试验方案实施、操作标准等。

在干细胞临床研究方面,省级卫生计生行政部门与省级食品药品监管部门负责行政区域内干细胞临床研究的日常监督管理,对机构干细胞制剂和临床研究质量以及风险管控情况进行检查,发现问题和存在风险时及时督促机构采取有效处理措施。

(二)机构医学伦理委员会进行专门的伦理风险监测预警

我国20世纪90年代成立了第一批医学伦理委员会,经过了30年的发展。我国实行医疗机构评审制度,由专家组成评审委员会按照国家卫生行政部门制定的医疗机构评审标准和评审办法对医疗机构进行综合评价,对于存在违规医疗、不符合评审标准的医疗机构提出处理意见,并且不予颁发评审合格证书,以此实现伦理风险监测预警。临床试验方面,《涉及人的生物医学研究伦理审查办法》中规定,医疗卫生机构内设专门的伦理委员会,对已批准的临床试验项目进行跟踪审查,监测伦理风险。

---

① 张琼光、刘珊、余甜等:《从检查员视角看新修订〈药物临床试验质量管理规范〉对申办者的要求》,载于《中国临床药理学杂志》2017年第24期。

除了机构伦理委员会,我国已经逐步成立区域伦理委员会。2017年,中共中央办公厅、国务院办公厅印发的《关于深化审评审批制度改革鼓励药品医疗器械创新的意见》与原国家食品药品监督管理总局发布的《药品注册管理办法(修订稿)》中明确提出了区域伦理委员会设置的目的、职能,山东、广东、四川、上海、北京已相继建立区域伦理委员会。目前来看,区域伦理委员会对统一该区域机构伦理审查标准、解决重复审查问题具有一定作用。[1]

此外,我国台湾地区制定了《医疗机构人体试验/研究伦理审查会组织及作业基准》以及《医疗机构人体试验/研究伦理审查会评鉴制度议案》,初步形成了人体试验伦理风险监测预警访查制度及基准草案。访查过程中的伦理风险监测,以计划执行过程的追踪为考核的重点,并强调人体试验委员会与研究人员、受试者资讯的沟通,主要目的在于通过沟通获取各种资讯,在计划执行过程中确保受试者权益与安全。

三、人工智能伦理风险监测预警立法

(一)风险监测预警体系正在探索

我国人工智能伦理治理已经提上日程,2017年国务院印发的《新一代人工智能发展规划》要求制定人工智能伦理框架,保障人工智能可控发展。2018年,由中国电子技术标准化研究院、中国科学院自动化研究所等人工智能研究机构共同编写的《人工智能标准化白皮书(2018版)》强调了人工智能的伦理问题,人工智能技术要求遵循人类利益原则与责任原则,其中责任原则要求在技术开发方面遵循透明度原则,在技术应用方面遵循权责一致原则。权责一致原则涉及人工智能伦理风险监测,相应的人工智能算法应当受到监督、必要商业数据需要被合理记录。2019年,《人工智能伦理风险分析报告》着重对算法、数据、应用等人工智能技术的伦理风险进行了分析,同时对不同人工智能技术提出了有差别的伦理风险评估指标。算法方面要求以透明度(Transparency)、可靠性(Reliability)、可解释性(Explicability)以及可验证性(Verifiability)为指标,数据方面要求

---

[1] 安丽娜:《我国伦理委员会的变迁、现状与监管研究》,载于《山东科技大学学报(社会科学版)》2019年第3期。

以个人敏感信息处理的审慎性（Prudence in Administering Sensitive Personal Information）和隐私保护的充分性（Adequacy of Privacy Protection）为指标，社会影响方面要求以向善性（Goodness）以及无偏性（Unbiasedness）为伦理风险评估指标。同时，该报告要求行业设立伦理风险监督部门，对人工智能伦理风险按照风险管理流程进行监测，制定内部相关制度，发动多方力量对人工智能伦理风险进行监测并预警。由此可见，我国人工智能行业已经在探索行业内部的伦理风险监测预警体系，确保人工智能行业开放、健康发展。

（二）伦理风险监测预警政府机构已经设立

我国人工智能发展不仅关系到人工智能行业的欣欣向荣，人工智能的伦理问题有时会对社会公共利益造成重大损害，因此，人工智能伦理问题需要政府介入。我国于2018年3月由国务院科学技术部组建了国家新一代人工智能治理专业委员会，委员会除了负责牵头人工智能行业治理、引导人工智能行业向善外，还负责对人工智能行业进行伦理风险监测预警。2021年，《新一代人工智能伦理规范》要求人工智能管理加强风险防范。加强人工智能发展的潜在风险研判，及时开展系统的风险监测和评估，建立有效的风险预警机制，提升人工智能伦理风险管控和处置能力。

四、环境工程伦理风险监测预警立法

（一）相关法律法规众多

我国奉行保护环境的基本国策，立法机关对于有关环境保护的法律编纂较多。《环境保护法》中预防为主是环境保护的基本原则，国家建立健全环境监测制度。2018年修订的《环境影响评价法》规定，对规划和建设项目进行环境影响评价，在规划和建设项目批准后，编制机关或审批机关应当对规划或建设项目进行环境影响方面的跟踪评价，作为环境工程伦理监测预警的方式。2019年，经过第二次修订的《中华人民共和国城乡规划法》（以下简称《城乡规划法》）强调了对城乡规划的监督检查，避免出现与规划方案不一致、危害环境的情况。另外，《中华人民共和国防沙治沙法》(以下简称《防沙治沙法》)规定,土地沙化需要预防,按照土地沙化监测规程,对土地沙化进行监测。

(二)多层级政府机构进行伦理风险监测预警

我国环境风险监测制度发展已久,近年来随着环境工程数量的增多,相关伦理问题也受到了高度关注,环境工程伦理涉及社会公众利益,良好的生态环境是人民幸福生活、国家绿色发展的保障,因此对环境工程伦理进行风险监测预警是我国政府的权利和义务。在我国,有专门的国务院生态环境部制定监测规范,会同有关部门建立监测网络,设置环境质量监测站。除此之外,省级以上政府负责对环境状况进行调查评估,对环境承载能力进行监测预警。各级政府部门以及国务院生态环境部通过观察环境质量监测站的数据,评估环境工程伦理风险,从而作出相关预警。

第二节　科技伦理风险监测预警立法存在的问题

一、生命科学风险监测预警问题

(一)法律法规更新滞后,立法位阶较低

我国生命科学研究进步较快,经过了近30年的发展,生命科学前沿交叉的学科属性导致了相关法律法规的更新跟不上研究发展。比如震惊全国的"基因编辑婴儿事件",反映了我国科技伦理立法的滞后性,基因编辑技术直接以人体遗传基因作为研究对象,对人类生命伦理具有巨大的冲击力,但是我国目前还没有相关法律进行专门的伦理风险监测预警,目前已有的涉及伦理风险监测预警规范无法及时化解风险和矛盾,法律法规存在不适用等问题。另外,我国近年来虽然颁布了多部伦理审查规范,但都以规范性法律文件和技术指导原则居多,规范的制定主体为国家卫健委、科学技术部等国务院行政部门,法律约束力较低,没有一部统

一、完善的法律对生命科学伦理风险研究预警进行具体的操作规定,也没有统一的监测预警标准。各个机构的伦理审查委员会按照各自的标准实行伦理风险监测,由于各自操作标准和规范存在差异,导致伦理风险监测的结果差异很大。

(二)风险监测预警机构起步较晚,风险评估不够完善

1.政府层面

根据我国相关法律规定,卫健委、科学技术部等行政部门均对生命科学伦理负有风险监测的义务,比如科学技术行政部门有权监督利用、采集、保存、提供人类遗传资源的活动,进行伦理风险监测预警。立法者的初衷是赋予多个行政部门监督伦理风险监测预警的权力,能够督促有关行政部门行使职权,有效减少伦理风险。但实际上,行政部门之间权力重合,容易导致互相推诿、有权不用、懒政怠政的情况。

2.机构层面

机构内设的伦理委员会成员主要由非本机构的法学、社会学、生命科学领域的专家以及专业人士组成,看似具有中立性,但是,作为内设的伦理委员会,对于伦理风险监测预警一般站在机构内部视角,很难保障独立性,如"基因编辑婴儿事件"中体现出的机构伦理委员会与研究人员的利益关联性。其次,虽然《伦理审查办法》规定了政府伦理专家委员会应当对机构内置伦理委员会进行外部监督,但是这种监督工作主要包括指导、检查和评估,提供政策咨询意见,并不能做到及时的伦理风险监测预警。总的来说,政府对于机构内设的伦理委员会的监测是一种指导性监测,没有强制力,并不介入机构伦理委员会进行风险监测预警的过程。另外,《生物安全法》规定,从事高风险、中风险生物技术研究、开发活动,应当依法取得批准或者进行备案。备案也是生命科学伦理风险监测的手段之一,不过这种手段同样不会进行实质性的伦理风险监测。

(三)科研人员伦理风险意识有待提升

能够直接监测到伦理风险的人是从事科学研究的一线人员,良好的生命科学伦理意识、进行正规的实验操作是防范伦理风险的有效手段。"基因编辑婴儿

事件"的发生,足以表明有许多科研人员对生命科学研究的伦理风险监测意识不足。一个优秀的科研人员,不能仅注重科研能力,也需要具备伦理自律意识。我国对于伦理委员会委员的人选并未制定相关认证制度,对于科研人员的伦理意识、科研素养也没有标准化的监管要求。因少数科研人员的伦理风险监测意识薄弱,导致违背大众伦理的科研事件发生,科研人员对研究的伦理风险监测意识亟须加强。

(四)大众对生命科学伦理风险的认识渠道单一,认识水平有限

科学实验的目的是促进人类发展,即使大部分科学实验因其操作要求和保密性不能为公众所知悉其实验过程,但是实验结果最终要得到普通民众的检验,甚至应用于大众,因此,社会大众是对生命科学实验的伦理风险进行监测的主体之一。但是,由于普通民众受限于科学素养较低以及认识渠道单一,对于生命科学实验的了解通常仅限于媒体报道,而新闻媒体对涉及生命科学实验的报道是有选择性的,大众不能正确、及时地认识到生命科学的伦理风险,也不能正常预警到生命科学的伦理风险。同时,在涉及人的生命科学实验中,受试者的知情权应该是放在第一位的,受试者在实验过程中的知情同意也是伦理风险监测的途径之一。然而,由于受试者没有足够的专业知识,对于生命科学实验的内容、后果认识不清,从而产生意料之外的伦理风险。

二、医学伦理风险监测预警问题

(一)缺乏专门的医学伦理风险监测预警政府机构

现阶段,从事医学伦理风险监测预警工作的主体主要是机构内设的伦理委员会,政府机关负责对伦理委员会的监管,不会对医学研究进行实质性的伦理风险监测。除此之外,相关机构医学伦理委员会的设立也存在问题。我国有关医学伦理委员会设置的法律法规较多,制定主体以及制定时期各不相同,导致法律规范的具体内容存在差异。在临床医学研究方面,三甲以上医疗卫生机构须设立医学伦理委员会,监测临床试验中的伦理风险问题。但是其他医学研究领域,

由于法律规定不一致,存在"生殖医学伦理委员会""人体器官移植伦理委员会"等称谓。机构伦理委员会的经费主要来自机构研究项目的分成,如果一个研究项目因为出现伦理风险而被叫停,重新修改项目方案或者停止项目研究活动都会造成研究机构人力、物力等资源的浪费。机构伦理委员会在考虑到商业利益和机构科研成就时,往往对一些较小的伦理风险视而不见,从而导致伦理意识薄弱,不利于医学伦理风险监测,使得跟踪审查沦落为形式。

(二)强调事后处罚,轻视监测预警

我国医学领域伦理主要包括临床试验伦理、辅助生殖技术伦理、器官移植、药物和医疗器械的使用伦理,由于这些技术已经经过了理论基础研究阶段的充分论证,甚至部分技术已经在医疗实践中适用多年,导致医学活动中的伦理风险受重视程度不高,相关法律法规对于伦理风险监测甚至没有具体规定。我国《民法典》中的侵权责任编规定了医疗机构的过错责任,也就是说,医疗机构在诊疗活动中因过错造成患者损害的承担民事责任。《医疗技术临床应用管理办法》规定,医疗技术在应用过程中出现了重大伦理问题时应当立即停止该技术的临床应用。防范伦理风险的最佳手段在于事前预防,而不是等到伦理风险真正发生后去追责,否则违背了受试者权益高于一切的临床试验伦理原则。我国对于伦理风险问题,更加注重出现问题后的追责,忽视在医疗活动中的伦理风险监测预警。

(三)立法位阶较低,缺乏专门法律法规

现阶段我国关于医学伦理风险监测预警的立法主要是行政法规和规章中的条款,并没有对风险监测预警的特别立法。立法主体主要是政府及其职能部门,全国人民代表大会以及全国人民代表大会常务委员会作为我国最高立法机关,并没有对医学伦理进行相关立法。此外,我国并没有一部专门涉及科技伦理风险监测的法律,相关规定散见于《生物安全法》《涉及人的生物医学研究伦理审查办法》等,许多重要医学领域甚至没有相关伦理风险监测预警法律规范,并且这些规定过于抽象,多为指导性原则,对于如何进行伦理风险监测也没有进一步规定,很难保障受试者的权利不受实验过程中的非法侵害。

(四)伦理风险监测预警体系尚未建立

《药物临床试验质量管理规范》规定申办者设立独立的数据监查委员会,负责控制药物临床试验中的伦理风险。但是该制度是舶来品,直接借鉴了美国相关的数据监查委员会制度,美国临床试验的申办者主要是私有制企业,该制度放在我国难免有些水土不服,并且数据监查委员会制度仅适用于药物临床试验领域,覆盖面过窄。目前,我国伦理风险在跟踪审查中可以监测预警,但是作为从国家层面提出要建成的科技伦理风险监测预警体系,跟踪审查中附带进行风险监测预警的方式显然不符合未来制度建设需要。我国生物安全、自然灾害等领域的风险监测预警体系发展多年,并且已经初步建成,对各自领域的风险监测预警发挥了重要作用。我国生物安全风险监测预警体系借鉴美国先进制度,其建设逐步完善。相较于其他领域的风险监测预警,我国的科学研究伦理监测预警体系尚未建立,既缺乏相关立法基础,也没有配套基础设施。

三、人工智能伦理风险监测预警问题

(一)专门机构进行风险监测预警的能力不足

专门机构的设立初衷是提高科技伦理风险的监测能力,更好地发挥预警作用,矫正特定社会中已经脱离了正常生命社会秩序的行为,以使其最终重新回到正常秩序的轨道,以维护生命科学技术的健康发展和社会的有序进步。

人工智能技术蓬勃发展,伦理风险不断显现。现行的审查机构体制不足以应对人工智能技术发展带来的伦理危机。首先是缺少政府建立的官方的科技伦理风险预警机构,主动承担起科技伦理风险监测预警的作用。在此方面,应当根据世界各国在生命科学伦理风险监测方面的实践,制定本国的机构职责指南,完善人工智能伦理风险审查体系。如进行涉及伦理的研究和实验,必须符合道德标准、坚守伦理底线,不得进行突破伦理下限的实践活动。建立严格的人工智能技术伦理审查原则,明确各级伦理委员会的管辖范围和管辖职责,完善伦理审查的程序和方法,及时准确地向公众公布重大项目的伦理风险审查结果。明确人工智能领域技术的科学研究以增强人类福祉为目的,鼓励探索科研人员伦理范围内的研究界限,合理控制伦理风险。

(二)行业自身对伦理风险的监测预警有待完善

人工智能行业的整体风险意识较为薄弱。如果人工智能科研行业缺乏风险意识,就无法规避科学研究中的伦理风险。人工智能领域的实验由于"算法黑箱"的存在极容易引发伦理风险,法律无法规制研究领域的方方面面,需要研究人员自觉加强伦理自治和自我约束,有自觉尊重伦理的意识,树立正确的科学研究理念,维护人类社会的伦理秩序,坚守科学伦理道德底线。人工智能行业需要提高对科学研究风险防控的认识,提高风险监测和预警的能力。人工智能技术具有极大的复杂性、专业性、科技性,以及对人类生活影响的多重性,但同时其背后所隐藏的伦理和技术监管问题容易引发巨大社会舆论危机。例如被世界所广泛争论的"人工智能情感问题"。在科学研究的风险防控方面,人工智能行业内部应当自觉建立研究项目的前置项目伦理风险的评估机制,以规避、减少相关的伦理风险。

鼓励人工智能行业进行自我审查、自我预警、自我监测,完善自身对科技伦理风险的风险监测预警机制,提高应对风险的能力。由于一些研究项目的规模较小,目前尚不能够进入科技伦理审查机构的,应当逐步推行行业风险自测制度。参照世界其他国家的做法,在各个行业广泛建立伦理审查委员会。为增强行业的风险意识,还应当要求各专业行业伦理委员会定期开展人工智能伦理知识体系的培训,加强行业内部的审查。行业需要坚守行业底线,减少国家科技伦理委员会的工作量。加强伦理底线思维和研究风险意识,把科学伦理底线贯通于科技开发、学术研究等科学实验中,覆盖到每一个与科学技术创新相关的领域中,确保科学实验的风险降到最低。推动行业整体进步的同时,加强行业自律,降低科学实验的伦理风险。

(三)信息茧房影响公众参与度

人工智能技术的进步与人类社会生活息息相关,其研究广泛涉及伦理道德中的敏感问题,需要社会公众的广泛参与。正确应对人工智能技术,能极大地推动社会经济发展,提高生活的便利度,满足现代社会人类的多元需求,为人类福祉服务。在人工智能技术广泛介入大众生活的今天,公众参与成为高效监测人工智能伦理风险的一大手段。尽管全体成员广泛暴露于人工智能伦理风险之中,但往往由于算法问题导致的信息茧房问题影响其参与度。"算法可解释性和透明性是人工智能伦理的重要命题之一,涉及人类的知情利益和主体地位。"[1]人工智能技术的发展与每一个社会成员的生活息息相关,公众享有知情权和参与权。同时,现今尚未大力推广科学技术伦理教育和伦理风险普及行动、培养公众的科技伦理意识,导致公众常常由于自身对科技了解的闭塞性而被迫陷入信息茧房,大大影响其参与伦理风险的社会治理,无法实现对科学技术伦理的高效治理和风险预警。为妥善应对人工智能中的风险,需要拓宽群众了解伦理风险知识的渠道,帮助群众学习伦理知识,建立健康的科学伦理价值体系。同时,应当鼓励民众参与到新兴技术伦理监测风险的讨论中,鼓励其参与监督和伦理风险预警。

(四)法律法规和制度尚不健全

"一个社会、一个时代之所以能够维系一定的社会伦理秩序,就在于这种社会伦理关系的基本稳定,就在于基于这种伦理关系所滋生出的社会认知与情感内容的某种公度性。"[2]人工智能伦理需要法律的介入,没有法律对伦理问题的规范,人工智能技术伦理问题会肆意滋生,需要借助法律的国家强制力而在规范研究活动方面发挥更大的作用。有关人工智能方面的立法,我国早已开始立法层面的探索。目前,我国人工智能领域的重要文件包括《新一代人工智能发展规划》《人工智能创新发展道德伦理宣言》《人工智能北京共识》《人工智能行业自律公约(征求意见稿)》等。尽管在各个文件中都对人工智能伦理的发展、约束有所涉及,但缺乏统一的国家层面的人工智能伦理准则体系。同时,这些文件的法律效力较低,立法体系尚未完善,缺少针对具体问题的成文立法,例如个人信息保护方面和自动驾驶领域的人工智能伦理问题等。

---

[1] 陈磊、王柏村、黄思翰等:《人工智能伦理准则与治理体系:发展现状和战略建议》,载于《科技管理研究》2021年第6期。
[2] 高兆明:《论人类基因组工程技术应用的道德风险》,载于《东南大学学报(哲学社会科学版)》2001年第1期。

四、环境工程伦理风险监测预警问题

(一)立法体系尚未完善

环境工程伦理问题迫切需要完善立法,以整体化、体系化的视角对待环境工程问题,完善制度规范,健全治理机制,强化伦理监管,规范各类科学研究活动,激发科技向善的力量,保障科技创新活动行稳致远。现行立法体系存在着法律条文上的冲突和矛盾。成文法律执行能力低下导致的显著问题是相关法律制度的非自洽和矛盾冲突。不同的立法主体,导致效力和范围上存在着冲突。同种行为面对不同规范应得到区别对待。法律规范效力层级低对相应法律制度在实务中的实施构成了较大的阻碍。为完善环境工程伦理相关的法律法规,应当统一立法主体,对立法作出具体的、详尽的规范。统一立法主体,提高立法位阶是在国家最高效力的宪法的指导下制定有关环境工程伦理的综合性法律。高位阶的立法需要经过立法专家以及社会各界人士的广泛参与,涉及环境工程的立法更需要科学家的建议,以保证在不限制科学技术合理发展的范围内科学监管。通过统一立法,建立起约束严密、分工合理的组织架构,明确各级政府监督管理工作的范围,使得对环境工程伦理研究的监督管理工作职责明确。同时,从法律、部门法规、地方性法规等多个层面全方位建立起环境工程伦理的规范体系,以达到高效治理的目的。

(二)机构对环境工程伦理风险监测预警范围较小,权力分散

现行的环境工程伦理风险审查委员会及其相关独立机构的发展制度并不完善,主要表现为机构对环境工程伦理风险监测预警范围较小,权力分散,缺少明确的职责划分。对预警的范围划分尚不明晰,对环境工程领域可能引发的公共、伦理和制度风险缺少对应的风险评判体系。针对环境工程伦理研究的审查预警机构应当由国家政府牵头设定。根据国家行政区划,从中央到地方设立各级环境工程监测预警政府机构,明确各级环境工程伦理监测预警政府机构的职责和权限。国家级环境工程伦理监测预警政府机构负责统领全国的环境工程伦理监测预警事务,负责制定有关环境工程伦理方面的政策和方针。地方各级环境工

程伦理监测机构负责管控本行政区域内的环境工程伦理研究,保证环境工程伦理监测预警全面化、制度化、规范化。地方各级环境工程伦理监测预警政府机构,在中央环境工程伦理监测预警政府机构的指导和监督下开展环境工程伦理监测预警的相关审查工作。从中央到地方建立起严密的环境工程伦理监测预警体系,保证环境工程伦理监测预警工作有序进行。

(三)环境影响评价体系不健全

环境影响评价是我国环境管理的一项重要措施,具有源头预防不良环境影响的优势。在2002年,我国颁布了《环境影响评价法》,开始创建了以《环境影响评价法》为基础,结合有关行政法规制度,以及与部门条例、地方性规章制度一同构成的环评法律机制。但环境影响评价体系尚不健全,例如重大环境开发项目对当地乃至全国、周边国家的生物多样性、气候变化等都会产生影响。现存的环境影响评价体系不完善,未将生物多样性、气候变化等环境影响评价纳入规划环评中。

在专家准入制度方面,缺少环境工程伦理专家准入标准和研讨机制。环境影响评价体系的建立目的就是通过建立事前审查项目风险的制度对重大环境风险项目开展针对性监管排查,减少对环境的破坏。在此情形下,应建立专家咨询制度。重大环境工程项目的环境影响评价应当让行业专家广泛参与,充分讨论项目的可开发性,以保证环境工程在符合伦理要求、环境要求的范围内充分开发。

在公众参与方面,环境影响评价体系也存在着缺陷。环境工程建设应该是一项增进人类共同福祉和保证人类可持续发展的事业。任何严重危害我们现代人和后辈的共同福祉以及环境可持续发展的工程活动都是突破道德底线的。环境工程工作者必须坚持伦理道德原则,并构建良好的道德自律机制。同时,环境工程施工方应当真实、准确地向公众公布研究的结果,尊重社会大众的知情权,并且及时向公众公开阐述其项目前景和各种潜在的风险危害,主动接受各界的监管、批评。

(四)社会主体对伦理风险监测意识不足

目前,我国大部分群体对环境工程伦理的认知仍有不足。其对新兴技术潜在的伦理危害评估不恰当,伦理底线意识亟待提升。现阶段,我国一项科协的调查报告提出,我国大部分科研工作者对科技伦理底线的认知不清晰。在一项调查中,仅不足四分之一的科研工作者表示总是会在项目方案设计和研发过程中,考虑研究所涉及的科研伦理问题,大约有四分之一至二分之一的科研工作者表示不会考虑潜在风险而继续推进科研活动。①

环境工程伦理的研究涉及国际前沿理论,伴随着理论和实践的新问题和新技术,其带来的新兴领域中的伦理问题错综复杂。环境工程技术有极大的专业性,高度依赖于行业人员的伦理道德自觉,不能仅依靠法律规范来化解环境工程伦理中所出现的所有伦理风险和秩序矛盾。需要行业人员以及监测主体具有风险防范意识和伦理风险的监测意识。同时,在环境工程行业内部,尚未建立起常态化的环境工程伦理风险监测培训机制。行业人员对环境工程伦理风险的认识不足,缺少对其伦理问题的了解。

第三节 科技伦理风险监测预警国外立法

科学技术的发展在便利人的日常生活和交往的同时,随之而来的风险也悄然来临。科技发展进入到新阶段时,人们不再是一往无前地进行科技创新,而是边走边看,逐渐反思现有的科学技术给人类生存发展带来的各方面影响。于是,人类逐渐意识到不加以规制的科学技术会危害地球环境、破坏社会秩序乃至侵蚀人类现有的伦理体系,这种危害是非常显著而且影响巨大的。针对这种情形,世界各国开始了对科技伦理的治理和对科学研究的风险监测预警。文明只有纷繁之分,没有高下之别,对各国文明的学习和借鉴既是追求真理的客观态度,也彰显出敬畏知识的理性观念。通过研究国外科技伦理治理立法,在丰富科技伦理知识的同时,可以为完善我国科技伦理规范提供借鉴。

---

① 本报评论员:《科技伦理的底线不容突破》,载于《科技日报》2019年7月26日。

一、生命科学与医学伦理相关法律法规

生命科学与医学是对生命修缮和补救的重要学科,人类社会虽有种族、血统差异,却无生命类型之别,这就使得我国与其他国家在生命科学和医学人类受试者保护的有关问题与挑战上具有共性和相似性,研究生命伦理的话题具有相通性。而我国传统科技研究中的伦理成分尚处于缺失状态,不能充分有效地提供本土资源,因此需要借鉴国外先进经验。从研究对象上看,生命科学与医学研究主要都涉及人体试验,国外从事一项生命科学与医学研究的高等学校、科研机构、医疗卫生机构等往往是同一个机构,不会将理论研究阶段的生命科学研究与实践阶段的医学研究分开,并由不同机构实施,国际规范及发达国家法律法规也并没有对两者作出明确区分,因此,本书将一起介绍有关生命科学与医学研究的国外法律法规。

(一)普遍性规范

1.《纽伦堡法典》

《纽伦堡法典》是世界第一部有关人体试验的规范。第二次世界大战期间,德国纳粹分子借科学实验之名,利用犹太人进行惨无人道的人体试验,受到世界和平人士的强烈谴责。二战结束后,这些战犯被交送到纽伦堡国际军事法庭审判,在这些战犯中,有许多官员和士兵,也包括了23名医学背景的战犯,他们的人体试验严重践踏了人伦,受到广泛谴责。《纽伦堡法典》正是为了维护人类生命的重要价值而生的,这是一部由纽伦堡国际军事法庭制定的、作为国际上进行人体试验的行为规范。该法典强调要遵循人道主义,进行人体试验时必须严格控制风险,排除哪怕是造成受试者微之又微的创伤、残废和死亡的可能性。该法典还规定了实验的设计应基于动物实验结果以及对疾病自然史或正在研究的其他问题的了解,预期结果将证明实验的性能是合理的。这就是一种对风险的监测和管控,通过引入对动物实验结果的分析,对科学实验结果进行预期判断,减少不必要的伦理风险。《纽伦堡法典》的主要内容包括:受试者的自愿同意是绝对必要的;试验应该得到对社会有利的、富有成效的结果;立足于动物的试验应当在了

解其自然历史和疾病发展史的基础上,尽量避免其肉体和精神上的伤害;事先就发现可能存在死亡和残废结果的实验不得进行,但医生自己也是被试验者的情形除外;试验应当遵循人道主义原则;在试验之前必须做好防止被试验者死亡或残废的充分准备;试验操作者应当具备合格的资质;试验过程中若存在让被试验者痛苦的情形时,应当立即停止;试验者即使技艺高超,但存在让被试验者痛苦的情形时,应当立即停止。这些规定为人体试验遵循相应的伦理道德规范奠定了基础。

2.《赫尔辛基宣言》

《赫尔辛基宣言》是一份包括以人作为受试对象的生物医学研究的伦理原则和限制条件,也是关于人体试验的第二份国际文件。它在继承《纽伦堡法典》的基础上,就受试者权益和研究者职责作出了更加明确的规定。《赫尔辛基宣言》于1964年6月第18届世界医学会大会通过,公布至今经过了多次修改,最新一次修订是在2024年。该宣言规定,研究伦理委员会必须有权监督研究的开展,研究者必须向其提供监督的信息,特别是关于严重不良事件的信息。同时,该宣言明确表示,未经研究伦理委员会的审查和批准,不可对研究方案进行修改。该规定要求研究操作必须严格按照初始方案进行,在一定程度上可以减少研究过程中发生初始研究方案之外的伦理风险。《赫尔辛基宣言》主要包括人体试验的基本原则、试验人员的责任、弱势群体的权益、科学性要求、委员会设置、隐私和保密要求、被试验者知情同意、安慰剂的使用、试验后的保障、注册发表宣传以及干预措施等方面的内容。特别值得一提的是,《赫尔辛基宣言》中还明确规定了:在医学研究中,医生有责任保护研究受试者的生命、健康、尊严、完整性、自我决定权、隐私,并为研究受试者的个人信息保密。保护研究受试者的责任必须始终由医生或其他健康保健专业人员承担,而绝不是由研究受试者承担,即使他们给予了同意。这就赋予了医生绝对的伦理责任承担义务,充分保障了研究受试者的生命健康和安全隐私。

3.《生物医学研究审查伦理委员会操作指南》

《生物医学研究审查伦理委员会操作指南》于2000年由世界卫生组织颁布,它主要强调伦理委员会的职责。伦理委员会需要在研究开始前对项目进行伦理审查,同时还应对已通过审查、正在进行的研究项目实行定期的伦理评价。伦理委员会应建立伦理风险监测程序,跟踪经过伦理委员会批准的研究项目的进展。该指南指出,其目的是提高生物医学研究伦理审查的质量和一致性。该指南旨在补充现有的法律法规与惯例,所以它的作用是对当下法律的补充和解释。同时,各国伦理委员会能够制定相应的具体程序,以便发挥它们在生物医学研究中的作用。在这方面,该指南确立了保证伦理审查质量的国际标准,以供各国立法使用和完善。该指南的作用影响十分广泛,除了有利于学术界对伦理实验审查的研究外,还被各国和地区用来制定、评估和不断修订对生物医学研究伦理审查的标准操作程序,是生物医学研究伦理规范的重要立法产物。

4.《涉及人类受试者的生物医学研究国际伦理准则》

《涉及人类受试者的生物医学研究国际伦理准则》,是2002年在日内瓦世界卫生组织总部国际医学科学理事会举行的专家会议上产生的,由国际医学科学组织理事会和世界卫生组织合作完成。该准则强调了伦理审查委员会和研究者控制风险的义务,同时对受试者知情同意的内容规定了明确的标准。伦理审查委员会必要时应该在研究过程中进一步审查,包括监督研究过程。研究者还应当保证对潜在风险和利益作出合理平衡,并且使风险最小化。资助者和研究者必须保证所建议的涉及人类受试者的研究符合普遍接受的科学原则,并且在对有关的科学文献充分知晓的基础上,所使用的方法对于研究目的和研究领域应该是适当的。其中"普遍接受""充分知晓""适当的"原则都对法学界和医疗界产生了深远影响。

5.临床试验管理规范指导原则

《临床试验管理规范指导原则》(ICH-GCP)主要是为欧盟、美国和日本提供统一标准,促进这些国家之间的临床数据流通。2017年,原国家食品药品监督管理总局成为国际人用药品注册技术协调会正式成员。该指导原则要求设立独立的伦理委员会(IEC)或是机构评审委员会(IRB),IEC或IRB需要控制伦理风险,进行风险监测,根据人类对象的危险程度,开展至少每年一次的持续性审评。研究者要配合相关部门的监督和稽查,定期报告试验情况,严格遵守受试者知情同意标准,预防试验过程中的伦理风险和其他风险。另外,该指导原则规定须设立一个独立的数据监查委员会,定期对研究进展、安全性数据和有效性终点进行评估。数据监查委员会对申办者负责,监察员定期向申办者提供监查报告。数据监查委员会可以向机构伦理委员会建议是否继续、调整或停止试验。综上来看,该指导原则规定了科研过程中多方主体负有控制、监测伦理风险的责任,包括IRB或IEC、研究者以及申办者。同时,欧盟、美国、日本等国家和地区的临床试验数据共享有利于信息披露、同行评议、统一伦理风险监测预警的标准。

6.《世界生物伦理与人权宣言草案》

《世界生物伦理与人权宣言草案》的目的是促进科学技术知识交流,加强发达国家与发展中国家的信息交流,促进科技发展。在该草案中提到了科学技术能够为人类带来极大的福祉,特别是在延长人的寿命以及提高民众的生活质量方面功不可没,但这并不意味着科技发展有利无弊,应当辩证认识科技发展的影响,了解科技发展过程中可能会对人伦造成的伤害,强调科技的发展应当承认人的尊严、尊重人的自由,以此为前提展开科学研究,不能本末倒置,应当始终将促进个人、家庭、社会群体以及社区乃至全人类的利益作为终极目标,任何以牺牲个人幸福和利益的科学研究都不应该被允许,人道主义精神需要贯彻始终。该草案还指出了人的身份是由生物、心理、社会、文化和精神等要素构成的。不应当忽视其中的任何一个要素,应当重视人的价值,反对任何不尊重个体性的科学实验过程。该草案以国家为对象,同时致力于为个人、群体、社区以及企业的决策和实践提供指导作用,应该促进对医学、生命科学及其相关技术的风险进行必要的处理和充分的评估。伦理委员会对研究的风险也要进行评估、监测。同时,该草案也强调了科研过程需积极推进社会各方之间就生物伦理问题展开多学科和多元化的对话,增强科研伦理的透明性与公开性,促进交流和监督。

(二)主要国家法律法规

世界上许多国家都对生命科学和医学伦理规范作出了规定,要求在人道主义立场上进行相关实验和救助活动,主要有以下几个国家和地区的法律法规值得了解和借鉴。

1. 加拿大

加拿大医学研究理事会在1987年出版的《涉及人体的研究项目的指南》中，第一次规定了对研究项目应当进行持续性审查（跟踪审查），对伦理风险进行监测预警，并建立了诸多持续性审查的细节要求。此后，加拿大伦理风险持续性审查的发展经历了循序渐进的过程。1998年，三大研究理事会［加拿大卫生研究院（Canadian Institutes of Health Research）、自然科学与工程研究理事会（Natural Sciences and Engineering Research Council）和社会科学与人文学科研究理事会（Social Sciences and Humanities Research Council）］政策宣言（Tri-Council Policy Statement, TCPS）正式通过。2011年，加拿大对TCPS进行了修订。TCPS为伦理委员会进行跟踪审查提供了必要的资源支撑，如基础设施、办公场所、信息化设施、资金保障等。TCPS要求机构伦理委员会采取灵活多样的跟踪审查方式，包括监控知情同意过程、查看研究者试验记录数据以及考察实地现场等。伦理委员会在完成跟踪审查后，须提交专门报告，对研究者的实验进行评估，以此预防伦理风险。[①]

2. 美国

美国的生物科学在世界处于领先水平，该成就的取得与美国进行了大量的生命科学研究、人体试验密不可分，同时，也造成了许多骇人听闻的试验丑闻，比如美国Tuskegee梅毒试验，造成许多受试者及其家庭遭受梅毒折磨之痛。由此，《贝尔蒙报告》诞生。《贝尔蒙报告》要求研究者对风险和收益进行评估，并尽可能清楚地区分风险的可能性，野蛮或非人性地对待试验者因违反道德而被严厉禁止。美国由于其生命科学实验发展较早，关于人体试验研究的伦理制度也发展得较为完善。1965年，美国健康、教育和福利部部长发布了第一部关于保护人类受试者的联邦规章，研究机构需要坚持伦理操守，才能获得联邦资助。1966年，该规章进一步修订，扩大了适用范围。1974年，美国的卫生和人类服务部首次在联邦规章中规定，伦理审查委员会应当对已经通过的试验开展伦理风险监测，以确保对于受试者的保护一直处在伦理审查委员会的控制之下。1976年，美国颁

---

① 尹梅、张雪、刘丹如等：《加拿大研究伦理委员会持续性审查制度及其启示》，载于《医学与哲学》2013年第11期。

布了《重组 DNA 分子研究准则》。美国科学院医学研究所(The Institute of Medicine, IOM)的报告书指出了人类受试者保护计划的几项内容的理想状态,其中包括对协议的审查评议功能,如科学评议、财政利益冲突的评议和伦理审查,需要一个拥有权力的独立实体来作出最终的协议决定并对这些决定负责,这一实体就是研究伦理审查委员会(Research Ethics Review Board, RERB)。而关于科学价值和潜在财政利益冲突的评议应该在每一个协议进行中告知伦理审查的过程。1978年,美国生物医学和行为科学研究人体保护国家委员会在报告中阐述了伦理风险监测的必要性:确保研究项目按照计划进行;受试者理解了提交给他们的已经经过批准同意的信息;研究参与者潜在的收益和风险是可以接受的。美国机构伦理委员会(Institutional Review Board, IRB)负责进行伦理审查,美国联邦法规第45章第46条109(e)规定:伦理委员会对人体研究项目应进行与其危险程度相当的持续性审查,每年不少于1次。此外,美国还设有人类受试者保护办公室(OHRP),负责监督IRB的运作。在伦理风险监测预警体系方面,美国食品药品管理局、疾病预防控制中心等负责提供伦理风险信息披露。[①]申办者基于风险评估方法建立系统的临床试验监察体系,注意保护受试者的利益。监察方法包括现场监查与中心化监察,中心化监察是指对正在进行的临床试验的远程评估,是对现场监查的补充。申办者负责对临床试验的安全性进行评估,当发生不良事件时,须及时报告所有参加试验的研究者及机构、伦理委员会以及相关监管部门。稽查是申办者对试验活动是否符合相关法律规定、试验的实施、记录等是否符合初始方案。申办者的稽查与监察共同构成美国药物临床试验过程中主要的伦理风险监测预警机制。

3. 日本

日本政府为规范医学伦理问题,减少实验中出现的伦理风险,出台了多项法律文件。1979年颁布了《在大学及其他有关科研机构进行重组DNA准则》,1997年制定了《器官移植法》。同时,日本国会于2000年通过的《克隆技术规制法》,坚决阻挠并阻拦生殖性克隆人。随后陆陆续续出台了《关于手术摘除的人体组织的研究开发办法》《应用人体干细胞的临床研究相关指南》等多项文件。日本的

---

① 李歆、王琼:《美国人体试验受试者保护的联邦法规及对我国的启示》,载于《上海医药》2008年第9期。

《临床研究的伦理指导原则》规定:为了确保已经实施的临床研究的正确性和可信性,伦理审查委员会可以展开必要的调查研究。日本伦理风险审查制度学习美国,同时也有自己的创新之处。日本临床试验伦理委员会实行"集约化"审查制度,即每个从事生命科学与医学研究的机构并不都设置伦理委员会,当研究方案需要进行伦理审查时,该机构可以委托其他机构的伦理委员会进行伦理审查,以节约成本。日本的这种中心化伦理审查模式,有利于伦理委员会统一对试验进行伦理风险监测,一定程度上避免了伦理风险监测标准不一致的问题。另外,日本的《再生医学安全法》采用基于风险评估的分层体系,根据干细胞药品对人体的危害程度,分为Ⅰ类(高风险)、Ⅱ类(中风险)、Ⅲ类(低风险),[①]日本将使用诱导多功能干细胞和胚胎干细胞的临床研究和治疗划分为危险性最高的Ⅰ类,需由专门委员会进行审查。

4.澳大利亚

澳大利亚对于生命科学和医学实验项目有较为完善的跟踪审查制度。根据《涉及人类研究的伦理行为的国家声明》以及《澳大利亚负责责任研究行为准则》的规定,澳大利亚研究理事会及国家健康与医学研究理事会对项目进行综合审查,相关医疗机构须履行相应义务,提供报告资料,积极配合审查。同时,医疗机构每年需要向国家健康与医学研究理事会提供情况报告。

5.德国

德国的生命科学理论和医学技术在20世纪得到了空前的发展,新科技、新理念、新成就不断涌现,基于对人体试验风险的担忧,普鲁士政府在1900年12月29日颁布了《人体试验条例》,标志着德国进入国家管制人体试验的新阶段。1978年,德国颁布了《重组生物体实验室工作准则》,并于1990年制定了《基因工程法》。在器官捐献移植方面,民主德国于1975年即颁布了《器官移植法》,而联邦德国也于1997年制定了新的《器官移植法》。1990年代后,德国的生命科学技术更是进入了全盛发展时代,迅速发展的技术背后是国家、社会、民众对新技术的伦理质疑。此后,德国不断出台、完善法律法规,以加强对生命科学伦理治理。

---

① 陈云、邹宜谊、张晓慧等:《韩国与日本干细胞药品审批、监管及对我国的启示》,载于《中国新药杂志》2018年第3期。

1990年，德国颁布了第一部涉及人的生物医学研究领域的《胚胎保护法》。立法的主要目的是维护德国基本法对于人性的尊重和生命的保护，防止辅助生殖技术的滥用，保护受精卵和胚胎。同时，德国政府还需要重建德国民众对新政府的信心，保护大众对于医疗技术的信赖。于是，在之后不断出台了《植入前遗传学诊断调节法》《专利法》《干细胞法》《移植法》等多项法律。通过完善法律对生命科学伦理涉及的医学研究进行规范，就是对风险的事前监测。德国在《干细胞法》中，严格禁止对胚胎干细胞进行研究及克隆。2011年，德国修订了《胚胎保护法》，规定植入诊断需要进行社会影响评估流程，申请书需要经过由跨学科专家组成的伦理委员会的审核。2013年，德国通过了《植入前诊断条例》，规定了植入前诊断技术的使用准则。

6. 韩国

韩国于2001年在《世界卫生组织指南》和《赫尔辛基宣言》的基础上修订了《韩国药品临床试验管理规范》，第一次引入了跟踪审查的概念。

7. 欧盟

欧盟意识到在医学研究领域，需要在探索医疗边界的同时，平衡伦理风险。只有通过前置审查、中期监测等程序才能规制医疗活动中的伦理风险，促进社会伦理秩序稳定与医疗技术发展和谐共生。1978年，德国颁布了《重组生物体实验室工作准则》，并于1990年制定了《基因工程法》；英国于1978年发布了《基因操作规章》，并于1992年修订颁布了《基因饰变生物(封闭使用)法规》和《基因饰变生物(有意释放)法规》。而北欧的丹麦也于1986年制定通过了《环境及基因技术法》。欧盟也普遍建立了多层次的医学伦理部门体系，以英国为例，包括英国卫生部、英国伦理研究服务委员会、地方战略卫生局、地区伦理委员会、多中心伦理委员会，进行全方位的伦理审查。英国还通过相关立法对药物临床试验实行分类管理，第一类是针对健康受试者的Ⅰ期药物临床试验；第二类是针对特定地区，疾病患者参加的Ⅰ期药物临床试验；第三类是多地区的疾病患者参加的Ⅰ期药物临床试验。按照分类不同，实行不同的伦理审查方式。这些法律规定都在一定程度上对生命科学和医学伦理进行了规制。

二、人工智能伦理相关法律法规

人工智能的发展为人的生活和学习带来了诸多便利,但也不可避免地带来了许多弊端。世界上诸多国家都意识到了这一点,所以立法对该行为进行规制,尽可能地减少其负面影响。国际上出现过很多对其规制的普遍性规范,许多国家也对该内容进行了规制。

(一)普遍性规范

2004年,在世界第一届机器人伦理学国际研讨会上,正式提出了"机器人伦理学(Roboethics)"这一术语。科学界对人工智能的伦理问题研究逐渐成为主流。世界卫生组织于2021年发布了《医疗卫生中人工智能的伦理治理指南》,其目的在于给临床实践中部署人工智能提供伦理指导框架。2021年11月,联合国教科文组织(以下简称教科文组织)发布《人工智能伦理问题建议书》(Recommendation on Ethics of AI),试图为管制人工智能伦理问题提供一份国际准则文书。这是联合国教育、科学及文化组织提出的第一部规范人工智能伦理的全球性国际文书,提出了人工智能伦理要始终以保护人权、人的自由及尊严为核心价值。该建议书旨在提供使人工智能系统造福人类、个人、社会、环境和生态系统的基础,同时防止其可能产生的危害,促进人工智能系统的和平利用;其目标是在全球现有人工智能伦理框架之外,再提供一部全球公认的准则性文书,不仅注重阐明价值观和原则,而且在强调包容、性别平等以及环境和生态系统保护等原则的同时,着力于通过具体的政策建议,切实落实这些价值观和原则。该建议书中确立的原则包括:相称性和不损害;安全和安保;公平和非歧视;可持续性;隐私权和数据保护;人类的监督和决定;透明度和可解释性;责任和问责;认识和素养;多利益攸关方与适应性治理和协作。该建议书的适用范围很广,在伦理影响评估、治理和管理、健康和社会福祉、劳动等诸多方面的政策制定中都有很强的参考价值,为世界各国进行人工智能伦理规范奠定了基础。

(二)主要国家和地区法律法规

1.美国

美国第一次认真尝试进行人工智能监管体现在《2019年算法问责法案》上,该法案旨在为软件、算法和其他自动化系统带来新的透明度和监督。这一法案要求企业研究并修复存在缺陷的计算机算法,这类算法主要是指可能会使民众作出不准确、不公平、有偏见或歧视性的决策的算法。该法案要求企业在使用自动化决策系统作出关键决策时,对偏见、有效性和其他因素进行影响评估,进而降低算法造成的伦理风险;在医疗领域中的人工智能法规里,美国食品和药物管理局提出人工智能的医疗设备需要上市前的风险监测和审查以预测预期的变化;在军事领域,美国国防部自2019年以来,接连发布人工智能伦理准则。2019年10月,美国国防创新委员会(DIB)发布《人工智能准则:推动国防部以符合伦理的方式运用人工智能的建议》(AI Principles: Recommendations on the Ethical Use of Artificial Intelligence by the Department of Defense),提出了国防部运用人工智能的五项原则:负责的、公平的、可追溯的、可靠的和可治理的。这些是美国在人工智能领域作出的立法。

2.英国

英国上议院颁布了《人工智能伦理准则》(AI codes)。2016年,欧洲议会向欧盟委员会提出报告,要求制定民事规范来限制机器人的生产和市场流通。报告提出应当赋予机器人(Electronic Persons)法律地位,且适用电子人格(Electronic Personality)。通过在法律地位上对机器人进行认定,确定机器人在现代社会中的角色,以监测其在独立行为中的伦理风险。

3.欧盟

欧盟委员会参考国际社会所广泛认可的"阿西洛马人工智能原则"(Asilomar AI Principles)中提出的13点伦理价值,发布了《可信任人工智能的伦理指南》(Ethics Guidelines For Trustworthy AI)。确定了人工智能的尊重人类自主性、预防伤害、公正性、可解释性四大价值。2018年4月,英国上议院特别委员会,发布人工智能代码五项原则,包括人类共同利益、公民教育、保护隐私等。《可信任人工智能的伦理指南》的发布意在确保人工智能使用安全可靠、合乎道德,从而最大程度地降低风险和造福人类。

4. 法国

在法国,著名数学家、国会议员Cedric Villani主持出台了法国的人工智能战略。2018年,发布了战略报告《创造有意义的人工智能——国家以及欧洲战略》。法国的"人工智能国家战略"重点明确了人工智能在医疗保健、环境、交通和国防四个方面的应用,并着重通过创造更好的研究条件以吸引人工智能领域人才,确保科研成果的商业化应用。但过度商业化的人工智能也产生了一系列伦理问题,该战略报告专门对人工智能的伦理问题进行了论述,并提出了五项基本原则:透明和可审计原则;保护权利和自由原则;问责和免责原则;多样性和包容性原则;对人工智能及其后果进行政治辩论原则。这五项原则是对法国等欧洲国家的价值观的具体化。该战略报告从政治角度对人工智能的影响进行了探讨,为各国进行人工智能规制提供了借鉴思路。

三、环境工程伦理相关法律法规

(一)普遍性规范

科学技术的发展使得人类改造环境的能力得到了提升,诸多领域的人类活动使环境样态产生了很大的改变。与此同时,许多国家都出现了环境问题,植被锐减、土地沙化、生物多样性骤减等个性化问题和全球气温上升的普遍性问题,使得人们不得不考虑环境工程伦理规范的问题。据统计,世界有500多个有关环境保护的多边协定。1985年,世界银行环境和科学部颁布了关于"控制影响厂内外人员和环境重大危害事故"导则和指南。联合国会议通过了《人类环境宣言》,建立了联合国环境规划署。国际社会也积极推动实施《关于环境与发展的里约宣言》《21世纪议程》《可持续发展世界首脑会议执行计划》《联合国气候变化框架公约》。各种形式的国际和区域的环发合作深入发展,众多国际环境条约应运而生,全球环境治理的广度和深度不断加强。以《生物多样性公约》《联合国气候变化框架公约》《巴黎协定》为代表的诸多国际条约,既是相关环境治理的法律基础,也是多边合作的重要成果,包括但不限于以上国际条约和多边协定有效制止了环境污染、资源浪费以及过度开发等不符合伦理规范的环境开发行为,同时也加强了国际环境工程合作和治理,深化了各国合作。目前,参与世界环境治理公约的国家越来越多,为促进世界环境良好发展作出了巨大贡献。

(二)主要国家法律法规

美国对环境工程伦理问题的治理以对核电厂的风险管控为突出特点。作为有核国家,美国的核工业可谓一直处于世界龙头地位。核工业高度发达的同时,也引起了美国政府、社会、民众对核工业的恐慌。基于此,美国核管会于1975年发布《核电厂概率风险评价实施指南》,亦即著名的WASH-1400报告。该报告系统地建立了概率风险评价方法。1983年,美国国家科学院出版了红皮书《联邦政府的风险评价:管理程序》,提出了风险评价"四步法",即危害鉴别、剂量—效应关系评价、暴露评价和风险表征,这成为环境风险评价的指导性文件,目前已被荷兰、法国、日本、中国等许多国家和国际组织所采用。同年,美国在1992年生态风险评价框架的基础上,正式出台了《生态风险评价指南》,提出对可能发生环境风险危险的工厂必须进行环境风险评价。

德国政府制定了《联邦政府能源纲要》及相关立法,致力于实现"环境友好、安全可靠与经济可行"的能源供应;[①]提出推动温室气体减排、促进可再生能源发展、提高能源使用效率与节能减排,这些都是为了促进环境良性发展,摒弃不顾环境工程伦理的行为。在20世纪90年代末又发布了《走向可持续发展的德国》《德国可持续发展委员会报告》《21世纪国家可持续发展的总体框架》等文件,将环境工程纳入国家可持续发展的计划和框架内,将塑造人与环境和谐共处、推动资源友好型社会构建作为重要的发展目标。

---

① 王志强:《德国联邦政府2050年能源规划纲要:致力于实现"环境友好、安全可靠与经济可行"的能源供应》,载于《全球科技经济瞭望》2011年第3期。

第四节　我国科技伦理治理风险监测预警立法完善

科技伦理存在的风险足以引起法学界的重视,提高法的前瞻性并防患于未然是法的重要目标。针对可预估的风险类型,制定相应的法律规范、明确界定责任主体、合理划分责任范围,有助于风险防控和警示,同时也有利于提高我国立法的科学性、精准性和有效性。

一、生命科学与医学伦理治理风险监测预警立法完善

人的生命在法益保护中处于最高位阶,良法都将生命健康权作为重要权益加以保护。科技的双刃剑特征使其在适用中存在侵害生命健康权的可能性。而完整的生命健康权保护不只是保护作为物质载体的身体,更重要的是保护生命的独立与自由,所以任何有违生命价值实现的内容也常被认为是不符合伦理的。所以,医学活动中存在有违伦理道德的情况时,就需要立法予以规制。

(一)立法层面:提高立法位阶,制定统一的伦理风险监测法律法规

习近平总书记和党中央始终把人民群众生命安全和身体健康放在第一位,多次强调依法防控、依法治理的极端重要性,明确要求强化公共卫生法治保障和法律体系建设,就疫情防控、国家公共卫生应急管理、国家生物安全等提出立法任务。[1]因此,生命伦理的保护应当处于我国法律保护中较高的位阶,保护生命健康是法律最重要也最根本的目的和任务。针对我国生命科学与医学伦理发展过程中出现的问题,应当建立健全以《中华人民共和国宪法》为根本统领,以医学伦理治理基本法为支撑,其他涉及医疗科技伦理的法律法规为枝叶,且效力层次分明的法律体系。[2]我国目前在《中华人民共和国宪法》《中华人民共和国刑法》

---

[1] 刘奕湛:《栗战书在强化公共卫生法治保障立法修法座谈会上强调 认真学习贯彻习近平总书记关于强化公共卫生法治保障重要指示精神 为保障人民生命安全和身体健康筑牢法治防线》,载于《人民日报》2020年3月27日。

[2] 范平、李明:《医疗科技伦理治理的法治化路径选择》,载于《南京师范大学学报(哲学社会科学版)》2023年第1期。

《中华人民共和国民法典》等多部基本法中已经对伦理问题的解决进行了较为详细的规制,但在风险监测和预防上仍需加大立法力度,补足立法空缺,制定好统一的伦理风险监测法律法规,使得重大风险产生时有充足的时间和人力物力去补救,尽量使得损失降到最低。

(二)机构层面:更好发挥伦理风险监测预警作用

护理和医疗等相关机构在履职过程中无疑是获益最多者,所以,机构既是风险产生的主要场所,也是风险预警与消除的主要场所。因此,必须加强机构对伦理风险监测预警的责任和能力。这是权利与义务相对等原则的重要体现,是法律规范进行风险规制最重要的助手。医疗和护理机构是相关行业"专家",其掌握了较为丰富的生命运转和维护的规律,对其进行规制,可以起到直接、高效的作用。首先,应当重视对基层医疗和护理人员的培训,包括专业培训和法律培训,这不仅能提高机构的服务能力与水平,同时有助于增强伦理责任感和敏锐度,有效防范风险,警惕违法失德行为的产生与过度影响,尤其是避免对生命健康、精神状态的侵害,确保各项操作都在法律保护的范围内。其次,对机构仪器设备等的引进和使用作详细规定,护理和医疗设备的引进应当符合法律规定,对相关的渠道和使用手段都要进行明确,保护好适用对象的个人隐私和健康权益,但是相关立法的度也要控制在合适的范围,既不能因为过度规范影响科技创新、干扰正常的医疗活动,也要警惕因误用或滥用而引发的医疗事故和伦理问题。

(三)研究人员:加强伦理自治,实行考核制度

科技伦理的重要性为行业公认,但相关研究人员的掌握情况不容乐观。据"北京地区科技工作者科研伦理意识"调查显示,仅38.4%的科技工作者认为自己了解科研伦理规范,仅17.5%的科技工作者明确表示知道本单位设立了伦理(审查)委员会。由此可见,加强研究人员的伦理自治教育仍然任重道远。可以通过单位伦理监督部门的日常教育和培训工作,对科学技术运作过程中可能出现的伦理风险进行分类整理,对常见的伦理问题情形进行汇总;通过宣传册、公众号推文、团队练习等形式,强化伦理敏感度。同时,可以视情况在单位内部实

行考核制度,对伦理规范意识相对薄弱的研究人员给予警告和提醒,切实营造全单位对科技伦理的重视氛围。但是此举也应注意限度问题,不能让研究人员的伦理培养与创造性鼓舞产生冲突。尊重科技人员的创造性要求,给予研究人员足够的自由环境。当然,这个创造环境是建立在符合基本伦理规范的基础上的,弘扬创新文化,培育创新精神与伦理自治之间不是冲突的,而是可以相互促进、协调共存的。仍需注意的是,伦理教育不能等同于简单的德育,不是一味地灌输价值观念,而是通过传授不同于知识的道德领域和价值领域内容,塑造科学研究人员尊重和重视人之价值的敬畏感。所以,无论是监督还是考核研究人员的伦理意识,都不是最终目的,也无法一蹴而就,而需要一以贯之,而所有手段的最终目的都应该围绕培养全社会的伦理责任感展开。

(四)政府层面:完善制度

政府作为诸多具体制度的执行者,在科技伦理推行过程中的地位举足轻重。政府部门应当继续秉持"以人为本"的理念,对科技适用过程中存在的可能侵害人权益的伦理问题进行规制,除了通过出台相应的规章制度对相关人员进行规制之外,还需要在政府内部进行观念和能力的引导与培养。科学技术的发展应当符合相应的道德伦理规范,这是不言而喻的。然而在干部教育中,对于科学技术存在的伦理风险问题缺乏深入的宣传,由于责任主体的丰富性,许多干部只了解表层的技术运作流程,却疏于细致化的风险规制训练,不乏一些干部缺乏科技常识,导致日常监管和指导工作产生许多问题。所以,在出台相应的制度内容前,需要进行必要的专业知识和伦理原则培训,提高辨别真科学和伪科学的能力。其次,政府部门应当强化科技的伦理责任感,对广泛运用科技成果后可能造成的现实影响进行专门的评估,对照此前机构作出的专业性伦理风险预测内容,对影响进行事前的审查,以便相关政策对策的出台。最后,即使是在完善的制度出台后,也应加强科学监管,对技术运转过程中出现的可能侵害生命健康安全,或不符合基本纲常伦理的行为进行监管,防止良法、良技被不当使用,给民众的生命健康带来影响。

(五)技术层面：建立伦理风险监测预警系统

爱因斯坦说过：科学是一种强有力的工具，怎样用它，究竟是给人类带来幸福还是灾难，全取决于人自己，而不取决于工具。这句话既说明了科学技术的双刃剑特性，又说明了技术运用的巨大作用。除了将技术运用到社会生活和生产中，也可以将技术用于监督技术。相关科技公司可以说是最了解该手段优劣的，其知晓该手段和技术运用过程中可能存在的危害，并可以有针对性地建立伦理风险监测预警系统，通过细化责任分工、明确风险内容，填补事前审查和技术漏洞，建立起一套全覆盖的风险预估和警醒系统。伦理风险的监测是一种行为的监测和预警，不同于理工科意义上的机械设备监测系统，不能死板地套用物理性的技术监测，而是应该加强各部门的联动，充分发挥行业自律、协会监管、技术辅助等多方面的力量，做好事前教育与审查，在利用技术进行数据统计和分析的基础上，对照相关的道德标准、伦理底线，综合考量行为人的做法是否有违伦理。同时，该监测系统不应一味地站在"居高临下"的地位去进行监督和事后给予否定性评价，也应对临近风险的行为进行劝阻和警示，以防范风险发生为基本准则。

(六)大众层面：加强知识教育，细化知情同意标准

医疗健康技术的目的是造福大众，在适用过程中出现伦理问题也非技术设计初衷，但是作为直接受体的大众应当在使用技术的过程中享有充分的知情权。在医疗服务过程中，相关人员应当及时、如实、完整地告知当事人适用过程、适用程度、适用风险与注意事项，细化知情同意的标准内容，保证当事人完全知情并同意。从当事人角度，具备辨认事实的基本意愿、能力和可能性也是非常重要的，医疗机构尽到相应的告知义务是保障当事人知情可能性的基本条件。除此之外，掌握基本的医疗和科技常识是当事人具备意愿和能力的重要条件，所以，相关机关部门应当建立健全大众医疗健康普及教育体系，通过日常宣传和课堂教育等方式对民众进行知识普及，增强辨认伦理风险的意识和能力，从而为相关机构和政府部门分担责任。最后，大众也应当积极参与社会治理，对政策的制定和运作、科技成果的转化和适用等方面进行监督，积极建言献策，提升对伦理风险的敏感度和洞察力，为科技伦理服务人民生命健康作出贡献。

(七)加快构建中国特色科技伦理体系

敬畏生命、保护生命一直是我国法律的重要使命,建设和形成中国特色生命科学与医学伦理风险监测预警体系,既是我国法律应对当前科技伦理风险的重要举措,更是我国树立负责任的科技强国形象的正当之举。世界各国针对生命科学与医学伦理风险监测都有不同的监测和预警体系,在防控风险方面也体现出不同国家的特色与重视程度,以及各国不同的价值体系和追求。我国坚持人民利益至上的原则,各项政策措施都紧紧围绕人民的健康发展展开。生命科学与医学伦理的监测不仅仅是保障人民生命健康这一价值需要追求,尊重和保障医疗护理人员的行医自由也是维护生命安全的必要举措。倘使医疗工作人员没有足够充分的自由空间去实施救助行为,那么患者的权益保护也无从谈起。另外,过于松散的医疗自律机制也无法震慑风险,所以,在我国,纯粹的医疗行业自律机制与风险防控机制是需要进行科学的价值衡量和选择的,也就是构建中国特色科技伦理体系。针对这个问题,就需要发挥行业自律与行政监督相结合的作用,既要保障行为人在救助时的自由,又要加强行业伦理监督和审查,防止过度自由造成危害后果。

二、人工智能伦理治理风险监测预警立法完善

人工智能在带给人们生活便利的同时,也给科技伦理治理带来了诸多考验,许多违反伦理规范的情形层出不穷,用法律来规制人工智能具有很重要的意义。作为科技发展的重要产物,人工智能的存在将人与人的联系变得越来越紧密,人与人的交往很大程度上都需要人工智能来促进或者加强。人工智能在模糊人与人之间边界的同时,也带来了交往的不确定性和风险,比如依靠"AI换脸"进行的诈骗活动不但消解了人与人之间的信任,更侵犯了《刑法》,类似的伦理问题都需要法律来规制。另外,人工智能发展的便利性也注定了其产生的后果危害性更大、传播性更强,如果不能靠法律事前规制,那么技术失控问题、社会秩序紊乱问题、治理成本高等问题将对社会治理造成更大的负担。因此,对人工智能伦理进行法治化规制,更能筑牢科技风险的防线、促进人工智能健康发展、维护社会秩序稳定和谐发展。

(一)完善相关法律法规

1993年,我国制定了《科学技术进步法》,2007年和2021年分别对该法进行了修订。以"伦理"、"道德"和"规范"作为"科技伦理"的关键词,1993年的《科学技术进步法》主要提出职业道德方面的规定;2007年修订的《科学技术进步法》在遵守学术规范、恪守职业道德的基础上增加了禁止违反伦理道德的规定;2021年新修订的《科学技术进步法》与科技伦理相关的规定主要包括:科学技术研究开发机构应当建立和完善科研诚信、科技伦理管理制度,科学技术人员应当遵守学术和伦理规范,应完善国际科学技术研究合作中的科技伦理机制、健全科技伦理治理体制、建立科技伦理委员会、完善科技伦理制度规范,等等。[1]尽管如此,仍缺乏对人工智能设计生产组织部门进行规制的专门法律。此外,囿于人工智能行业的专业性,对该生产过程进行监督规制的法律也存在缺位,我国既存法律往往在宏观精神层面给予原则性的指导,但仍缺乏具体层面的监督指导等等,诸多方面的立法都有待完善。

(二)健全伦理风险监测预警政府机构

人工智能是新时代"高科技"产业的重要驱动力,为国家经济、文化、社会治理等方面带来了便利,但在此过程中产生的风险也会为社会治理和经济文化建设带来诸多考验。所以,政府作为人民权益的守护者,同时也是人工智能产品的受益者,而人工智能带来的风险也会为政府治理带来一系列问题。2020年发布的《中共中央关于制定国民经济和社会发展第十四个五年规划和二〇三五年远景目标的建议》中明确提出,"要统筹发展和安全,建设更高水平的平安中国""把安全发展贯穿国家发展各领域和全过程,防范和化解影响我国现代化进程的各种风险"。许多学者都赞同这样的观点:在国家或政府层面上,尽管科学本身存在缺陷或不足的观念已被广泛接受,但是风险监管机构仍然诉诸科学专家的咨询意见来为自己的决策进行论证,由此形成了一种"不确定性悖论",这一悖论表明既有的监管制度设计中对科学不确定性问题的忽视或回避。所以,形成一套归属于政府机构自身的风险监测预警机制极为重要。一是以国家科技伦理委员

---

[1] 李正风:《〈科学技术进步法〉奠定科技伦理治理的法律基础》,载于《中国科技论坛》2023年第2期。

会等机构为核心,建立全覆盖、规范化的科技监管制度。将科技伦理相关指导原则落实为具体的监督、治理制度与措施,建立健全监督与治理机构,使相应的政策更有执行力。二是为人工智能伦理问题提供便捷有效的纠正渠道。人工智能带来的问题更加隐蔽、科技性更强,纠正违法成本和难度更大,单靠普通民众的力量,维权难度极大,所以政府在建立健全伦理风险监测预警机构时,也应赋予预警机构以指引救助的职能,做好与救助机构的联动,减少民众因不熟悉流程而往来周折。

(三)行业设立伦理风险监测预警部门

许多传统的监测部门在进行风险预警工作时都因人工智能的专业性而望而止步,所以,外部的风控效果相比较行业自律而言不够有效。由于人工智能本身的专业性、复杂性及机密性等特征,在实际运用中可能会出现追责难的问题,这就要求行业在进行人工智能产品的投入审批时明确责任主体,对可能的风险做好预估和人员对照,哪个责任人员负责何种风险的监测和排查,如何进行善后,都应提前做好研判,对于疑难或复杂的情形如何归责,都应做好事前的约定,防止混乱并提高风险预判的科学性和针对性。其次,针对人工智能强大的信息获取和储存能力,应当警惕数据泄露的风险,应当增强专业人员的数据维护意识,提升数据风险的应对警觉性,提前做好数据漏洞维护团队的建立,实现数据安全监测常态化;人工智能的全面实施也会造成人的"异化",使得人的独立性与创造性不断丧失,严重的还可能导致人的主体性丧失。一些人工智能研发团队正是抓住了这个特点,为了实现人工智能的商业价值,不断放大该特征,挑战人伦与道德底线,行业内部应当警惕这类过度商业化行为,设立专门部门用于行业伦理的监督和检查,区分清楚正常的人力替代和便捷工具与过度物化人的工具之间的差异,对可能存在的风险进行日常监督与纠正。

(四)提高科研人员和普通群众的认知素养

为了强调学习和发展人工智能的重大意义,保证人工智能产业能够健康发展、能够真正地为人民发展服务,习近平总书记指出要整合多学科力量,加强人工智能相关法律、伦理、社会问题研究,建立健全保障人工智能健康发展的法律法规、制度体系、伦理道德。这一观点体现出党中央对人工智能发展的重视与期望。而人工智能产业的本质是人在主导这个产业的发展运作和适用，所以作为直接参与者的科研人员与普通民众是对该行业进行伦理规制的重点人群。对于人工智能产品的设计者、生产者、消费者都应当进行伦理规范的培训，每一道工序都应制定相应的伦理规范，引导科研人员和民众承担基本的道德责任。除了责任意识，具备基本的人工智能伦理敏感性，引导人工智能向善、向正义发展也是非常必要的。人工智能归属于科技领域，而科学技术是第一生产力，生产力的作用就是解放人类的双手，解放全人类，而非捆绑人类，这一目的需要被大家谨记。如果不能正确地使用人工智能，导致其成为束缚或阻碍人类发展的罪魁祸首，不仅得不偿失，更是严重的伦理事件。所以，每一个从事人工智能的科研人员和群众都应当切记，人工智能是为实现人的自由而生的，正确生产和使用人工智能，处理好人与人工智能之间的关系，最起码科研人员要对自己做出的产品负责，普通民众要对自己的信息被用往何处知晓，牢固树立"以人为本"的基本准则，树立正确的人工智能伦理观。

三、环境工程伦理治理风险监测预警立法完善

环境工程的实施对于国家和社会的影响不容忽视，也切实地影响着每个公民的生活。罔顾伦理的环境工程行为无疑具有毁灭性的影响，既会破坏人与自然和谐共处的局面，也不利于环境工程项目的实施，造成的毁坏也常不可逆，因此有必要在法治范围内对其进行规制。

（一）健全法律法规

我国既有的《环境保护法》等诸多法律对诸多污染环境的行为作出了明确规范，也对环境改造活动进行了规制，一些污染行为已经得到了明显遏制，但仍应警惕虽不违法但却明显不合理的伦理风险。也就是说，需要相关法律加大对"擦边"行为的查处力度。一些机构部门深知存在当地人群环保意识差、抱有牟利心态等因素，通过隐瞒或赋予利益等手段将不道德的环境工程施加到当地，造成当地环境恶化甚至污染，这些过程虽然都在法律规定的程序内，但明显损害了当地

的长远利益。这就需要相关法律法规给出确切可操作的评价与标准,在立法或司法解释活动中对相关内容加以深化,为司法实践提供可供参照的标准,也借此警示相关行为人;同时对于责任划分也应当给予明确的界定,防止因责任不明导致环保组织、环保部门、司法机关等各个机关缺位或相互推诿。

(二)明确风险监测政府机构责任

环境工程规制的难点在于它并非单一领域,而是关涉环境、社会和人民各方利益的综合体,所以监管的难度不言而喻。而风险监控是政府对当前高科技社会情景的政治回应,也是服务型政府进行职能转变的重要表现。在国际上,诸多国家承担着经济发展推动的责任、社会福利的供给责任、社会秩序的管理责任等等,但在环境工程伦理风险并不罕见的今日,政府也应当成为风险监控者。环境工程在实施过程中一旦造成伦理问题,便是不可逆的,修复难度也极大,无法达到恢复原状的效果。所以,与其进行事后的危机应急措施收拾残局,不如做好事前的审查和预防,提前排查环境工程中可能存在的违反伦理道德的内容,增强防范化解重大风险的意识和能力,对相关部门实施某项环境工程措施的请示进行详细的研判、评估,从风险发生的概率、风险产生的损害性后果以及风险发生后的可控性三方面进行审查,尤其注意审查其风险化解的方案和规划。除此之外,政府应当担负起风险等级评价与确定的责任,叫停一切有违伦理的行为。同时,相关机构应当对照政府的要求与标准,积极履责,尽到相应的社会责任。

(三)完善环境影响评价体系

环境影响评价主要是分析、预估项目建设或项目实施对环境造成的危害,基于掌握的信息作出贴合实际情况的评价及预防措施,将工程建设对环境形成的不良影响控制在合理区间。这个过程至关重要,评估对实际环境的危害是衡量环境工程影响性的重要举措。当前我国环境工程存在伦理问题与我国目前的环境影响评价体系不完善有很大关系,环境要素内容非常多,但在我国的评价体系中并没有体现得非常充分。比如从项目的源头出发,通过一系列标准来界定高污染的产业源达到控制污染源的效果。这也就意味着,一旦被认定为"高污染产业源"就面临着关停的风险,对已经投入相应成本的企业来说无疑是灭顶之灾。

所以环境影响评价体系中的标准就显得极为重要。而评价体系的构建自然不能用单一的、概括性强的、笼统的要素来界定,而是应该经过专业科学的征集、民主公开的测评和论证、严谨系统的制定。

(四)增强社会主体风险监测责任感

人生活在环境中,每个人都是环境的主体,用休戚与共来形容人与环境的关系丝毫不夸张。可持续发展理念应当成为每个人面对环境的遵循,无数实践经验证明,人与自然和谐才能共生,破坏环境的后果不堪设想。当前社会都在提倡"绿水青山就是金山银山",这就是要每个人牢固树立保护环境的意识和理念,遵守环境工程活动所应坚守的伦理底线。具体而言,环境工程活动的实践者,应当加强行业自律,坚持环境工程活动要做到人、环境、社会效果的统一,摒弃贪图经济利益而罔顾伦理道德的非长期行为,用自己的专业知识做好环境守护者;普通民众要积极做好环境工程伦理安全风险的监测者,在掌握基本环境工程伦理知识的基础上增强环境维护的意识、信念和能力,致力于增强社会各主体的环保意识,让每一位国人都成为环境保护的监督者、守卫者。

第六章

科技伦理治理违规处理立法

第一节 科技伦理治理违规处理立法概况

一、生命科学伦理治理违规处理立法现状

(一)生物安全违规处理立法现状

《生物安全法》已于十三届全国人大常委会第二十二次会议表决通过。另外,为了加快建设生物安全保障体系,已被列入《"十四五"生物经济发展规划》。

《生物安全法》明确强调中国共产党对国家生物安全工作的领导,并规定了中央国家安全领导机构、国家生物安全工作协调机制及其成员单位、协调机制办公室和国务院其他有关部门的职责;此外,该法要求省、自治区、直辖市建立生物安全工作协调机制,明确地方各级人民政府及其有关部门的职责。

《生物安全法》完善了生物安全风险防控基本制度,包括生物安全风险监测预警、风险调查评估、信息共享、信息发布、名录和清单、标准制定、生物安全审查、应急响应、调查溯源、准入管控和境外重大生物安全事件应对等十一项基本制度。这些制度构建了全面的生物安全风险防控框架。

为应对生物经济发展给生物安全带来的挑战,我国自20世纪90年代以来相继制定了数十部法律法规、规章或规范性文件,有效地防范了生物经济发展可能

带来的生物安全问题,并在一定程度上保障了我国生物经济的健康发展。

(二)人类辅助生殖技术违规处理立法现状

我国严格限制对于人胚细胞的基因研究。2003年,《人类辅助生殖技术规范》明确规定对人类辅助生殖实施技术人员的行为准则,该规定载明禁止以生殖为目的对人类配子、合子和胚胎进行基因操作。

目前,我国已有多部专门规范基因技术的行政法规和部门规章。这些法规除规定了民事责任和行政责任外,也明确了构成犯罪的刑事责任。例如,国家科委于1993年12月24日颁布的《基因工程安全管理办法》第二十八条第二项便规定,对违反该办法,损害或影响公众健康的行为构成犯罪的,将依法追究直接责任人员的刑事责任。类似地,2016年发布的《涉及人的生物医学研究伦理审查办法》第十八条规定了涉及人的生物医学研究应当遵守知情同意伦理原则和风险控制原则,并明确了伦理审查和批准实施的具体程序,同时还规定了医疗卫生机构和项目研究者的法律责任。除了罚款、警告等行政处罚和民事责任外,该审查办法还明确了构成犯罪的行为将依法追究刑事责任。然而,《刑法》对于此类违反行政法规且严重危害社会的行为并没有相应的罪责规定,导致行政法规中大量指引性刑事责任规范未能实际落实。

(三)人类遗传资源管理违规处理立法现状

为对人类遗传资源材料的收集、保藏、研究、输出、责任等方面进行规制,国务院颁布了《人类遗传资源管理条例》。尤其材料的收集与保藏单位资质需经审批,资质条件、单位义务、审批流程、应接受的行政监督,以及资源境外输出的条件对单位行为作出具体规范,保护本国遗传资源,违法输出将面临严厉的法律制裁。研读该条例会发现,科技伦理的部分原则、精神较好地融入法条,例如自愿和知情同意原则被强调成为重点审查内容,即单位要向资源提供者签发知情同意书,内容包括目的、单次用途、潜在危害、利益分享办法、隐私权保护、自愿参与的选择权、随时退出权等;同时,资质单位须以提供者同意的目的使用该资源,超出部分须另外征求同意。①这些规定都是对尊重原则的细节化、具体化体现,问责依据也更加详细。

(四)基因检测违规处理立法现状

2014年,原国家食品药品监督管理总局办公厅和原国家卫生计划生育委员会办公厅发布了《关于加强临床使用基因测序相关产品和技术管理的通知》。该通知规定了基因测序诊断产品(包括基因测序仪、相关诊断试剂和软件)用于疾病预防、诊断、监护、治疗监测、健康状态评价和遗传性疾病预测等方面的医疗器械定义,要求按照《医疗器械监督管理条例》及相关产品注册的规定进行产品注册,并经过食品药品监管部门审批注册,卫生计生行政部门批准技术准入方可使用。未经注册的医疗器械产品不得生产、进口、销售和使用。

我国目前没有针对商业化基因检测制定专门的法律法规。上述规定虽然适用于基因测序诊断产品的监管,但对商业化基因检测项目的监管力度有限。其未涵盖所有的商业化基因检测项目,只针对用于疾病的预防、诊断、监护、治疗监测、健康状态评价和遗传性疾病的预测等的基因测序诊断产品进行监管。现行监管方式相对灵活方便,但监管范围有限,导致监管漏洞较多且监管强度较小。缺乏上位法的规范,没有相应的处罚措施和救济机制,法律规范与行业规范适用于这一领域的范围非常有限,存在严重的法律缺位现象。

二、生命科学伦理治理违规处理立法存在的问题

(一)现行生物安全违规处理立法存在的问题

1.缺乏同其他部门法的协调与配合是现行《生物安全法》的不足

尽管我国的生物安全法规和规章中普遍设立了刑事指引条款,例如"……情节严重、构成犯罪的,依法追究刑事责任",但现行《刑法》对生物安全问题的刑事防范方面尚未确立相应的规则和制度,导致这些条款形同虚设。举例来说,《基

---

① 张海柱:《新兴科技风险、责任伦理与国家监管:以人类基因编辑风险为例》,载于《人文杂志》2021年第8期。

因工程安全管理办法》第二十八条规定,违反本办法的规定,造成下列情况之一的,负有责任的单位必须立即停止损害行为,并负责治理污染、赔偿有关损失;情节严重,构成犯罪的,依法追究直接责任人员的刑事责任:(一)严重污染环境的;(二)损害或者影响公众健康的;(三)严重破坏生态资源、影响生态平衡的。然而,实际上,我国《刑法》并未设立相应的罪名。因此,即使在基因工程操作中真正发生了环境污染行为,现行《刑法》受制于罪刑法定原则的制约,无法发挥应有的规制作用。类似的情况也存在于其他生物安全法规、规章和《刑法》中,如《农业转基因生物安全管理条例》等。在生物经济飞速发展、生物科技潜在风险日益加剧的情况下,这种缺乏部门协调与配合的情况显然不利于我国对各类生物安全问题的防范。

2. 关于生物安全违规处理问题的规定缺乏可操作性

我国现行立法中关于生物安全损害赔偿的规定主要包括《农业转基因生物安全管理条例》《病原微生物实验室生物安全管理条例》《基因工程安全管理办法》等法规。然而,这些法规存在一些共性问题,即内容不够全面,缺乏可操作性。例如,《基因工程安全管理办法》规定了停止侵害、治理污染和赔偿损失等法律责任形式,并适用于严重污染环境、损害或影响公众健康、严重破坏生态资源、影响生态平衡的情形。然而,对于何为"严重"污染环境、何为"影响"公众健康、何为"严重破坏"等细节并未作出明确规定。《农业转基因生物安全管理条例》只作了一般性规定,即在农业转基因生物相关活动中发生基因安全事故并造成损害时应承担赔偿责任,但未明确规定赔偿主体、赔偿数额、免责条件等。《病原微生物实验室生物安全管理条例》也存在类似问题,尽管规定了行政主体的法律责任,但仍属于概括性规定。这些问题导致了现有的生物安全损害赔偿法律制度无法在实践中发挥应有的作用。

(二)现行人类辅助生殖技术违规处理存在的问题

1. 人类辅助生殖技术上升为法律规范后的责任设置和权利不匹配

我国专项立法较为滞后,很多责任设置无法可依,以1993年国家科学技术委员会发布的《基因工程安全管理办法》为例,该办法第二十七条、第二十八条有

"构成犯罪的,依法追究(直接责任人员的)刑事责任"。对代孕行为的法律规定,非法代孕最高处3万元以下罚款无异于杯水车薪;再从"基因编辑婴儿事件"的处罚结果来看,虽然开出了百万元的高昂罚金,但以"非法行医罪"的刑罚力度处罚相关违法人员,威慑仍然有限。直到"基因编辑婴儿事件"成为民之关切,科技伦理被舆论推至风口浪尖,相关科研人员才被判刑并处罚金。这些案例都足以表明体制内自纠机制不完备和体制外监管机制的缺失,相关行政、司法部门承担的责任有必要引起重视。

2. 缺乏对辅助生殖基因医疗危害行为的专门性刑事规制

目前,我国《刑法》对辅助生殖基因医疗技术滥用严重危害社会的行为尚未设立专有罪名进行规制。对于严重危害社会的基因医疗犯罪行为,只能依据《刑法》中其他相关罪刑条文进行规定和处罚。例如,对于使用基因医疗技术时故意或过失致人死亡、重伤的行为,可能适用故意杀人罪、故意伤害罪、过失致人死亡罪、过失致人重伤罪、医疗事故罪等罪名进行处罚。非法行医的行为可能适用非法行医罪进行处罚。然而,对于非法制造克隆人、非法实施人类辅助生殖医疗技术、非法买卖、进口或出口克隆的人类胚胎等行为,《刑法》尚未作出专门规定。这种情况对于维护社会秩序、保障国家安全和保护社会利益是不利的。因此,目前我国《刑法》在这方面存在不足,需要进一步完善相关规定以应对滥用辅助生殖基因医疗技术所带来的严重危害。

(三)人类遗传资源管理违规处理立法存在的问题

1. 人类遗传资源管理立法缺乏技术性和可操作性

虽然我国早已认识到科技伦理的重要作用,但在融合到相关法律法规的过程中却较为原则。《人类遗传资源管理条例》回应了当代人对基因隐私与基因歧视问题的关切,例如第三十八条规定了对于收集和保藏人类遗传资源存在违反伦理原则的行为,需责令其改正;第四十条规定了进行会产生歧视后果的研究开发活动,处罚款并五年内不再受理该单位或负责人的申请等,但对科技伦理原则、公正(非歧视)原则一字带过,并未规定可操作的具体措施。

(四)基因检测违规处理立法存在的问题

我国目前尚未制定专门的隐私权保护法,对公民隐私利益的法律保护主要依赖于最高人民法院的司法解释。然而,这些司法解释并未将隐私权提升到一种具体的人格权高度,而是将其视为一种具体的"人格利益"。虽然对隐私的保护已经从过去将其放在名誉权中间接保护的方式改为了直接保护,但仍然只能根据"其他人格利益"进行保护。需要指出的是,这种保护方式仍存在局限性。

三、科技伦理治理违规处理国外立法

在过去的几年里,全球范围内各国政府、研究机构、国际组织等已经发布了60多份与生命科学和伦理有关的伦理声明。例如,欧洲人类生殖和胚胎学学会、美国和欧洲人类遗传学学会、国际干细胞研究学会、英国的诺菲尔德理事会、丹麦伦理理事会和联合国教育、科学和文化组织的国际生物伦理委员会,以及一些工业团体和组织,如生物技术创新组织和各种涉足基因组编辑的生物技术公司等,都发布了相关报告或指南。这些报告和指南从不同角度,对知情同意、人类增强、社会不公的扩大和优生学问题表达了忧虑。从生命伦理或法律的角度来看,这些报告和指南还有所不足,但其中一些观点,为推进解决生命科学伦理治理的关键问题,以及促进这一领域的国际法和公共政策的系统制定,提供了初步基础。

(一)生物安全违规处理立法现状

各国的生物安全法中普遍确立了风险预防原则,并强调制定相应的制度来满足该原则的要求。各种生物安全法都强调了风险预防的重要性。例如,《生物多样性公约》提出,在生物多样性受到威胁时,不能以缺乏科学定论为理由推迟采取措施来避免或减轻这种威胁。保护生命健康所必需的措施并不构成对国际贸易的限制,表明生物安全优先于贸易自由。在一些区域和国家的法律文件中,如《欧洲人权与生物医学公约》,也体现了不同程度的风险预防理念和原则。各国的立法也重视和强化了风险预防原则。以美国的《重组 DNA 分子实验准则》为例,该准则从一开始就严格贯彻了风险预防原则,并对基因技术的风险高估进行了严格限制。尽管该准则后来经过多次修改,并简化了原有限制性条款的 85%,但目前美国基因工程农产品的商品化仍然必须经过农业部、食品和药物管理局以及环保局的层层严格审批,这显示了美国对风险预防的重视。其他国家也同样注重风险预防原则的贯彻,甚至通过刑事立法来更好地实施该原则。

受到生物技术产业化带来的生物安全问题和国际生物安全立法的影响,许多国家和地区加强了生物安全立法,涉及动植物品种保护、生物技术操作规范、转基因生物生产与销售监管、药品控制、生化武器研究等多个方面。此外,许多国家的刑法典中甚至专门设立了针对生物安全问题的罪名。

(二)人类辅助生殖技术违规处理立法现状

韩国 2004 年颁布了《生物伦理与安全法》,2019 年 10 月修改,其中第 1 条的目的就是防止在研究人类和人类来源的材料或处理胚胎、基因等时侵犯人的尊严、价值或损害人体,改善人们的健康状况和生活质量。对此法案梳理可知,其设计的宏观思路是:总则部分纳入基本伦理原则,用以指导之后章节中各高新科技领域伦理行为规范与各主体的权责,尽可能全面涵盖各领域、主体。尤其对禁止克隆,禁止异类之间胚胎植入,禁止在金钱、财产利益或其他不当利益条件下提供、使用胚胎、卵子或精子作出明确规定;有些则是通过限制授权而实施禁止,例如限制指定的胚胎发生医疗机构和胚胎干细胞研究需登记、注册及获批准。[①]

在美国,有关干细胞疗法相关责任的医生已经入狱,因为美国为此设置了严格的责任。以美国干细胞研究为例,作为辅助生殖技术最发达的国家,美国坚守底线,一旦触及必定严惩。美国国家卫生院干细胞检查组于 2000 年成立,设立胚胎干细胞研究许可及相关法律规范。全面禁止克隆人法案于 2001 年在美国众议院通过,该法案规定任何使用克隆人或者克隆技术培育人类胚胎的行为都将被

[①] 参见《中华人民共和国人类遗传资源管理条例》第三条、第十一条、第十二条、第十四条、第三十八条、第四十一条和第三章。

视为违法,违者将面临100万美元以上罚款以及10年以下监禁。[1]无独有偶,法国明确将人类生殖克隆行为定义为"反人类罪",违者将被判处30年有期徒刑及750万欧元的罚金,[2]2004年修改后的生物伦理法案也规定不允许通过克隆获取人体干细胞,违者将面临7年有期徒刑以及100万欧元罚金。

(三)人类遗传资源管理违规处理立法现状

各国关于人类生殖系细胞基因组修饰/编辑,相关立法例各有不同,总体而言趋向于从紧或禁止,但也有很多国家对此还没有法律规定(HGM一词,是指针对生殖细胞、原始生殖细胞、配子祖细胞、配子、合子和胚胎的所有操作。而HHGE,则是一种生殖系基因组编辑的形式,包括将编辑好的材料转移到孕育中,目的是产生一种新的人类,具有将"编辑"后的特征和性状传递给后代的潜力,因此HGM包含了HHGE)。根据一份2014年的研究报告,对于被调查的39个国家而言,有29个国家禁止人类基因组编辑(HGM)。这些国家包括比利时、加拿大、保加利亚、丹麦、瑞典和捷克。受法律文化、宗教、政治和哲学传统、贫富差异、基础设施和社会自由度等因素的影响,不同国家的立法和监管体制存在差异。

欧盟国家的立法则各有不同。除了英国倾向于建立独立监管机制(目前英国已经脱欧),另一些国家则试图通过专业组织和专业伦理机构来解决问题。法国还对任何除了出于研究目的而进行的人为改变人类生殖系细胞基因信息的尝试,或者改变基因信息而使用人类配子的行为,规定了严厉的刑事处罚条款。[3]

(四)基因检测违规处理立法现状

以德国为代表,少数国家对基因检测持严厉禁止的态度,对基因检测采取了极其谨慎的态度,其目的是防止消费者因基因检测技术滥用而遭受损害。德国国会于2009年通过了《人类基因检测法》,该法第5条建立了基因检测的质量控

---

[1] 参见韩国卫生和福利部《生物伦理与安全法》第4章第20条、第21条、第22条、第23条、第33条、第35条。

[2] 参见李贤华、贺付琴:《域外辅助生殖技术法律制度速览》,载于《人民法院报》2018年12月14日。

[3] 参见法国《刑法典》第214条第2款。

制机制,明确规定只有获得认证的基因检测机构可以从事治疗和溯源目的的基因检测。这些机构必须雇佣具备相关资格的人员。因此,一般商业公司被禁止提供以治疗和溯源为目的的基因检测服务。

在美国,各个州关于是否应对基因检测施加管制存在三种类型的不同立场。第一种类型是承认基因检测的合法性,但设置各种限制。在特定目的范围内,消费者可以直接从市场上订购基因检测服务,无需经过医疗途径,但超出特定目的范围的检测必须由医师订购,然后检测结果可以直接寄给终端消费者。第二种类型是完全禁止基因检测。还有一些州采取开放模式,对基因检测不进行管制,其中包括25个州和哥伦比亚特区。近年来,由于市场上的乱象,对基因检测加强管制的呼声日益高涨,并出现了实际加强管制的举措。

英国对于基因检测的态度较为宽容,尽管并非完全放任,但在管制力度上整体较弱。在2002年,英国成立了人类基因体委员会。该委员会是一个咨询机构而非基因检测的主管机构,其职责是向政府提供管理建议,针对基因检测的市场和发展。根据该委员会于2003年发布的报告——《直接向大众提供的基因检测服务》,基因检测被定义为寻找个人在DNA、基因或染色体上所带的生物信息差异而进行的不限于基于医疗上所谓的诊察的任何检测。

四、科技伦理治理违规处理立法完善

(一)完善生物安全违规处理立法问题

1.从立法上加强生物安全问题的刑事规制

针对我国《生物安全法》缺乏《刑法》支持与配合的问题,需要及时修改现行《刑法》,增设"转基因生物污染环境罪""非法研制基因武器罪"等犯罪类型,并明确相关刑事责任。这样可以利用刑罚的威慑效应,防范各种违规行为,特别是现代生物技术所带来的生物安全风险,从而更有效地保障我国生物安全和生物经济的健康发展。

2.调整生物安全违规处理的立法手段

就生物技术活动的特点而言,其具有高度的科学技术性。在诉讼过程中,往往很难证明行为人是否存在过错以及其过错程度。因此,为了维护社会利益,在加害方和受害方之间,立法应更偏向于保护无辜受害方的利益。因此,生物安全损害赔偿应采用无过错责任原则,以督促生物技术开发利用者尽最大的义务来预防生物安全风险,避免发生生物安全事故。此外,在确定因果关系方面,应采用因果关系推定规则来解决在诉讼过程中利益受损一方的举证难题。可喜之处是,一些国家已经在采取司法手段解决生物安全问题方面取得了一些进展。

然而,需要注意的是,司法只是维护社会公平正义的最后手段,不应过度寄予对司法救济的期望。更为重要的是,在制度设计层面上最大限度地确保生物技术开发利用行为合法进行,并理顺行政管理机关的全程管理规范,以确保风险预防原则在生物安全风险规制领域有效适用。司法救济虽然重要,但并非主要手段。

(二)完善人类辅助生殖技术违规处理立法

1.确立适当的人类辅助生殖技术违规处理的权责划分

我国现行刑法典将滥用基因医疗技术的行为规定为犯罪,并规定了相关罪名和相应刑事责任。刑事法律的法典化是世界各国刑法的基本趋势,而在我国,制定法律有着深厚的传统。刑法典在我国刑法体系中处于核心和最高地位。将辅助生殖基因医疗犯罪纳入刑法典的规范中,有利于维护《刑法》的权威性和统一性,同时有效预防和规范辅助生殖基因犯罪。其他法律法规可以对人类辅助生殖基因医疗行为进行规范。相对于刑法典,附属刑法具有较强的专业性,作为附随于民商法、行政法、经济法和社会法等规定犯罪行为的法律体系,具有较强的系统性。人类辅助生殖基因医疗技术以人类生命为研究对象,涉及生殖医疗中的人类胚胎干细胞克隆和人体基因编辑等技术。这不仅需要高度专业的法律规范,还涉及基因医疗技术管理、基因资源管理和基因权利保护等广泛领域。附属刑法与行政法、卫生法等相关的生命医学科学紧密相连,规范了违反行政法规和医疗卫生法规等社会危害行为,并规定了相应的刑事责任,形成了辅助生殖基因医疗犯罪的刑法体系化和专业化格局。

2.增设关于人类辅助生殖基因医疗犯罪的罪名

针对不同的具体行为方式,辅助生殖基因医疗犯罪侵犯的法益也不同,但其侵犯的客体具有共同性。这包括国家对基因医疗技术和资源的管理制度,以及人的生命健康权、人格权、人体和人种的完整性,以及遗传物质的不可改变性等权利。为了有效预防基因医疗犯罪,结合我国刑法分则的结构体系,可以在刑法分则中增设包括"基因犯罪"类罪名,并规定相关具体罪名,例如"非法开发生殖性克隆人技术罪""非法转让基因医疗技术罪""非法改变人类基因罪""生殖性克隆人罪""利用基因技术制造变异人种罪""非法买卖人类遗传物质罪""利用基因技术改变、制造、选择人种罪"等。

(三)人类遗传资源违规处理立法完善

1.人类遗传资源注重事前规制而非事后惩罚

对于人类遗传资源的利用,重点应放在事前监管而非事后处罚上,而《刑法》在其中扮演的角色是威慑和最后的保障。规制模式应根据人类遗传资源的特点来确定,因为滥用人类遗传资源可能导致不可控、难以挽回的后果,其风险具有人为性、隐蔽性、多样性、广泛破坏性和不确定性,以及风险责任的不确定性等特征。因此,应将重点放在事前监管阶段,对人类遗传资源技术的论证、研发和使用过程进行严格的伦理、法律和技术审查。我们宁可发展缓慢一些,也不愿在违法犯罪事件发生后再去弥补,因为这种损害可能难以修复。《刑法》在这一过程中发挥威慑和最后保障的作用,威慑作用通过将滥用遗传资源的行为定为犯罪,并对违法者给予严厉警示来实现。这意味着《刑法》并不一定要实际使用,而是起到一种威慑作用。最后保障的作用是在违法行为不能通过行政措施达到管理目的和惩罚效果时,采取刑罚措施。严格控制并非禁止对人类遗传资源的利用,而是要对其进行谨慎、合规的利用,对生命科技的使用也是如此。

(四)基因检测违规处理立法完善

1.确立"单独保护"的立法模式

商业化基因检测项目具有独特的市场和技术特征。目前,我国的法律体系滞后,难以确保消费者在这一新兴领域中的人权免受侵害。尽管我国已逐渐完善了相关的人权保障立法,如《中华人民共和国宪法》《中华人民共和国民法典》以及相关部门规章,可以在商业化基因检测中提供一定的法律保护,但单独的立法模式显然更有利于避免人权侵害的风险。这是因为在与生物科技发展密切相关的领域中,法律必须同时考虑科技发展和权利保护。商业化基因检测技术日益发展,引发的法律问题也不断涌现,需要有针对性的法律规制。如果直接对商业化基因检测技术的各个部分进行高层次的立法,可能会限制我国生物科技产业的发展。因此,可以先针对商业化基因检测技术中出现的人权问题,制定相应的部门规章和政府规章。这些规章的制定程序相对简便,变通性较强,可以快速调整当前商业化基因检测领域中人权受侵害的混乱局面。根据规章规制的经验,可以将涉及国家安全和公众福利的内容逐步纳入更高层次的法律规范,以制定既促进生物科技市场发展又兼顾人权保护的行政法规。

在民间有关保护个人基因隐私权的呼声越来越高的情形下,建议可以借鉴其他国家的经验,构建适合我国国情的基因隐私权保护机制。首先,应采取立法规制主导的方式,直接将基因隐私权确定为一种独立的具体人格权予以保护。其次,需要规定基因隐私权的主体和内容,明确有权收集、保存、使用或公开基因信息的主体以及相关程序要求,紧急情况下第三方使用基因信息的条件,同时在法律上禁止任何形式的基因歧视行为,并明确其属于侵权行为等。

第二节 医学伦理治理违规处理立法

一、医学伦理治理违规处理立法现状

(一)器官移植违规处理立法现状

国务院于2007年颁布了《人体器官移植条例》,为了做到公开透明,立法机关采纳了世界卫生组织人体器官移植相关指导原则(已废止)、各国各地立法实践、专家学者意见。该条例着重规范医疗机构及其医务人员的行为、行政管理事项以及相关法律责任,其中医疗机构三准入、两退出机制对政府评估、专业伦理审查委员会的审查范围、责任等都提出具体要求。该条例中对法律责任的规定,区分了个人、医疗机构、国家公职人员相关的民事、刑事与行政责任,小到没收违法所得、行政罚款、取消资格,大到刑事犯罪、处刑;其他程序违法或者造成不良后果的,还有相关管理、处理条例辅助。[①]2011年,第十一届全国人民代表大会常务委员会第十九次会议通过的《刑法修正案(八)》第三十七条采用"新增罪名+确认已罪"的立法策略,构架出人体器官犯罪的大体轮廓。一是在《刑法》第二百三十四条后新增"组织出卖人体器官罪";二是以《刑法》第二百三十二条、第二百三十四条规定之罪名对"非法摘取活体器官的行为"进行定罪量刑;三是以《刑法》第三百零二条规定之罪名对"非法摘取尸体器官的行为"进行定罪量刑。

(二)临床试验违规处理立法现状

《中华人民共和国执业医师法》(以下简称《执业医师法》)(已废止)第二十六条第二款规定医师在进行实验性临床医疗时需经医院批准并征得患者或其家属同意,第三十七条对该条款的法律责任进一步加以规定,对于违反相关规定的行为,法律规定可能会给予警告、暂停执业活动、吊销执业证书等处罚。然而,在药物临床试验方面的规定散布于各种法规中,缺乏统一体系,导致受试者在面临损

[①] 谭波、赵智:《对基因编辑婴儿行为的责任定性及其相关制度完善》,载于《山东科技大学学报(社会科学版)》2019年第3期。

害后难以举证,往往无法得到有效救济。此外,相关规定也未明确规定损害后的责任认定。2021年8月20日,中华人民共和国第十三届全国人民代表大会常务委员会第三十次会议通过《中华人民共和国医师法》。自2022年3月1日起施行。

《药物临床试验质量管理规范》(GCP)详细规定了受试者的知情权。根据规范的第十四条和第十五条,研究者或其代表必须向受试者详细说明试验情况,包括风险和收益,并确保受试者知情同意书的签署。对于特殊受试者,如无行为能力人和儿童,还有特别规定。然而,实际操作中受试者知情权的保护存在问题,因为规范缺乏权利救济的具体规定,并未明确违反规范的法律后果。这导致实践中受试者知情权的保护常常流于形式。

二、医学伦理治理违规处理立法存在的问题

(一)器官移植违规处理立法存在的问题

1. 器官移植违规处理在违法犯罪成立条件下的界定相对模糊

我国《刑法》在规制人体器官类违法行为方面,《刑法修正案(八)》在调整《刑法》时,将一些不法行为纳入其中,诸如,对尸体器官摘取,对强制、骗取他人进行器官捐献,在未经本人同意的情况下对摘取其活体器官尤其是针对未成年人的器官摘除,对人体器官组织出卖等行为,并设置了法定刑对其加以处罚。

但是,人体器官类违法行为不仅是上面提及的这些行为,事实上,还有一些具有严重危害性的人体器官类违法行为没有受到相应的处罚,如非法人体试验、走私人体器官、买卖人体器官等行为,具有严重的社会危害性。如在刑事立法层面未能对上述行为予以明确规制,则司法实践中一旦遭遇此类犯罪行为必然难以实现对相应违法犯罪活动的有效规制。同时,基于罪刑法定原则的要求,相应罪名立法应当在表述层面最大限度实现精准化,即明确对犯罪主体、客体以及实行行为予以界定,进而提升刑事法网的严密程度。而对于人体器官犯罪而言,如果对于犯罪实行行为的规制缺乏刑法意义层面的精准性,则也有可能会导致司法实践过程中类推解释的适用,进而造成对公民基本人权的侵犯。我国立法机关在合适之机,在结合我国国情的基础上,有选择性地借鉴域外成熟立法之经

验,甚至于明确细致区分人体器官之买卖行为,细致界定买卖人体器官、走私人体器官、人体器官买卖服务、非法人体试验等实行行为。将这些人体器官类危害行为入刑,这对于严密我国刑事法网、有效遏制人体器官类犯罪行为是十分必要的。

2.量刑情节的明确性不足

"情节严重"在我国司法领域中不仅可以成为加重处罚或从严处罚的依据,同时还可以成为犯罪成立之条件。2011年2月25日,第十一届全国人民代表大会常务委员会第十九次会议通过了《刑法修正案(八)》,其中第三十七条第一款对组织出卖人体器官罪的量刑设置进行了明确规定,并对该罪的基础量刑和加重情节量刑加以区别。但是对于何为"情节严重"并未明确规定,并且我国相关司法机关也未给出具体解释,这也大大限制了这一条款在司法实践中的可操作性。正是因为我国法律未能明确组织出卖人体器官罪的"情节严重"判断标准,所以在司法实践中很多法官只能依据自我判断来对犯罪人自由量刑。而不同法官的量刑标准互不相同,这极易滋生法官滥用自由裁量权的问题,并且也容易出现重判或轻判,显然这不符合我国法治原则的基本要求,容易侵犯行为人的合法权益,也易滋生司法腐败。因此,"情节严重"的认定标准对如何准确量刑,做到罪责刑相适应,实现罪刑均衡非常重要。

(二)临床试验违规处理立法存在的问题

1.临床试验专门立法缺失

目前,我国法律法规在药物临床试验方面主要涉及标准规定和指导原则,对受试者的权利保护相对较少,并缺乏相关的权利救济机制。现有的法律法规对于人体临床试验的规范还存在许多问题。一方面,相关法律位阶较低、体制不完善、内容不完备,难以有效保护受试者的权益。另一方面,对于新出现的问题缺乏相应规定,导致法律存在滞后性。受试者在遭受损害后很难获得救济,寻求救济的途径有限且成本高,导致受试者的权益无法得到保障,受到身体和精神上的双重伤害。当前我国试药行业乱象丛生,尤其在一期临床试验中,出现了所谓的"职业试药人",一般试药圈将报酬的高低等同于试验项目的危险大小,对于报酬过高的项目,受试者多持谨慎的态度,而中介通常以降低试药报酬的手段,让受试者难以判断项目的实际危险系数,从而将受试者置于危险之中。同时,我国尚未建立全国范围的试药联网机制,试药行业管理混乱,各方对试药人权益保障的意识不足。在受试者民事权益保障方面,我国仍存在许多问题。

2. 试验方侵权责任认定规则缺乏可操作性

《侵权责任法》(已废止)的规定缺失,当受试者在药物临床试验中遭受损害诉诸法院时,受试者往往难以获得有效救济,因为目前我国法律对于药物临床试验导致的纠纷没有制定明确的责任划分原则,没有考虑药物临床试验的特殊性,未将其与一般的民事法律行为加以区分。

我国法律对药物临床试验中侵权责任的归责原则未作明确规定,在司法实践中,当受试者向研究方以及申办者主张侵权责任时,各地法院对于此类案件所适用的归责原则也不尽相同,一般情况下,参照一般医疗纠纷的归责原则,多采用过错责任原则及公平原则。

在过错责任原则中,受试者需要证明研究方有过错以及试验行为与自身所遭受损害具有因果关系。在审判实践中,受试者往往难以证明其所遭受的损害是由于试验行为所导致的,侵权关系不成立。因此,案件最终多以调解结案,受试者只能拿到为数不多的所谓"补偿款"。

在临床试验中,受试者与试验机构唯一的书面文件便是知情同意书。在目前临床试验的责任过错认定中,核心问题只能是受试者的知情同意是否遭到侵害。在2003年我国首例试药人获赔案件中,法院认定,被告医院及药厂针对原告的试药行为,并未构成对原告的身体伤害,但在试药过程中被告医院侵犯了原告的知情权,判令被告医院赔偿原告精神抚慰金1万元,被告药厂承担连带责任。依照"谁主张,谁举证"原则,受试者仍需要证明自己的知情同意权遭受了损害。

3. 受试者在试药损害强制保险及救济补偿方面缺乏相应立法

虽然申办人应当为参与临床试验的受试者提供保险这一条款已经在《药物临床试验质量管理规范》进行了规定,但该规范并没有明确不提供保险需要承担某些不利后果,此外,也没有法律法规规定购买保险是进行试验的必要条件。目前我国有6000多家医药企业,其中中小企业占多数,每年申报的新药高达上千种,相比国外一些实力雄厚的大型医药企业,这些企业的研究经费一般都有限,极大一部分资金只能投入在研发新药上,很难主动为受试者购买保险,以上种种原因导致保险制度的可操作性不强。[①]

同时,我国立法中对于受试者的救济补偿机制也还处于空白阶段。知情同意书表明受试者在试验中受害后,有接受治疗以及补偿的权利,但事实上,知情同意书并未明确受试者可以接受何种程度的治疗、可获得何种形式的补偿以及经济补偿的具体数额标准等等,原则性的规定缺乏具体实施的步骤与程序,我国的社会救济也不包括对受试者的补偿救济。

三、医学伦理治理违规处理国外立法

(一)器官移植违规处理立法现状

《世界卫生组织人体细胞、组织和器官移植指导原则》中指导原则7规定,如果采取强迫或者欺骗的手段,或者是通过向捐献人支付金钱、与死者的近亲属非法交易的方式所获取的用于移植的细胞、组织或器官,医务人员则不应该进行细胞、组织或器官的移植手术,保险机构等类似机构也应当拒绝承担相应的费用。这一原则表明,只有在捐献者捐献细胞、组织或器官的情况下,也即在捐献者完全自愿,并且不涉及金钱或价值交易的情况下,医生和其他专业人员才应进行细胞、组织或器官的移植手术。这一原则明确规定关乎人体器官移植的行为,对医生和其他医务人员的职业要求,力求在人体器官摘取的源头上,限制非法交易人体器官行为,这在一定程度上,也表明了要严厉打击和惩治非法交易人体器官的行为。

英国规定当事人可以在生前决定捐献自己的器官,而且当事人所捐献的器官只能用于医疗或医学教育研究。英国颁布的《人体器官移植法案》和《人体组织法案》,都进一步细化了对非法移植人体器官行为进行严格惩治的规定,主要规定了人体器官的买卖罪、人体器官的商业化辅助罪等,明确规定了禁止非法移

[①] 王岳:《医疗纠纷法律问题新解》,中国检察出版社2004年版,第234-245页。

植人体器官的行为及其相关的一系列商业化犯罪行为,并对这些行为规定了严格的处罚措施。

美国通过了《统一组织捐献法》和《国家器官移植法》来规范人体器官买卖行为。《统一组织捐献法》是最早通过的法律,明确禁止组织和参与人体器官的买卖。而《国家器官移植法》则是在1984年通过的一项历史性法案,禁止买卖移植器官。该法详细规定了人体器官方面的犯罪行为,并对涉及人体器官买卖罪的犯罪分子实施了严厉打击,包括罚款、监禁或者同时罚款和监禁的处罚。

法国颁布的《公共卫生法典》对人体器官移植的条件与程序也进行了严格的限定,如摘取成年人活体器官,必须同时具备本人的自愿同意与获得法定机构的批准两个条件,才能进行移植人体器官的手术等。在《法国新刑法典》中,更是对非法移植人体器官的危害行为以专章的形式加以规范,明确人体器官的范围是整个人体器官的全部,并制定了相关刑罚规制。

(二)临床试验违规处理立法现状

在美国,新药的平均研发费用约为9亿美元,其中人体试验环节占据了40%的成本比例。此外,医药公司必须签订保险合同,保障受试者在试药期间以及日后可能出现的毒副作用和意外情况。2018年,我国临床一期受试者的平均日薪达到了972.9元,相较普通人而言,上千元的日薪相当可观了;但是在美国,健康受试者的补偿费可达到国内的3—4倍,一旦引发纠纷,赔偿金额更是高昂。[1]美国没有专门针对试药人权益保障的立法,主要由行政部门制定规章予以规范,在人体临床试验中,美国更关注受试者的权益保障。美国对受试者的补偿包括国家强制补偿和研究机构的自愿补偿两种形式,对于由联邦政府赞助,同时符合美国食品药品监督管理局在新药申请程序规定的试验项目,或者接种国家疫苗,在试验过程中受试者遭受损害或者试验结束一定期限内出现不良反应和身体健康受害的,由国家给予一定数额的补偿,即国家补偿机制。另外一种是研究机构的自愿补偿机制,不同的研究机构提供的补偿方案也不尽相同,研究机构对于受试

---

[1] 李歆、王琼:《美国人体试验受试者保护的联邦法规及对我国的启示》,载于《上海医药杂志》2008年第9期。

者接受补偿方案后是否还有就人身损害提起诉讼的权利也不相同,一般自愿补偿方案多采取无过错责任原则。

四、医学伦理治理违规处理立法完善

(一)器官移植违规处理立法完善

1.明确器官移植犯罪成立条件

我国《人体器官移植条例》(已废止)中明确规定,眼角膜、人体细胞以及骨髓等,并不包含在法律意义上的人体器官的范畴之中。法律层面的人体器官主要包括肺脏、心脏等主要功能性器官。实际上,针对人体器官范围的认定,在不同的国家有着不同的认定标准,而我国的学者同样持不同看法。有学者指出,《人体器官移植条例》(已废止)中针对人体器官范围的规定是较为合理的,即主要是以心脏等主要功能器官为认定的标准。然而,也有学者认为,所有的人体组织都应该纳入人体器官的范畴中来。[1]除此之外,还有一些学者则认为,按照可再生和非可再生来界定人体器官较为合适。[2]针对上述问题,本书认为,我国人体器官犯罪中的"人体器官"范围应以《人体器官移植条例》(已废止)中的"人体器官"范围为基础,但不应局限于此。

德国没有针对人体试验的专门立法,但其有关药品和其他医药产品管理的立法对人体试验相关事项作出了较为具体的规范。在德国,参加药物临床试验的受试者遭受损害后,很少通过主张违约责任或侵权责任获得救济,受试者完全可以通过保险制度获得有效救济。

2.细化器官移植量刑细节

在刑法体系中,对"情节严重"的规定分为两大部分,一是定罪情节部分,二是量刑情节部分。定罪情节的裁定,是确定嫌疑人是否构成犯罪的必要过程,而量刑情节则主要是对刑罚尺度作出裁量。对于人体器官罪中的组织出卖行为的处罚裁定,属于量刑情节,主要针对的是犯罪主体的刑罚程度,并不影响其

---

[1] 张涛:《国外"试药族"面面观》,载于《民主与法制时报》2018年6月24日。
[2] 薛培、彭涛:《人体器官移植及其刑法学分析》,载于《东方法学》2011年第1期。

本罪的成立。在我国的司法实务中，并不允许"法官造法"行为的存在，"情节严重"的认定，只是对法官案件审判的一种指引，是罪刑法定原则的一种具体表现。新兴犯罪层出不穷，法官在面对具体的司法解释时，必须以相应的法理进行深入的理解，这样才能作出准确的情节认定。目前，我国没有针对组织出卖人体器官罪的"情节严重"的认定作出详细的司法解释，也没有明确的认定标准，在具体的司法实践中，各地法院的认识不一致，判罚标准不一，以至于司法实务中自由裁量权被滥用，导致很多同案不同判的现象。针对"情节严重"的认定标准不统一的问题，全国人大在立法解释中，有二十五项对"情节严重"作了具体的解释。

因此，本书认为，立法机关应从人体器官犯罪的司法实践需要出发，对人体器官类犯罪刑法规制条款中的"情节严重"情形制定具体明确的解释，以便为司法实务提供明确的、具有可操作性的指导，保障司法的公平、正义和效率等重要价值得以真正实现。

(二)临床试验违规处理立法完善

1.完善药物临床试验相应救济措施

制定《受试者权益保护法》可协调药物临床试验相关法律法规，明确受试者的民事权利，包括生命健康权、知情同意权、隐私权以及获得医疗救治和补偿的权利等。该法应提高法律位阶，扩大调整范围，考虑药物临床试验中新问题以及社会经济、文化等发展状况。为增强受试者权益保护，应扩大权利范围和实施细则。例如，对受试者的生命健康权保护应考虑到新药物的复杂性和不确定性，延长保护至试验结束后的不利情况。知情同意权保障不应限于书面同意，范围应扩大。隐私权保护应涵盖个人基本信息和基因信息，特别是在跨国药物临床试验中。应完善研究机构的不良事件和严重不良事件的预警机制，确保受试者及时获得医疗救治。此外，立法应明确受试者上述权利的救济途径和程序，以应对可能的侵害情况。同时，考虑到受试者多项权利可能同时受到侵害，在立法中应明确受试者可选择的救济方式和途径。

2.明确受试者在临床试验中民事权益遭受侵害的责任问题

法律上明确药物临床试验导致民事侵权的责任认定和责任划分,考虑药物临床试验本身的特殊性以及试验不同阶段的特点、受试者具体情况等,分情况、分阶段确定归责原则和因果关系。防止受试者因机械简单的归责原则和因果关系而遭受二次侵害。对于一期受试者而言,临床试验行为是不存在任何健康利益的。一期受试者本身就是身体健康的自然人,他们参加试验,尤其占当前试药人群较大比例的大学生试药群体以及"职业试药者",单纯就是因为经济方面的原因,这个阶段的试药不具备任何医疗意义。本书认为,受试者权益保障固然重要,但也不宜过分加重医药企业以及研究方的负担,尤其在国内的医药企业中有一大部分属于中小企业。一方面,这些企业没有国外大型医药企业拥有雄厚的资金以及技术,中小企业的发展本身就是举步维艰;另一方面,我国的中小企业解决了国内很大一部分人的就业问题,尤其国家现在对于中小企业的发展倾注了很多的期望,同时也给予了很多的优惠条件。在这样的大背景下,实在不宜过分加重这些医药企业的负担,但是受试者权益的保障是药物试验行业得以长远健康发展的基础,因此,在不过分增加医药企业负担的前提下,加强受试者民事权益保障是当前的重中之重。当前,受试者在诉讼阶段难以获得有效救济,原因在于司法实践中纠纷的归责原则多采用过错责任原则,受试者需证明研究机构的试验行为与自身所遭受的损害具有因果关系以及研究机构的试验过程中存在过错,由于受试者的弱势地位以及严重的信息不对称,受试者往往难以对自己的主张进行有效举证,导致败诉。

3.建立试药强制保险制度

在药物临床试验中,受试者权益容易遭受侵害,而参与试药的群体很大一部分为社会的弱势群体。针对这类人群,国家和社会都应该给予更多关注和帮助。在试药人群体中,有一部分受试者是甘愿为医学事业发展奉献的医学专业人员。不论出于何种原因,受试者对提高人类对疾病的防治水平作出了巨大贡献,建立多元化救济机制能更好地保障受试者的权益。

由于药物临床试验中的被试验药物是安全性和疗效均未知的新药物,试验目的就是证实或揭示被试验药物的临床作用以及不良反应,证明该药物的安全性以及有效性。基于试验项目的性质考虑,立法上明确建立试药人预警机制。高效、迅速的预警机制能将损害降到最低,有效抑制受试者受损害程度和范围的扩大。[1]

第三节 人工智能伦理治理违规处理立法

一、人工智能伦理治理违规处理立法现状

2017年,国务院发布的《新一代人工智能发展规划》中提出"制定促进人工智能发展的法律法规和伦理规范"[2]。2019年,进一步提出人工智能的治理框架和行动指南,提出了八项治理原则,但这些基本伦理原则对规制人工智能应用来说过于广泛。人类作为具有能动性的主体,承载着伦理规制的对象与价值,始终发挥作用。因此,在人工智能辅助地方立法风险治理中,要发挥伦理的规制价值,核心问题是要回答伦理原则适用于谁,或者由谁来承担伦理规范带来的义务问题。对人工智能辅助地方立法的技术路径进行审视,主要包括处理立法信息的软件系统和提供算力、载体的硬件系统。其中,软件系统的核心是对有关立法信息的搜集、清洗、挖掘、分析,是地方立法信息从混乱的数据转化为立法智慧的"信息价值链";而硬件系统则是由人工智能辅助的地方立法系统的底层基础设施构成,为人工智能地方立法软件系统运行提供了物理基础。因此,人工智能辅助地方立法的能动性主体可以从"角色—功能"角度划分,主要包括基础设施(硬件)提供者、信息提供者、信息处理者和系统协调者四个角色。这四类主体便构建了人工智能辅助地方立法风险治理的基本伦理框架。我国高度重视人工智能技术发展以及带来的伦理法律问题,强调在大力发展人工智能的同时,要高度重视可能带来的安全风险问题。2017年颁

---

[1] 陈家林:《〈刑法修正案(八)〉器官犯罪规定之解析》,载于《法学论坛》2011年第3期。
[2] 程毅、布格拉·米吉提、张翌韦等:《医院药物临床试验受试者权益保护及对策》,载于《中国医学伦理学》2019年第1期。

布的《新一代人工智能发展规划》明确指出,"强化数据安全与隐私保护,为人工智能研发和广泛应用提供海量数据支撑"以及"促进人工智能行业和企业自律,切实加强管理,加大对数据滥用、侵犯个人隐私、违背道德伦理等行为的惩戒力度"。

二、人工智能伦理治理违规处理立法存在的问题

(一)人工智能伦理治理违规处理立法有关规定不足

面对人工智能技术的高速发展,我国现行法律亟须解决对人工智能机器人法律地位认定、法律责任归属等问题。目前,世界上的人工智能技术还处于弱人工智能阶段,但随着科学技术的发展,强人工智能的实现也为期不远。不管是强人工智能机器人还是弱人工智能机器人,其本质都是一种工具,其智能性并不能改变其本质。与此同时,我国应加快建立完善的监管体系和机器人责任强制保险制度的进程,以更好地应对超人工智能阶段的到来后可能对人类社会造成的冲击和影响。

"智能时代"的到来给人类带来了巨大的福利,但也带来了许多新问题。在法律问题上,人工智能的出现动摇了传统理论界认为的主客体之间不可逾越这一法理基础。为了让人工智能技术更好地造福人民,2017年7月,《新一代人工智能发展规划》中就明确提出了"开展与人工智能应用相关的民事与刑事责任确认、隐私和产权保护、信息安全利用等法律问题研究,建立追溯和问责制度,明确人工智能法律主体以及相关权利、义务和责任等"。在民法领域上,如果想通过法律手段规范人工智能机器人,最基础和最关键的问题在于如何在法律上将其准确定位。只有确定了其法律地位,才能正确评估其法律行为,才能合理认定因其违法行为所造成的归责问题,才能更好地规范人工智能技术的发展,才能有效规制这种技术发展给社会带来的风险。

(二)人工智能伦理治理上升为法律规范后责任设置和权利不匹配

现阶段,无人驾驶汽车使用的人工智能技术在一定程度上还没有达到超人工智能的标准,其操作系统具有一定程度的自主性,主要还是按照厂商的预定程

序执行,无人驾驶技术作为一种产品属于物的范畴。那么,根据《中华人民共和国产品质量法》(以下简称《产品质量法》)第四十三条的规定,如果缺陷产品造成损害事实,被侵权人可以向产品的生产者或者销售者请求赔偿,先行赔偿的一方有权向应承担责任的一方追偿赔偿费用。这就要求被侵权人证明产品缺陷、损害事实,以及两者之间的因果关系,从而加重了被侵权者的举证责任。此外,随着人工智能在医疗领域的技术推广与医疗机器人的广泛应用,医用机器人在减少医疗成本的同时,也会出现诸多社会问题。医疗机器人可以分为4个类别:康复机器人、手术机器人、仿生假肢和行为辅助机器人。从市场结构看,手术机器人的市场份额最大,销量占全球医疗机器人份额的60%以上。虽然手术机器人在提高手术成功率上表现得很出色,但也存在着安全风险,如果机器人在手术过程中出现系统故障,将直接危及病人的身体健康,甚至可能危及生命安全。一旦发生此类医疗事故,责任同样难以认定。

目前,我国政府在科技伦理治理体系中起主导作用。为了促进科学技术的发展,一方面,政府需要宏观调配,即加大还是减少科研投入力度,扩展还是缩减科研成果的应用领域,等等,如果政府干预较多,不利于激发潜力。[①]另一方面,政府需要控制、监督科技活动各环节科技伦理失范现象,防止失控危害人类自身,构建日趋完善的科技伦理法治治理体系,同时避免监管力度过大产生不必要的恐慌。"黄金大米"事件公布了处理结果,相关三名涉事人员被降级撤职。

三、人工智能治理违规处理国外立法

从各国对人工智能治理方面的政策和态度来看,美国和日本更倾向于促进技术创新,采取"无须批准式"的治理模式,即除非有充足的案例资料证明某一类人工智能的危害性,否则该人工智能都应被默认为允许;英国和法国则更关注基于个体数据的机器学习是否会对公民隐私和自由造成危害,制定的政策更倾向于"审慎监管",即只有在某一项新技术或商业模式已被证明没有危险的条件下,才能够被使用。这两种模式都存在很大弊端:"无须批准式"模式以事后监管的

---

① 姜素红、张可:《人工智能辅助地方立法的应用与规制》,载于《湖南大学学报(社会科学版)》2019年第4期。

有效性为前提,然而当事后监管失效时,公共政策无法补救已经造成的危害后果。"审慎监管"模式则存在天然的逻辑缺陷和实际上的不可操作性,在人造神经系统支持下,算法结果往往是不可预测的,其危险系数也很难确定,因而该治理模式将会严重限制人工智能行业的发展。

从各国立法来看,在政府大力推动人工智能发展的同时,世界各主要国家的立法机构也都为人工智能治理作了相应的立法准备,例如美国参众两院于2017年底提出了《人工智能未来法案》,欧盟也从2018年起就有动议对人工智能进行立法。但是,由于当前人工智能发展速度过于迅速,外界对其进展认识不深,加之尚未发生重大危害性事故,因此,其约束性立法还未明确形成。显然,全球各国的立法都面临着互相观望的同时国内多方博弈的局面。单方面的自我立法设限,显然会不利于建立国家竞争优势,因此,从国内立法的角度来看,只能寄希望于对若干重大原则性问题进行强制性规制。目前,世界各主要国家均进行了一些人工智能原则性问题的探讨,如美国于2016年10月就提出要增加可解读性,但还未上升到国家强制立法的层面,估计很快会在立法方面给予完善。

2016年,欧盟的措施是通过出台民事法律来规制人工智能的生产、使用与流通。欧洲议会理事会提出建议给予机器人法律地位,为机器人建立法律制度以确保至少最复杂的自动化机器人可以被确认为享有电子人的法律地位,有责任弥补自己所造成的任何损害,并且可能在机器人作出自主决策或以其他方式与第三人独立交往的案件中适用电子人格。这相当于为是否为人工智能赋予人格的争议确定了官方基调。但究竟如何具体落实该立法精神,民事行为能力和民事责任能力的具体法律规定还不清楚。如果赋予人工智能以主体资格,那么人工智能的致害案件,如何适用规则和原则便成为一大难题,毕竟人工智能可能带来数据失控和其他偶发事件的风险。不管是适用现代法治的责任自负的法治原则,对有过错的机器人判决支付赔偿或对其行为进行限制,还是适用罗马法中的"缴出赔偿",都存在着巨大的理论困难。适用第一个原则会致使人工智能所有者最终承担责任,即使是判决限制其行动自由,实际上也是限制的是人工智能所有者的财产权;而第二个原则是由受害者来处置人工智能的做法,更是显然将责任从人工智能转移到所有者身上。如此看来,无论用什么形式的法律原则规制人工智能的致害责任,最终承担后果的主体还是人类,这似乎证实了为人工智能设置法律主体资格是多此一举。根据欧盟议会的文本,其倡导人工智能的制造商、经销商主动投保强制性保险,表明官方给"法律人格"的处理方式留了回旋余地。将风险转移给保险机制处理的方式并不稀奇,但它实际上是一种回避了法律的伦理探讨转而采取的实用策略。

无独有偶,2017年5月德国修订了《道路交通法》,同意高度自动化的汽车与普通汽车享有同样待遇并可行驶上路。该法推行的障碍在于1968年发布的《维也纳道路交通公约》,其中明确规定了所有车辆在行驶时都必须有驾驶员在位,这就明显排除了允许无人驾驶汽车上路的可能性。联邦议会和参议院对此进行了立法处理,表示驾驶人在自动驾驶汽车启动后可以转移注意力,但必须保证在必要时立即恢复人工控制。技术层面上,自动驾驶车辆需安装黑匣子用来记录整个驾驶情况并保存6个月。这项细则的立法目的在于明确区分驾驶责任。在自动驾驶程序的正常运行中,制造商应该承担事故的责任;而驾驶人在收到请求人工控制的信号时,应当介入驾驶。如果驾驶人员由于疏忽或者故意没有介入,或是未能合理发挥驾驶技能,那他便理所当然地需要承担责任。

四、人工智能伦理违规处理立法完善

(一)调整人工智能伦理违规处理的立法手段

首先,面对人工智能体内部系统可能出现失灵或者错误判断而导致的消极的外部效应,应考虑其随机性的特点,我们可以采取事故发生后的法律规定处理办法来充分发挥法律的矫正功能,使人们受到的伤害能够得到弥补。法律规定主要应集中在责任的认定以及分配上。针对智能产品造成的各种损害,若经过严格审查程序,可以运用过错责任,对于没有经过严格审查责任的产品,则要运用严格责任;而若无法判断出具体的责任者时,可以运用公平责任来达到矫正功能的实现。

其次,面对由第三方造成的非累积性质的损害或收益是局部的、可预测的、频繁的处理办法,事前应该主要预测到对人工智能技术监管所投入的成本预估,而事后则是主要根据运用情况进行成本+收益的预估,对事前事后的预估结果进行研究,从而决定是否可以放宽知识产权的保护力度,使人工智能技术程序公开、透明并且可以进行同行审查,或者决定是不是可以对有可能造成大量失业现象的人工智能工业机器人设定特定税收政策等。

最后,针对人工智能体的应用是对人类生存产生威胁的。由于其具有全球性的特点,所以解决办法应该由全球性的或者是区域性的国际组织共同来商讨决定。比如致命性人工智能武器的制造。有一些国际性的组织如IEEE、ISO等对人工智能技术在应用过程中制定了一些框架性的规则。但由于国际组织中成员众多且有文化差异,在面对技术是否研发或者如何研发问题上会出现许多的不一致,因此要全球性地解决这类问题仍然需要各国共同的努力,或者是进行区域间的协商合作共同制定合理的人工智能技术发展框架。

对人工智能辅助地方立法的规则容易走向两种极端:一是只顾眼前的发展利益而忽视对风险的监管;二是为了规避潜在风险而对其加以严格管控,限制人工智能行业发展活力。

当前国内学界对人工智能的治理的理论模式有以下几种:一是传统的命令控制型。这种模式由政府主导,行政机关单方面主动采取约谈警告、罚款、责令停产停业等行政措施。二是元规制模式。它包括两个方面:一方面,规制主体划定一个基础目标和底线,具体规制的内容和方式由被规制者自行制定。另一方面,规制主体应更注重放在学习能力的提升上,以避免成为人工智能领域的"外行"。当行业自治出现偏差且自治规则无法调节时,再采取必要手段来维护公共秩序。[①]三是协同治理模式。它主张治理主体的多元化,提倡在利益依存的基础上共同参与规则制定,以达到资源共享、互利互惠、责任共担、深度交互的目标。也就是说,在规范人工智能地方立法程序的研发过程中,规制主体和研发机构要在算法规制、数据的使用和管理、研发成果的应用等方面充分协商,综合法律意见和专业意见形成治理规则。在这套规则下,研发机构可以自由发展,并承担违反规则的相应责任。

对于这方面的治理不能过松或过严,出发点在于地方立法活动的规律和特性,既要注重平衡二者之间的内在关系,避免人工智能的应用破坏地方立法的合法性、民主性和科学性以及其他法律功能的有效发挥,又要避免停滞不前,挤压人工智能的正常发展空间,影响法律科技对法治建设的支撑和帮助。对人工智

[①] 朱敏、王寨华:《国外科技法制对我国科技立法的启示》,载于《行政与法》2010年第10期。

能的治理需要兼顾安全价值和发展价值,在分析社会收益和风险成本的基础上,寻求合理的对策,可以适度控制风险以保障技术进步。

(二)制定适当的人工智能治理违规处理的权责划分

目前,关于人工智能的责任问题已经出现,各方都在积极探讨人工智能的责任划分和认定。人工智能的侵权责任问题应该平衡消费者、制造商和受害人三方利益,既不可让消费者和制造商承担过重责任,以免阻碍技术创新,同时也要给受害人提供足够的帮助。正因如此,建立一套以责任保险制度为核心的综合救济体系可能是最佳解决方案。在世界科学知识与技术伦理委员会发布的《关于机器人伦理的初步草案报告》中,对机器人的责任进行了研究,并提出了一个可行的解决方案,即采取责任分担的解决途径,让所有参与到机器人的发明、授权和分配过程中的人共同分担责任。这样的做法虽然极端,但是可以看出,联合国已经着手考虑机器人侵权事件的责任分担问题。我们国家也亟待借鉴这种责任分担模式,需要明确具体的责任承担主体并设立具体的责任承担监管机构,通过针对具体的风险引入第三方保险来完善人工智能责任承担制度。

权利和义务彼此制约、对立统一决定了享受科技进步带来便利的同时,应承担对应的责任。即既要严格科研人员伦理责任,也要保证科研人员的地位提升及福利;既要追究主要伦理主体的责任,也要完善其他利益相关者的责任链;既要追究个人责任,也要追究社会和生态责任等。责任伦理首先应强调适用的是科研人员,明确、严格的责任是保障伦理安全的前提,落实和规范科技主体的责任,推进科技研发活动的规范运行,确保科技成果合理利用。[1]对其施以严格的责任没有问题,因为科研人员在科技研究与应用中发挥关键作用,但是没有权利帮扶的责任则明显过度。即应该平衡权责,加强对科研人员的保护,既要提高违法成本,加大违法惩治力度,又要激励和支持科研人员创新,使其享有与其义务相当的、科技发展不可或缺的自主权以及学术知识自由。如加强青年科技人才伦理培养和选拔,支持青年科技人才参与国际项目合作;通过立法或政策调整,提高研发经费、工资水平和福利待遇,为科研人员创造积极的研究环境。必要时

---

[1] 段泽孝:《人工智能时代互联网诱导行为的算法规制》,载于《江西社会科学》2019年第2期。

对专项立法中无法可依的罚则进行修补,进一步完善原法律条文,例如上调罚款限额,加大刑法处刑力度。

第四节 环境工程伦理治理违规处理立法

一、环境工程伦理治理违规处理立法现状

(一)水环境质量违规处理立法现状

我国目前从立法效力上看,有《中华人民共和国水法》(以下简称《水法》)、《水污染防治法》等四部以水为主要立法对象的法律,还有十余部涉水法律,这些法律从不同角度赋予20多个政府部门70多项"管水"权力;如果把行政法规、部门规章、地方性法规和规章制度都考虑进来,情况会更加复杂。这就意味着《水污染防治法》的修订如果就事论事,很可能会事与愿违,难得良法。因此,必须树立以人为本、生态优先、统筹兼顾的生态文明理念,妥善处理好水资源、水环境、水生态三者之间的关系,建立科学的水污染防治法律制度。《水污染防治法》在修订中增加了违法行为的行政责任、民事责任、刑事责任,丰富了法律责任的内容,提高了行政处罚力度。

(二)传染病防治违规处理立法现状

2020年,新冠肺炎疫情暴发后,最高人民法院、最高人民检察院、公安部、司法部联合发布的《关于依法惩治妨害新型冠状病毒感染肺炎疫情防控违法犯罪的意见》(以下简称2020年《意见》),激活了自立法初设以来少有应用的妨害传染病防治罪的适用,对于不履行防疫义务的人员纳入本罪规制。2020年《意见》大致将本罪与危险方法危害公共安全罪的适用问题区分开来,并针对新冠肺炎疫情在国外暴发之后大量感染人员入境的事件,最高人民法院、最高人民检察院、公安部等部门出台的《关于进一步加强国境卫生检疫工作依法惩治妨害国

境卫生检疫违法犯罪的意见》(以下简称2020年《卫生检疫意见》),解释了妨害国境卫生检疫罪的适用问题。此外,2020年《意见》还明确指出了妨害疫情防控的各类违法犯罪的适用问题,适用故意伤害罪、诈骗罪、非法经营罪等罪名定罪处罚。

(三)土壤环境质量违规处理立法现状

《中华人民共和国宪法》是我国的根本大法,具有最高的法律效力。《中华人民共和国宪法》第九条和第十条及第二十六条都对土壤及其他自然资源的利用进行了原则性规定。这些条文虽然没有明确具体提出针对土壤污染的防治措施,但是这些法律条文为我国制定专门的土壤污染防治法律提供了理论依据。我们可依据《中华人民共和国宪法》中关于自然资源利用的规定制定我国土壤污染防治的专项法律。

但2014年修订后的《环境保护法》针对土壤污染防治的立法过于原则化,难以起到实际的保障作用。其中《环境保护法》的第二条,针对环境的范围明确了土地的地位。第三十二条明确提出了国家要对土壤污染进行治理,第五十条也规定了各级人民政府应当计划特定资金来保护农村饮用水水源地,处理生活污水和其他废弃物,进行土壤污染防治等环境保护工作。从这些法律条款中我们可以看出国家对于土壤的保护,也反映出我国的土壤污染情况十分严峻。新的《环境保护法》在环境污染的治理方面新增了许多内容,尤其明确了与土壤污染防治有关的法律条文,在第三章、第四章中明确提出要"防治土壤污染、保护土壤环境"。

(四)辐射环境质量违规处理立法现状

在国家立法层面上,我国缺少关于电磁辐射污染预防和控制的具体规定。最新修订的《中华人民共和国环境保护法》仅在第四十二条中涉及电磁辐射污染防治工作,其中仅仅提到要积极采取措施,防治电磁辐射造成的环境污染和危害。此外,于2002年修订通过的《环境影响评价法》和1998年颁布的《建设项目环境保护管理条例》对电磁辐射污染的防治也只做了原则方面的规定,并没有较为详细的措施安排。事实上,我国目前已经前后制定了《大气污染防治法》《固体废物污染环境防治法》《水污染防治法》《噪声污染防治法》等针对特定污染物的专项立法,但是没有针对电磁辐射污染防治的专项立法。这种专项立法的缺失是没有办法仅仅通过几条概括性的规定就能弥补的。

在地方立法层面上,地方性的法规和政府规章制度也对电磁辐射缺乏重视,只有个别省市对电磁辐射予以规制。

关于因电磁辐射污染所产生的法律责任,在《电磁辐射环境保护管理办法》中有部分规定。该法第三十条就有规定,对于因电磁辐射污染造成污染事故的,由省级环境保护主管部门处以罚款。造成损害后果的,还要赔偿受害人的损失。关于电磁辐射污染防治的法律责任,地方规范性文件中也或多或少地作了规定。

二、环境工程伦理治理违规处理立法存在的问题

(一)水环境质量违规处理立法存在的问题

水环境质量违规处理上升为法律规范后的责任设置和权利不匹配。在《水污染防治法》中,企业、事业单位和其他生产经营者造成水污染的违法成本仍然过低,承担责任力度也不够。在水污染案件中,许多污染行为对环境造成了巨大的损害,但其处罚力度仍然太小,无法起到威慑作用。例如罚款规定了具体数额,但计算的标准和方法并不科学,仅仅从经济成本看,企业与其花钱治理污染,还不如暗管偷排,如果不幸被环保部门查到,就主动缴纳罚款了事。

(二)传染病防治违规处理立法存在的问题

1.对于传染病的界定以及责任主体单一

我国现行法律只确认了甲类传染病只有两种——霍乱和鼠疫。对于给我国带来严重生命财产威胁的非典型肺炎和新型冠状病毒感染,都属于乙类传染病。2003年5月,最高人民法院、最高人民检察院颁布《关于办理妨害预防、控制突发传染病疫情等灾害的刑事案件具体应用法律若干问题的解释》(以下简称《解

释》),规定故意传播突发性传染病病原体,危害公共安全的,按照以危险方法危害公共安全罪定罪处罚;患有突发传染病或者疑似突发传染病而拒绝接受检疫、强制隔离或者治疗,过失造成传染病传播,情节严重,危害公共安全的,按照过失以危险方法危害公共安全罪定罪处罚。该司法解释进一步证明了司法机关对于本罪适用难的现状,一概以危险方法危害公共安全罪对传播危害社会公共安全的犯罪行为进行定罪。由于本罪的适用问题难以克服,在新冠肺炎疫情暴发之前,我国没有一起阻碍疫情防控的案例被以妨害传染病防治罪定罪。因此,乙类传染病必须成为法定传染病才能更好地控制和监管,只有甲类传染病才能成为妨害传染病防治罪的规范内容。

在新冠肺炎疫情的影响下,迫切需要大量政府机关工作人员、社区服务人员、企事业单位党员干部以及其他社会工作人员的参与,特别是协助政府卫生部门工作的后勤保障部门,如机关事务管理局等政府行政部门,其行政行为与疫情防控第一线的政府卫生行政部门的工作密切相关,后勤保障供需差异问题一再成为新冠肺炎疫情初期最主要的矛盾,影响了我国抗击疫情的能力以及与全国人民团结一致战胜疫情的信心。

2. 定罪中存在扩大解释

为了解决妨害传染病防治罪的适用问题,《中华人民共和国传染病防治法》(以下简称《传染病防治法》)第四条将非典、新冠等乙类传染病,按照甲类传染病进行管理。最高法发布的依法惩处妨害疫情防控犯罪的典型案例之六——章某某、季某某妨害传染病防治案,将两位犯罪嫌疑人在疫情防控期间发热隐瞒病情并聚众集会的犯罪行为,以妨害传染病防治罪定罪,表明妨害传染病防治罪的可罚范围在我国司法实践中已经得到了延伸了。若仍以2003年《解释》,以危险方法危害公共安全罪进行立案,则必须构成危害后果,而在妨害传染病防治罪中,则一般不要求造成危害后果,只要行为人明知自己感染病毒,依然要参与聚众集会就可以构成妨害传染病防治罪。换句话说,以妨害传染病防治罪定罪往往降低了处罚的标准,被告人在此现状下处于较为不利的地位,这与《刑法》有利于被告人的推定相悖。

(三)土壤环境质量违规处理立法存在的问题

关于土壤污染防治的法律条文一部分是《中华人民共和国宪法》中的原则性条款,大部分是分散性立法,很多部门法和行政法规中都有涉及关于土壤污染防治的条款。但是这些条款过于分散,责任划分不明确,执行难度较大,因此很难将土壤污染防治工作落到实处。除了这些法律和行政法规外,地方性法规中却有了针对土壤污染防治的具体规定。但这些规定只适用某一地域,不能在全国实施。因此我们还应该加快专门性法律的立法进程。针对土壤污染的案件,我国暂时还没有专门的法律来规定法律责任。目前,处理土壤污染案件主要依据《中华人民共和国侵权责任法》(已废止)第六十五条;涉及犯罪的主要依据《中华人民共和国刑法》第三百三十八条和第三百三十九条进行处理。

(四)辐射环境质量违规处理立法存在的问题

目前,与电磁辐射污染相关的法律责任的规定,仅在《电磁辐射环境保护管理办法》中作出了一些比较模糊、不清晰、不具体的表述。该管理办法中指出,因电磁辐射污染导致周边居民人身健康和财产发生损害的事故,应当由环境保护主管部门作出处以一定数额的罚款等的处罚。此外,还有一些地方性的法规中,对电磁辐射污染防治有关的法律责任作出了少许的规定。例如,山东省和江苏省均对辐射污染防治监督管理部门不作为的行为作出一些处罚规定。此外,还有很多这方面的规定,此处不一一举例。

经过仔细研究发现,在我国地方性法规中对电磁辐射污染有关的法律责任之规定相对显得更加详细一些。而从处罚金额及承担后果的角度来看,地方性法规却并未超过国家有关规定。实际上,这些地方性法规文件中关于电磁辐射污染事故的处罚力度都比较轻,有时候甚至都无法起到预期的管理和监督之效果。此外,通读这些法律和法规的内容,我们可以发现对电磁辐射污染相关的法律责任之规定,大多数是属于行政责任方面和刑事责任方面的规定,而与民事责任相关的内容非常匮乏。

三、环境工程伦理治理违规处理国外立法

(一)水环境质量违规处理立法现状

德国在水资源的保护方面同样也在很大程度上借助于刑法的力量。在这方面,德国主要是通过刑法典来进行规定,实现对水资源的刑事保护。总的来说,德国对于水资源保护的立法还是较为完善的,法律制度也比较健全。但是从早期来看,德国在水资源保护方面的法律制定过程中也出现了很多的问题。

英国早就开始重视对水资源的保护,并且于1833年就出台了《水质污染控制法》。尽管如此,英国在水资源的刑事保护方面还是起步比较晚,一直到1974年左右才正式出台了《污染控制法》这一刑事法律制度。到了1991年,英国进一步对《水资源法》进行了修改,修改后的第85条对于工业有害污染物质的排放进行了具体的规定,设定了相应的排放标准等。不仅如此,对于此类排放污染物导致水资源污染的行为,行为人可能要承担相应的刑事责任,且在刑罚的设置方面,相对更为严厉。

美国同样非常重视对环境的保护,作为英美法系国家,其在水资源保护方面同样借助刑罚手段。当然,美国目前没有制定相对应的刑法典,对于环境犯罪的行为的规制通常都是借助行政法规来进行的。如果行为人所实施的行为符合行政法规的规定,则不会构成犯罪。如果不符合这些规定,则可能会涉嫌犯罪。美国在1948年制定了《水污染防控法》,该法是美国在水资源保护方面的首部正式法律,在1952年进行了修订,并且改名为《清洁水法》。从《水污染防控法》的内容来分析,其主要是对航道污染排放等进行了具体的规定。除此之外,该法对于过失所导致的超标准排放等,均将其列为违法行为。

(二)传染病防治违规处理立法现状

各国对传染病的控制基本上是依据疫情的严重程度来逐步采取控制措施的。这大体可以分为三个阶段:第一,在传染病萌发或发生且疫情较轻或不明朗时,各国对饮用水甚至其他用水采取必要的管控措施,对病原进行强制调查,对

人员进行强制隔离治疗,对物品进行强制检疫,对尸体进行强制解剖与火化;第二,当疫情蔓延严重时,各国均上调相应的应急级别,作出相应的应对措施,主要包括强制销毁传染媒介、采取交通管制或阻断等;第三,当疫情大范围蔓延到多个地区时,各国和地区均将防控级别调至最高级,甚至在中央政府层面成立应急中心以调动全国资源进行抗疫,主要包括征调机构场所及人员、征调民间资源、征用媒体及通信设备,暂停某些法律在区域甚至全国范围内的实施以及迅速修订法律或者颁布新的应对性法律等。例如,韩国为应对新冠肺炎疫情暴发而迅速修订相关法律,并最终于2020年3月4日修订完成包括《传染病防治法》第11条对医生等人员的传染病报告义务、第17条对流行病的实际调查、第18-3条对培养流行病学研究人员、第20条对尸体解剖、第49-2条对感染弱势群体的保护措施等多项规定。为应对COVID-19,美国国会也一改一贯立法拉锯式的低效率做法,在短时间内接连通过了《冠状病毒防范和响应补充拨款法》(2020年3月6日)、《家庭首次冠状病毒应对法》(2020年3月18日)、《冠状病毒援助、救济和经济安全法》(2020年3月27日)、《工资保护项目和医疗保健加强法案》(2020年4月24日)等多项法律。

(三)土壤环境质量违规处理立法现状

日本和中国都是属于东亚国家,其气候条件和地理环境有很多相似之处,因此日本的土壤污染防治法律体系对于我国有很多可取之处。日本是一个岛国,农业用地十分匮乏,为了保护农业用地的土壤,早在1970年就通过了关于农用地土壤污染防治的法律《农用地土壤污染防治法》,随后多次重新修订了此项法律,最新一次修订是在2011年。日本通过《农用地土壤污染防治法》及随后不断根据实际情况进行修订,很好地保障了农用地土壤的质量。

欧洲的工业发展较之亚洲更为发达,欧洲国家在享受工业发展带来的伟大成果时,也比亚洲国家更早承受土壤污染带来的后果。因此欧洲的各项环境立法在世界上都具有指导意义,而德国作为欧盟经济非常发达的国家之一,它的土壤污染防治立法极具代表性。

(四)辐射环境质量违规处理立法现状

由于对电磁辐射所造成的健康危害的理解不同,各国所制定的电磁辐射标准存在很大的差异。其中,俄罗斯、意大利、比利时和我国在制定标准时考虑了电磁辐射对人体神经效应方面造成的影响,标准限值较严格;美国、澳大利亚、德国等国在制定电离辐射标准时采用了国际非电离协会(IC-NIRP)的标准限值,较宽松。实际上各国电磁辐射风险程度的临界标志以及采取何种程度的预防措施,不仅取决于对科学研究的理解,也取决于该国的经济发展水平、产业状况、公众的心理承受能力等其他因素。

韩国核电厂起步于20世纪70年代,经过几十年的发展,目前已经形成了比较完善的核辐射安全监管体系。法律法规建设方面,韩国目前的核安全法律法规体系主要分为四层:《原子能法》、总统令、法规实施条例、教育科学技术部的通告。其中,《原子能法》是监管机构实行核安全监管活动的法律基础,根据《原子能法》规定,一切违反规定的事项都应依据情节严重情况,采取罚款及其他惩罚措施。

四、环境工程伦理治理违规处理立法完善

(一)水环境质量违规处理立法的完善

制定适当的水环境质量违规处理立法的权责划分。对有关行政罚款条款的罚款数额及其计算方法进行全面、系统的检讨,改变对企事业单位和其他生产经营者的处罚方式,考虑采取"比例罚"的处罚方式进行计算,将罚款数额与其违法行为造成的污染损失或其通过违法行为所获取的经济利益挂钩,以提高水污染者违法成本。按照"责权相统一原则",落实《全面推进依法行政实施纲要》中"行政机关实施行政管理,应当遵守法定时限,积极履行法定职责"的有关要求,进一步完善政府的问责机制,对有关命令性和禁止性规定补充对应应该承担的法律后果和法律责任,以明确水环境质量不达标地方政府的法律责任,确保"涉水"各部门依法履行职责,使法律更加具有权威性和威慑力。

(二)传染病防治违规处理立法的完善

1. 处理好罪与非罪的问题

应修改刑法条文的相关规定,可将"甲类传染病"改为"甲类传染病、乙类传染病甲类管理的传染病或突发性传染病",或者增加兜底条款,将具有严重危险的突发性紧急传染病纳入其中,以便快速而有效地打击在抗疫过程中危害公众安全的行为,避免出现打击疏漏。

传染病防治失职罪的范围主体不能只限于从事传染病防治的政府卫生行政部门的工作人员,在特殊情况下,传染病防治失职罪的可罚范围应该包括参与疫情防控的其他国家工作人员。本书认为,参与疫情防控的其他国家工作人员,应当同从事传染病防治的政府卫生行政部门的工作人员一样,纳入可罚范围之内。

进一步明确造成危害结果或者有传播严重危险的危害行为的相关标准:妨害传染病防治罪与传染病防治失职罪都以造成一定危害结果或有危害行为为入罪的条件,在新冠肺炎疫情暴发后,何为造成危害结果、何为有传播严重危险的危害行为,其认定标准仍待进一步明确。就危害结果来说,在最高法发布的一批具有指导性的案例中已经可以明确概括出:危害结果是指疫情已经传播或为控制疫情传播风险,造成本地区医护人员、居民隔离或感染,社区与医院耗费了大量人力物力来控制疫情的一系列严重后果,这种危害结果一般可视,因此可以比较明确地认定。但是对于具体的标准,如传播范围达到多大程度的传播后果才能被认定为犯罪,司法解释应当进一步明确,以避免因各地标准不一造成同案不同判的问题。

2. 明确区分此罪与彼罪

对于可能发生重合的妨害传染病防治罪、以危险方法危害公共安全罪等,与传染病防治失职罪、玩忽职守罪等,应当更加细致地把握几种类似犯罪的犯罪构成,在明确犯罪主体的基础上,出台更加细致的司法解释,进一步明确标准,解决法条竞合问题,遵循特别法优于一般法的原则。例如,对于某些出现在新冠肺炎疫情管控期间的新行为,如恶意囤积医疗人员与社区工作人员的防疫装备等行为,严重威胁到了医护工作人员的人身安全。在疫情暴发期间,身处抗疫前线的医护人员是疫情控制的中坚力量,关系着一定区域内人民的生命安全。上述行为虽然轻微,但可能对区域疫情防控秩序造成严重后果。2020年《意见》认为对上述行为应以故意伤害罪定罪量刑,本书认为行为人实施的一个危害行为,同时侵犯了医护人员的身体健康权与国家关于传染病防治的管理制度,属于想象竞合,故意伤害罪不能充分评价一个行为的全部不法内容,不能直接排除妨害传染病防治罪的适用,而应该在综合考量后择一重罪定罪量刑。

(三)土壤环境治理违规处理立法的完善方法

制定严格的土壤环境治理违规处理的法律责任制度。一部法律如果没有严格的责任制度,那就形同虚设,并不能有效规范法律关系主体的行为,土壤污染防治立法也是如此。法律责任制度应当包括责任主体、内容和客体。土壤污染防治的法律责任主体应当是对土壤造成了损害,负有承担民事责任和刑事责任的自然人、法人和其他组织。对土壤污染防治有监管责任的政府部门也应该承担行政责任。法律责任内容包括追责的程序、责任承担方式以及责任主体的权利和义务。法律责任的客体是针对什么样的行为应当追责,主要是责任主体在土壤污染防治方面的作为和不作为行为。

土壤污染防治的法律责任应当更加具体、更加严格。在追究责任方面,除了要根据污染状况进行赔偿外,还应加大惩罚性赔偿,提高污染者的违法成本。对于因过失造成污染的,事后积极配合相关部门进行治理的污染者可以减轻惩罚性赔偿。政府相关部门违反法律规定,没有尽到监管和治理的义务,也应该承担行政责任。对于部门负责人可以按照有关法律进行处罚。如果是严重的土壤污染事故,涉及犯罪的,应依照《刑法》相关规定进行处罚。

(四)辐射环境质量违规处理立法的完善方法

完善辐射环境质量违规处理的法律责任。对于该类污染所导致的损害后果,按照我们平常的理解,往往认为这需要由企业来承担全部的民事赔偿责任。然而,值得注意的是,若一些企业事先在其所生产的产品上贴了电磁辐射相关的防护标识的话,说明这些产品会产生的电磁辐射强度,可能对人身健康和财产造成损害,此时消费者在购买这些产品时可以知道所面临的风险,随之自主决定是否购买。因此,在此情形下,要企业承担全部的后果,这对企业来说也是很不公平的。消费者事先已经知道会有一定风险,因此消费者也需要担负一部分责任。在人民法院判决这类诉讼纠纷案件时,需要把这个重要因素加以考虑,以此显示判决的公平公正。对于市场上的伪劣假冒三无电子产品,导致消费者因使用了这些产品而遭受了人身健康和财产损害等严重后果的,可以要求厂家和销售者承担与之相对应的民事赔偿责任。

由于此类项目在建设之前,必然要通过多道审批程序,因此肯定会涉及相关主管部门的责任。然而,在我们现实生活中,由于相关的法律法规等存在一些漏洞,同时有很多电磁辐射污染诉讼纠纷的发生也和一些行政主管部门在电磁辐射项目立项的前期审批过于宽松,或者审核流于形式等有密切的关系,更有甚者,部分人明知项目存在风险问题,但是因收受了贿赂而忽视风险问题。

因此,也需要追究政府相关部门的民事责任。由于工程项目类电磁辐射污染对周边居民的人身健康和财产所造成的实际损害后果往往要比一般的电子产品的危害严重得多,而且由于电磁辐射污染一般具有波及范围广、持续时间长等特点,这很容易使得这些工程类电磁辐射设备,或者设施的所有者,或者实际使用人难以承担相应的民事赔偿责任,在这种情况下就很容易导致一些性质严重的重大群体性事件的发生。因此,本书认为,应该要把相关行政主管部门所需承担的民事责任作为一个补充责任,即当电磁辐射工程项目的所有者或者实际使用人在无能力来承担相关民事赔偿责任之时,可以由政府来承担一部分民事赔偿责任,从而充分保证受害者的各项权益。